Nähen

Mein Hobby. Meine Tipps.

ALLE BASICS – NAHT FÜR NAHT ERKLÄRT
UMGANG MIT DER NÄHMASCHINE IN HAUSHALT UND HOBBY
VON DER VORBEREITUNG BIS ZUR PANNENHILFE

Liebe Leserin, lieber Leser,

wir kennen es von unseren Großmüttern und aus dem Werkunterricht: das Nähen. Lange Zeit als bieder und altbacken verrufen, entwickelt sich diese Handarbeit schon seit Jahren zu einem Trend, der vor allem immer mehr junge Menschen begeistert.

Was für frühere Generationen eine Notwendigkeit war, ist heute im zunehmenden Maße eine Freizeitbeschäftigung für Jung und Alt. Der Trend zum Hobby-Nähen ist schon lange kein Nischen-Phänomen mehr, sondern hat eine breite Masse erfasst. Eine Menge an „Do it yourself-Foren" im Internet, wo sich Gleichgesinnte Tipps geben und Anleitungen austauschen, ihre Werke präsentieren und manchmal sogar verkaufen können, sprechen Bände.

Doch warum ist dieses Hobby plötzlich so beliebt? Lohnt sich das Selbernähen überhaupt? Genauso gut könnte man fragen: Lohnt es sich, Golf zu spielen oder ein Motorrad zu haben, das nur an ein paar Wochenenden im Sommer gefahren wird? Die einzig wahre Antwort kann nur sein: Alles, was Freude und Spaß macht, lohnt sich! Beim Selbernähen kommt außerdem noch das in höchstem Maße befriedigende Gefühl hinzu, etwas mit den eigenen Händen geschaffen zu haben, etwas, was man sogar vorzeigen und verwenden kann.

Ein weiteres Plus ist die Möglichkeit, seiner Kreativität und Phantasie freien Lauf lassen zu können und sich Unikate so zu schaffen, wie man sie gerne haben möchte. Auch das Bedürfnis, sich vom unpersönlichen Massenprodukt und passiven Konsum abzuwenden, spielt eine Rolle. Außerdem kann man sich anhand dessen, was man mit seinen eigenen Händen (und natürlich einer hochtechnologischen Nähmaschine) fertigt, wieder ganz dem Einfachen, Authentischen widmen. So manche Frauen, die z.B. Probleme haben, abends nach der Arbeit abzuschalten, wenden sich dem Nähen zu, weil sie sich dabei herrlich entspannen können. Je besser man seine Nähmaschine beherrscht, desto mehr kann man dabei den Kopf ausschalten, während die Hände arbeiten. Dadurch kann Selbernähen sogar Entspannung pur bedeuten. Probieren Sie es doch mal aus!

Gaby Seeberg-Wilhelm

Ihre Gaby Seeberg-Wilhelm

DIE NÄHMASCHINE

NUTZ- UND ZIERSTICHE

NADELN, GARNE, WERKZEUG

VORBEREITUNGEN

NÄHEN – STICH FÜR STICH

FADENSPANNUNG, PFLEGE, PANNENHILFE

Die Nähmaschine

Die Nähmaschine

Aus technischer Sicht ist eine Nähmaschine ein Gerät für Hobby, Haushalt und Industrie, das zum Verbinden mehrerer Stofflagen verwendet wird.

In der Welt der Haushalts- und Hobby-Nähmaschinen hat sich im Laufe der vergangenen Jahre einiges verändert. Mich persönlich begeistern und faszinieren immer wieder die neuen Entwicklungen, die auf den Markt kommen. Dazu gehören nicht nur die zahlreichen neuen Möglichkeiten, die geboten werden, sondern vor allem die immer einfacher werdende Bedienung der Maschinen. Der Vorteil daran ist: Man kann sich auf das konzentrieren, was man machen möchte und muss sich nicht mehr so umfassend mit den technischen Details der Maschine auseinandersetzen. Das Nähen steht somit im Vordergrund.

Ein spontanes Beispiel für eine solche Vereinfachung ist die Fertigung des Knopflochs. Früher war ein Knopfloch erst dann fertig, wenn der Zickzack-Stich in verschiedene Breiten verändert worden ist. Später kamen die Maschinen mit Knopfloch-Halbautomatik. Das war schon mal ein Riesenfortschritt, weil der Stoff nicht mehr gedreht werden musste. Jetzt gibt es Maschinen, die nähen die Knopflöcher vollautomatisch! Sie geben einfach die Knopflochlänge ein, und die Maschine macht alles von selbst. Sie brauchen dann nur das Loch aufzuschneiden.

Um eine saubere Naht zu bekommen, müssen viele Komponenten in der Maschine zusammenwirken. Die Mechanik, die in der Maschine steckt, muss sehr präzise aufeinander abgestimmt sein. Da sind die einzelnen Teile aus der Nähmaschine, da sind die Teilegruppen, die Armwellen, die Achsen, der Greifer, der Transporteur, der Spannungsapparat, der Motor und vieles mehr. All diese Teile müssen sehr exakt gefertigt und montiert sein, damit Ihr Stoff einwandfrei genäht werden kann und Sie schließlich Freude am Nähen mit Ihrer Maschine und vor allem Spaß an Ihrem Hobby haben.

Hinzu kommen bei den modernen Maschinen die Elektronik, die Software und die dazugehörige Benutzeroberfläche. Mein Mann würde sagen, es handelt sich um „mechatronische Systeme". Ich finde es einfach toll, dass es Menschen gibt, die alles so kombinieren können, dass ich gerne damit nähe.

Und genau daran arbeiten auch die führenden Nähmaschinen-Hersteller. Sie entwickeln neue Produkte, Füßchen und Zubehör, damit wir uns als Haushaltsnäher oder Hobbyschneider mit der Näh-, Stick- oder Overlockmaschine in unserem kreativen Hobby – beim Schneidern, Sticken und Quilten – austoben können. Durch diese ständigen Neuerungen werden unsere Ideen noch einfacher realisierbar!

Die Naht

Eine Naht entsteht durch die Verbindung zweier Fäden – einem Oberfaden und einem Unterfaden. Der Oberfaden wird durch mehrere Fadenführungen von oben in die Maschine eingefädelt. Der Unterfaden, also der Faden, der unten in die Maschine eingefädelt wird, muss zuerst auf eine gesonderte Spule aufgewickelt werden. Diese Unterfaden-Spule wird dann unten in die Spulenkapsel oder den Spulenkorb eingesetzt.

Die Stofflagen sind beim Nähen zwischen der Stichplatte und dem Nähfuß fixiert. Mit Hilfe eines Vorschubmechanismus wird der Stoff transportiert.

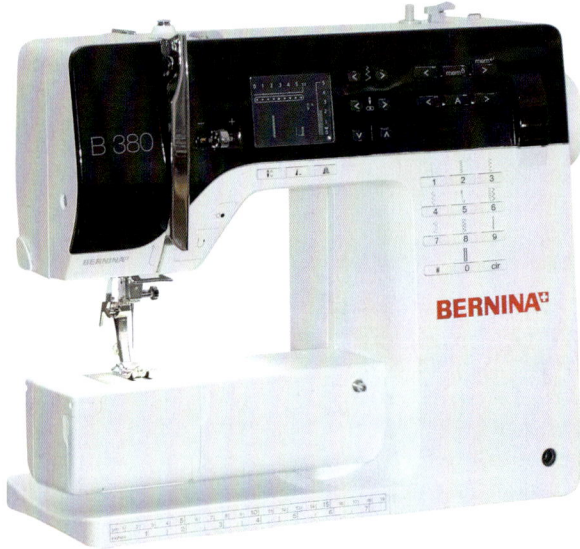

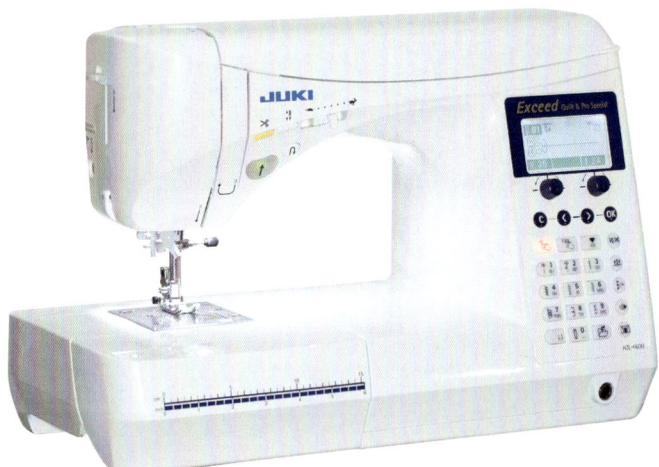

Die Stiche

Im Standardrepertoire einer Nähmaschine finden Sie neben dem Steppstich eine schöne Auswahl an nützlichen Stichen, die die Verarbeitung unterschiedlichster Stoffe ermöglicht.

Zu den Standard-Nutzstichen gehören:

- **der Geradstich**

  auch Steppstich genannt – zum Zusammennähen, Absteppen, Reißverschlüsse einnähen, Biesen nähen, zum Freihand-Nähen und -Sticken oder Quilten;

- **der Zickzack-Stich**

  um Applikationen aufzunähen, Kanten zu versäubern oder Gummibänder aufzunähen;

- **die Overlockstiche**

  für elastische Nähte in elastischen Stoffen oder als Überwendlingsstich zum Versäubern;

- **der Blindstich**

  für unsichtbare Säume in Röcken, Hosen und Blazern;

- **der genähte Zickzack-Stich**

  zum Aufnähen von Gummibändern und zum Stopfen von Risslöchern;

- **der Dreifach-Steppstich**

  hervorragend geeignet zum Nähen eines Jeanshosensaums, für Nähte, die etwas aushalten müssen, und für Absteppnähte bei Freizeitbekleidung sowie

- **der Knopfloch-Stich**

  für Knopflöcher in Blusen, Hosen, Röcken und Jacken.

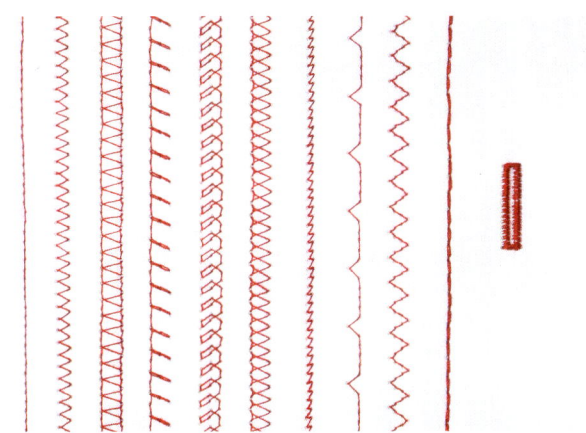

Darüber hinaus gibt es Nähmaschinen mit Zier- und Quiltstichen, Alphabeten, Kreuz- und Hohlsaum- und vielen anderen Dekorstichen.

Die Näh- und Stickmaschinen ergänzen die Palette. Damit ist der gestalterischen Freiheit keine Grenze mehr gesetzt.

Auch für Änderungen, wie ein T-Shirt zu kürzen, ist eine Nähmaschine der ideale Helfer

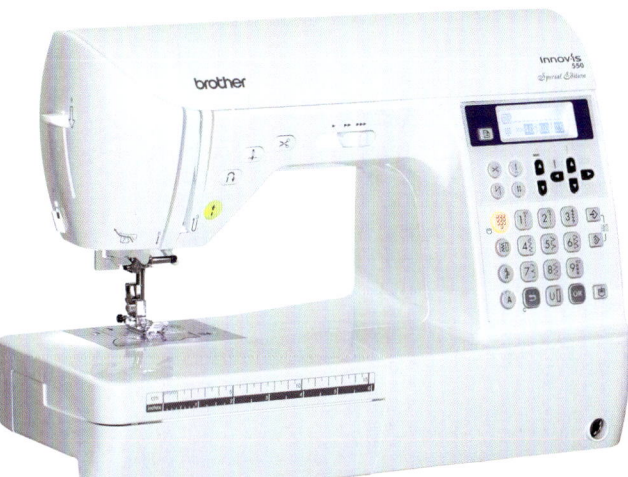

Die Haushalts-Nähmaschine

Im Haushalt fallen viele Änderungen und Flickarbeiten an: Kürzen, Stopfen, Flicken aufnähen, Kleidungsstücke enger oder weiter machen, Reißverschlüsse auswechseln, T-Shirts kürzen oder verändern. Da muss die Nähmaschine sowohl dicke Stoffe als auch dünne und dehnbare Stoffe nähen können. Eine solide Nähmaschine mit den Standardnutzstichen, die gut transportiert und einen starken Motor hat, ist hier ein Muss.

Die Hobby-Nähmaschine

Eine Hobbyschneiderin oder ein Hobbyschneider muss nicht, sondern will nähen. Man verbindet dünne mit dicken Stoffen, kombiniert sie mit Elastischem, spielt mit Materialien, Farben, Strukturen, experimentiert mit Zubehör zum Kräuseln, Applizieren und Paspelieren. Es wird gequiltet mit dickeren Fäden und Ziersichen. Man arbeitet Bänder und Borten ein, tobt sich mit Perlen, Pailletten und Planen aus und hat Freude am Gestalten.

Egal, was Sie vorhaben, unter den Modellen führender Hersteller gibt es auch für Sie die passende Nähmaschine!

Die mechanische Nähmaschine

Die Maschinen mit den vielen Rädchen gibt es heutzutage kaum noch. Vielleicht hat man so ein Modell geerbt oder als Sammlerstück zu Hause. Bei der mechanischen Nähmaschine müssen Sie noch alles selbst einstellen und ausprobieren: Stich anwählen, Stichbreite und -länge einstellen, Stich umstellen von normale auf elastische Nähte. Außerdem ist diese Maschine meist nur mit Nutz- und kaum mit Ziersichen ausgestattet.

Die computergesteuerte Nähmaschine

Bei einer computergesteuerten Nähmaschine ist die Bedienung sehr komfortabel. Hier sind die Stiche alle schon in der Breite und Länge optimal voreingestellt, sodass Sie mit dem

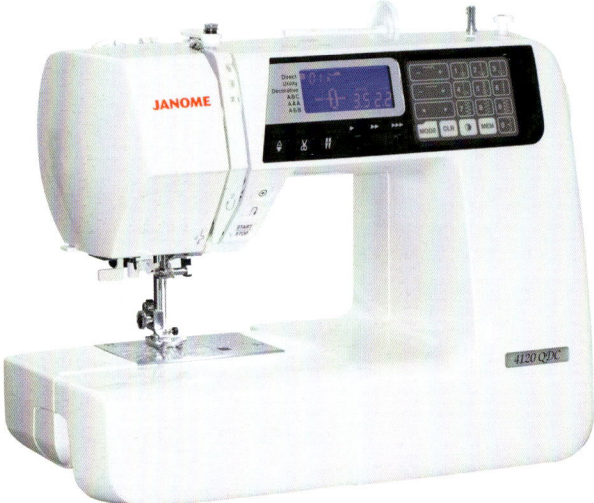

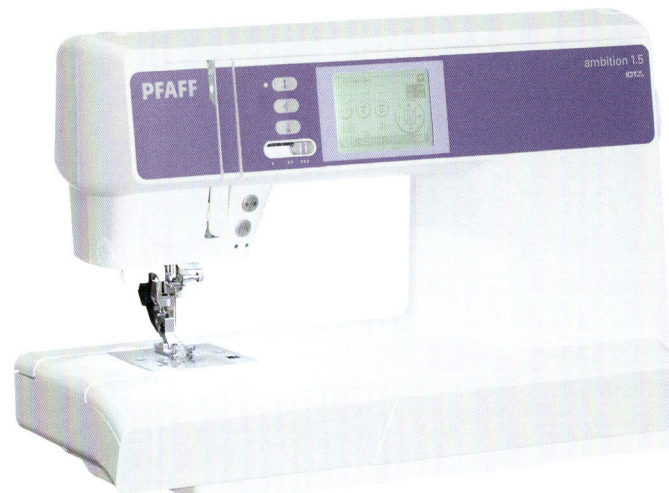

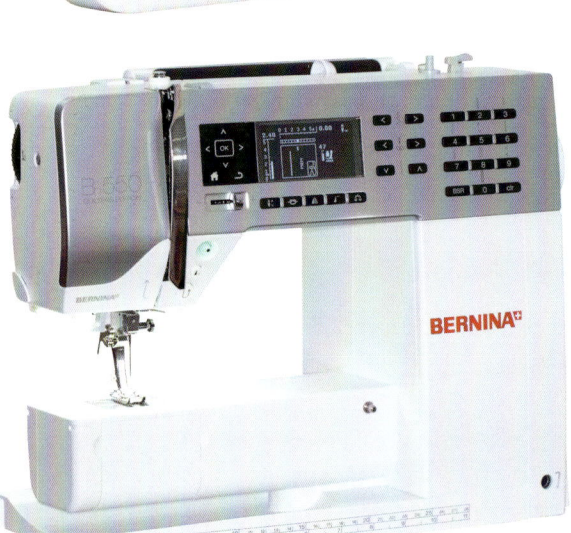

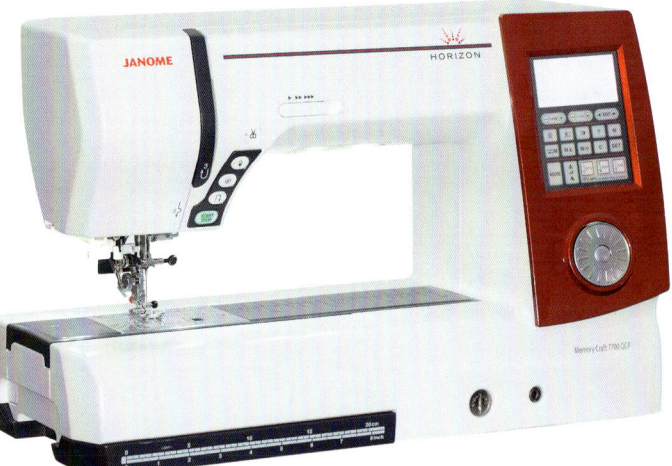

In der großen Vielfalt von Nähmaschinen finden Sie garantiert das passende Gerät

Nähen gleich beginnen können. Sie müssen nicht nachdenken oder nachlesen, wie der angewählte Stich in der Breite und Länge einzustellen ist. Alle Parameter lassen sich natürlich auf Wunsch auch verändern. Für Nähanfänger mit wenig Erfahrung ist sie am besten geeignet. Sehr praktisch ist ebenfalls, dass diese Maschine die Knopflöcher automatisch näht. Viele computergesteuerten Modelle haben eine größere Auswahl an Knopflöchern. Sie finden hier nicht nur die Standardwäscheknopflöcher, sondern auch Rund- und Augenknopflöcher.

Am schönsten jedoch sind die Zierstiche. Sie ermöglichen Ihnen, zauberhafte Bordüren und Dekor-Elemente zu nähen – von einfachen Bogenmustern, traditionellen Kreuz- und Hohlsaumstichen über Blümchen, Sternchen und Schmetterlinge bis hin zu Autos oder dem Nähen von Buchstaben und Ziffern. Je nach Maschine lassen sich die Zierstiche auch miteinander kombinieren und sogar speichern. Zum Beispiel kombinieren Sie eine Blume mit einem Blatt oder wählen mehrere Buchstaben an, sodass Sie Namen nähen oder Ihre Weihnachtsgrußkarten gestalten können.

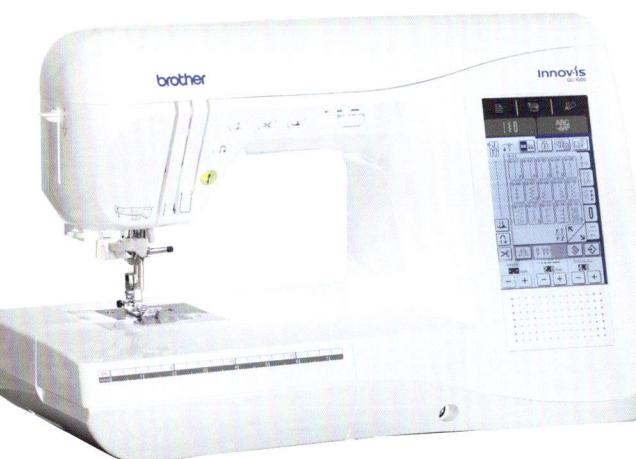

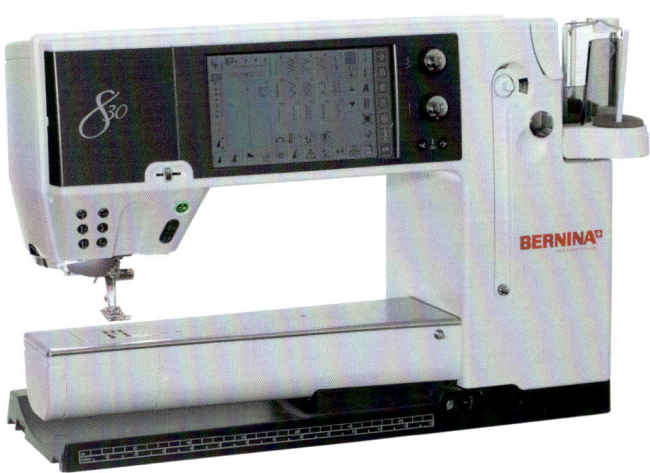

Und wenn Sie sich jetzt fragen: „Was soll ich damit machen?" ... habe ich hierzu schöne Beispiele für Sie vorbereitet, die Sie Schritt für Schritt nachnähen können.

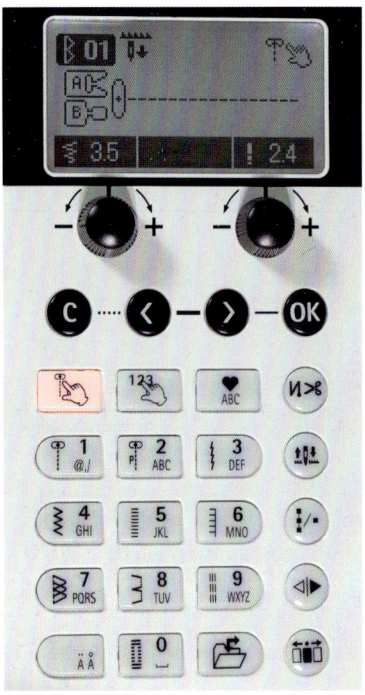

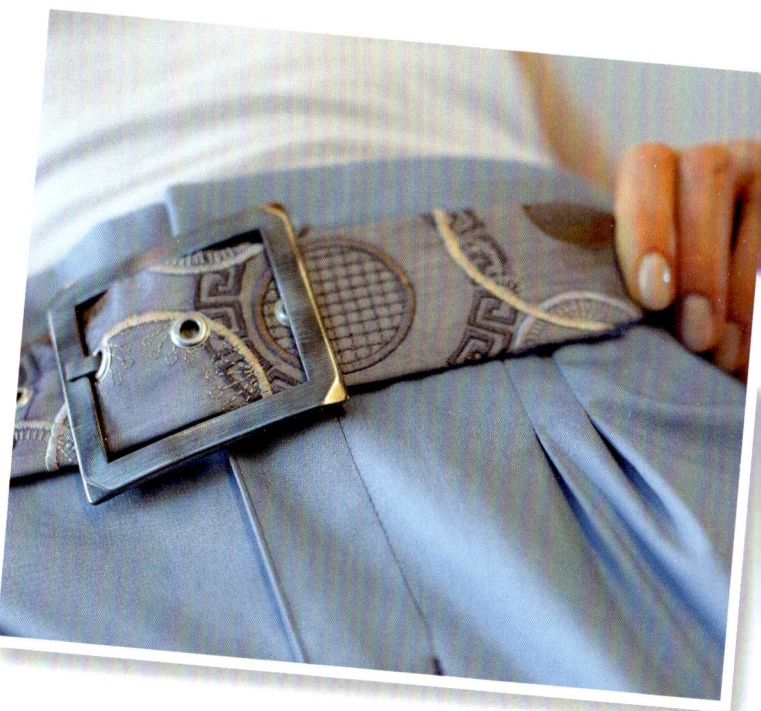

Die Näh- und Stickmaschine

Hier handelt es sich um eine computergesteuerte Nähmaschine, die Sie nicht nur zum Nähen, sondern, wie der Name schon verrät, ebenso zum Sticken verwenden können. Das Sticken übernimmt die Stickeinheit, die an die Nähmaschine angeschlossen wird. Dazu wird der Stoff vorher in einen Rahmen eingespannt und dieser an die Stickeinheit angebracht. Anschließend kann das ausgewählte Muster gestickt werden. Leider passt so eine Stickeinheit nicht an jede beliebige Nähmaschine, sondern muss speziell dafür konstruiert sein.

Eine große Auswahl an Stickmustern und Alphabeten sind schon auf der Maschine installiert. Außerdem ist es möglich, über eine Software auf dem Heim-PC Stickmuster selber zu erstellen und beliebige Ideen zu kreieren.

Ein Beispiel: Sie haben eine Kaffeetasse mit einer schönen Blüte und Sie möchten diese Blüte auch auf den Servietten und dem Tischdekor haben.

Ganz einfach: Sie fotografieren mit Ihrer Fotokamera oder dem Handy das Muster, öffnen es im Computerprogramm und wandeln das Bildmotiv in ein Stickmotiv um. Dann übertragen Sie das Motiv zur Stickmaschine und sticken es auf Ihre Servietten. Sie können sich jetzt schon auf die bewundernden Blicke von Freundinnen und Familie freuen!

Tipps zum Kauf einer Nähmaschine

Der Markt bietet heutzutage eine breite Palette von Nähmaschinen in jeder Preisklasse und für jeden Anspruch. Wie finden Sie aber die richtige Nähmaschine für sich?

Machen Sie nur Änderungen im Haushalt oder sind Sie kreativ und nähen gerne über den praktischen Gebrauch hinaus? Schauen Sie sich die Bekleidungsmodelle an, die Sie schneidern wollen:

Was war für Sie bis jetzt zu aufwändig?
Was könnte leichter von der Hand gehen?

Vergleichen Sie den Kauf einer Nähmaschine mit dem eines Autos. Auch hier wird vorher überlegt:

- *Auf welchen Straßen fahre ich?*
  Arbeiten Sie mit Baumwollstoffen, dünnen, beweglichen und rutschigen Stoffen, Bouclé, elastischer oder Maschenware?
- *Wie ist die Landschaft, die Umgebung, sind Hügel zu überwinden, die im Winter evtl. noch glatt werden könnten?*
  Verarbeiten Sie Quer- und Absteppnähte, Kragen oder Kapuzen aus Vlies, Walk oder Strickstoffen oder verwenden Sie Planen, Lackfolien, Paillettenstoffe, Filz oder andere weniger herkömmliche Materialien?
- *Oder fahren Sie gerne in die Berge?*
  Nähen Sie Jeanshosen um, flicken Arbeitsbekleidung und Kinderhosen, fertigen Taschen oder verarbeiten Leder?
- *Fahren Sie kurze oder lange Strecken? Fahren Sie selten oder häufig?*
  Reparieren und flicken Sie oder nähen Sie schnell einen Knopf an? Nähen Sie Ihre Kleidungsstücke oder die Heimtextilien selbst? Wollen Sie eigene Nähprojekte machen?

Bevor Sie eine Entscheidung treffen, stellen Sie sich also folgende Fragen:

Was will ich nähen?

Nähen Sie eher Bekleidung für sich selbst oder für Kinder wie Röcke, Hosen, Blusen, Shirts oder Kleidchen?
Nähen Sie Heimtextilien wie Kissen, Tischdecken, Servietten, Gardinen?
Oder fertigen Sie Accessoires wie Taschen, Stulpen, Schals und andere liebevolle Kleinigkeiten zum Dekorieren und Verschönern Ihres Wohnambientes?
Wie sieht es aus mit Patchworknähen und Quilten?

Welche Stoffe möchte ich verarbeiten?

Dünne Stoffe wie Chiffon, Seide, Gardinenstoffe, Organza, Tüll.
Normale Stoffe aus Baumwolle, Leinen, Wolle, Popeline, Samt.
Dickere Stoffe wie Cord, Jeans, Jackenstoffe, Mantelstoffe, Outdoorstoffe, Segeltuch.
Elastische Stoffe und Maschenware wie Jersey, Nicky, Pannesamt, Strickstoffe.
Andere Materialien wie Lackfolien, Planen, Leder.

Auf diese Frage kommt die Antwort meistens wie aus der Pistole: „Am liebsten alles!"

Ein verlockendes Angebot an Stoffen regt die Näh-Phantasie an

Sieht kompliziert aus … aber solche schönen Details sind gar nicht schwer zu nähen

Welche Nähmaschine eignet sich für Nähanfänger?

Ein Nähanfänger möchte gleich loslegen und Erfolgserlebnisse haben, die zum Weitermachen anspornen. Fadenspannung, Stichlänge, Stichbreite und all die Rädchen dazu interessieren erst später … der Anfänger will einfach nur nähen!

Daher soll die Nähmaschine leicht zu bedienen und stabil sein und die unterschiedlichsten Stoffe nähen können. Stichlänge und Stichbreite soll die Maschine selbst richtig einstellen.

Es gibt auf dem Markt auch gute, gebrauchte Nähmaschinen, die für einen Anfänger, seine ersten Nähversuche und die ersten Stiche absolut ausreichend sind.

Was soll meine Maschine können?

Wenn Sie auch „am liebsten alles" verarbeiten möchten, dann spricht das schon mal dafür, dass Sie eine stabile, robuste und strapazierbare Nähmaschine brauchen. Mit einem guten Transporteur, einem starken Motor und nicht zu wenigen Nutzstichen. Aber Achtung: Eine gute Nähmaschine wird nicht alleine an der Anzahl der Stiche gemessen. Die Qualität des Stichs spiegelt sich im Aufbau der Maschine wider. Wenn eine Nähmaschine hochwertiger ist, dann sind die verwendeten Werkstoffe von einer besseren Qualität und die verarbeiteten Teile viel feiner und genauer aufeinander abgestimmt.

Wie finde ich die richtige Maschine für mich?

Die einfache Antwort: Ausprobieren – machen Sie eine Probefahrt!

Nachdem Sie wissen, was Sie nähen möchten und wie Sie Ihre Kleidung verarbeiten wollen, kann ich Ihnen nur empfehlen, in ein Fachgeschäft zu gehen und verschiedene Nähmaschinen auszuprobieren. Kalkulieren Sie dafür mindestens ein bis zwei Stunden Zeit ein und nehmen Sie ein Bündel verschiedener Stoffe mit. Am besten rufen Sie vorher an, ob ein Fachverkäufer auch Zeit hat, Ihre Fragen zu beantworten. Dann probieren Sie auf jeden Fall selbst das Nähen auf diversen Maschinen und Materialien aus und achten vor allem auf die Handhabung der Geräte. Testen Sie, wie Sie mit der Nähgeschwindigkeit zurechtkommen, denn langsames Nähen ist nicht nur am Anfang, sondern auch später bei bestimmten Näharbeiten sehr von Vorteil. Entscheiden Sie sich letztendlich für eine Nähmaschine, mit der Sie auch längerfristig noch gerne nähen.

Welches Sonderzubehör brauche ich?

Oft wird das Sonderzubehör beim Maschinenkauf vergessen. Das Angebot dazu ist von Fabrikat zu Fabrikat unterschiedlich. Deshalb ist es lohnenswert, sich bereits vor dem Kauf darüber zu informieren.

Der Service

Und dann stellen Sie sich auch noch die Fragen, die nach dem Kauf kommen:

An wen wende ich mich, wenn ich zu meiner Nähmaschine Fragen habe?

Wo gehe ich hin, wenn irgendwas an meiner Nähmaschine nicht funktioniert?

Die Antwort ist ganz einfach: am besten zu einem Fachhändler in Ihrer Nähe. Deshalb sollten Sie Ihre Nähmaschine auch nur

Gönnen Sie sich ruhig einen Nähkurs, unter Gleichgesinnten lernt es sich viel schneller

im Fachhandel kaufen, denn nur dort profitieren Sie auch noch nach dem Kauf von einem guten Service. Fragen bezüglich Bedienung, Zubehör und Nähtechnik wird man Ihnen ebenfalls nur im Fachhandel beantworten.

Schulungen und Kurse

Die meisten Händler bieten Schulungen und Kurse an, bei denen Sie Gleichgesinnte treffen. Sie nähen gemeinsam mit anderen in angenehmer Atmosphäre an denselben oder unterschiedlichen Nähprojekten.

Der Preis

Sicher gibt es Maschinen in unterschiedliche Preiskategorien. Für jedes Budget und für jeden Anspruch ist da etwas dabei. Wenn die Maschine mehr kosten darf, ist ihre Bedienung nicht nur einfacher, sondern die Stiche werden von Anfang an sauber genäht. Außerdem sparen Sie sich viel Zeit mit den Einstellungen der Fadenspannung, da die hochwertigeren Maschinen dies oft automatisch tun oder eine Anzeige dafür haben. Auch die Motorleistung, der Transport und das Innenleben der Ma-

schine sind qualitativ hochwertiger, stabiler gebaut und feiner abgestimmt. Die Nähte gelingen gleich, Sie haben mehr Spaß beim Nähen – und Ihre Maschine hält länger.

Es gilt hier wieder der Vergleich mit dem Auto: Motoren und Bremsen haben alle. Ebenso ein Mindestmaß an Innenausstattung.

Wie viel Sie fahren, wie viel Komfort Sie wünschen, ob Sie nach längeren Fahrten entspannt ankommen möchten, ob Sie gerne Ausflüge machen und was Sie ausgeben wollen – das entscheiden ganz allein Sie.

Wie beim Auto ist auch bei der Nähmaschine das Preis-Leistungs-Verhältnis das wichtigste Qualitätskriterium.

Was Ihnen die einzelnen Funktionen wert sind, können nur Sie selbst bestimmen.

Das Nähmaschinen-ABC

• Abdeckhaube

Stülpen Sie die Abdeckhaube über Ihre Maschine, um sie vor Staub zu schützen. Der Schutz vor Staub in der Technik gewährleistet die zuverlässige Leistung der Maschine.

• Anschiebetisch

Mit dem Anschiebetisch vergrößern Sie den Arbeitsbereich. Das Nähgut lässt sich besser führen und verarbeiten, wenn der Tisch angebracht ist.

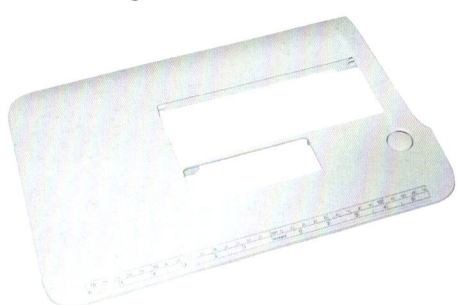

• Bodenplatte

Eine durchgehende Bodenplatte macht die Maschine standhafter und sorgt für Stabilität beim Nähen.

• Greifer

Der Greifer ist ein wesentliches Teil der Nähmaschine. Er ermöglicht die Schlingenbildung, die Verknotung des Oberfadens mit dem Unterfaden und sorgt dadurch für die Entstehung eines Stiches.

Beim Nähen geht die Nadel mit dem Oberfaden nach unten, der Greifer fängt den Oberfaden und verbindet diesen mit dem Unterfaden.

Je nach Fabrikat gibt es verschiedene Systeme: Vertikal- und Horizontal-Greifer. Zu den Vertikalgreifern gehören der CB-Greifer (Central Bobbin hook) und der Doppelumlaufgreifer. Die Spule wird hier zuerst in eine Spulenkapsel eingelegt und diese danach in den Greifer.

Der Horizontalgreifer ist direkt unter der Stichplatte. Hier kommt die Spule in einen Spulenkorb oder eine Spulenkapsel.

• Einstellknöpfe/Einstelltasten/Einstellrädchen

Mit den Einstellknöpfen, -tasten oder -rädchen stellen Sie die Stichbreite, Stichlänge und die Nadelposition ein oder verändern sie.

• Greiferklappe

Hinter der Greiferklappe befindet sich die Spulenkapsel mit der Spule und dem Unterfaden.

• Spule

Auf der Spule wird der Faden aufgewickelt und als Unterfaden in die Maschine eingelegt.

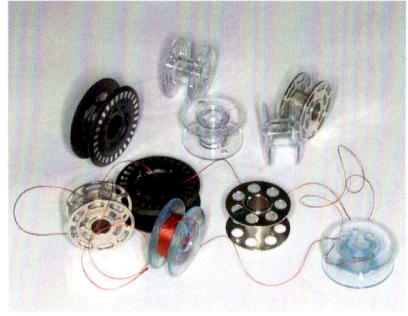

• Spulenkapsel

Nähmaschinen mit Umlauf- und CB-Greifer haben eine Spulenkapsel. Die Spule wird in die Spulenkapsel und diese danach in den Greifer eingelegt. An der Spulenkapsel kann bei Bedarf die Unterfadenspannung verändert werden.

• Spulenkorb

Statt Spulenkapsel haben verschiedene Fabrikate einen Spulenkorb, in den die Spule von oben horizontal hineingelegt wird.

• Stichwahltasten/Stichwahlknöpfe

Um den gewünschten Stich aus der Maschine anzuwählen, gibt es, je nach Fabrikat, Stichwahltasten oder -knöpfe.

• Fadenabschneider

Mit dem Fadenabschneider können Sie den Faden nach dem Nähen abschneiden. Der manuelle Fadenabschneider befindet sich links an der Maschine.

Der automatische Fadenabschneider wird durch das Antippen der „Scheren-Taste" aktiviert. Die Maschine schneidet die Fäden an der Stoffunterseite kurz ab.

• Stichplatte

Die Stichplatte ist die Platte unter dem Nähfuß. Der Stoff wird beim Nähen zwischen der Stichplatte und dem Nähfuß transportiert.

Die Stichplatte ist ein sehr ausgeklügeltes Teil und erfüllt gleichzeitig mehrere Funktionen. Der Stoff liegt beim Nähen auf der Stichplatte. Das Nähfüßchen sorgt dafür, dass der Stoff gehalten wird. Gleichzeitig kommt der Transporteur zum Einsatz und transportiert das Nähgut über die Stichplatte weiter. In ihr ist ein Schlitz eingearbeitet, durch den sich die Nadel auf- und abbewegen kann.

Auf der Stichplatte sind parallel zueinander Linien eingraviert. Diese Linien helfen Ihnen, beim Nähen einen gleichmäßigen Abstand zwischen der Stoffkante und der Naht einhalten zu können, z. B. für die Naht- oder Saumzugabe.

• Freiarm

Die Haushaltsnähmaschinen haben heutzutage alle einen Freiarm. Um damit nähen zu können, muss der Nähtisch oder das Zubehörkästchen entfernt werden.

• Fadengeber

Der Fadengeber ist der Hebel, der vorne am Maschinenkopf zu sehen ist. Er macht eine schwingende Bewegung von oben nach unten und reguliert die Fadenmenge für den angewählten Stich. Durch den Fadengeber wird der Oberfaden eingefädelt. Falls dies aus Versehen nicht passiert, reißt er nach wenigen Stichen.

• Fadenspannung

Die Spannung ist der Mechanismus, mit dem der Anpressdruck des Fadens bei der Stichbildung geregelt wird. Der Faden, der oben in die Nähmaschine eingefädelt wird, ist der Oberfaden und läuft durch die Oberfadenspannung. Der Faden, der unten eingefädelt wird, ist der Unterfaden und läuft durch die Unterfadenspannung.

Wenn Sie die Fadenspannung verändern müssen, beginnen Sie mit der Oberfadenspannung, was in den meisten Fällen reicht. Falls Sie häufiger mit unterschiedlich dicken Fäden nähen, muss die Unterfadenspannung geändert werden. Kaufen Sie sich dazu am besten eine zweite Spulenkapsel. Eine lassen Sie dann auf die Grundeinstellung eingestellt, die zweite nehmen Sie für spezielle Fäden und andere Effekte, bei denen Sie eine andere Einstellung brauchen.

Mehr zur Fadenspannung finden Sie im Kapitel „Fadenspannung".

• Oberfadenspannung

Die Oberfadenspannung kann je nach Modell manuell oder automatisch geregelt werden. Das Einstellrädchen für die manuelle Fadenspannung finden Sie

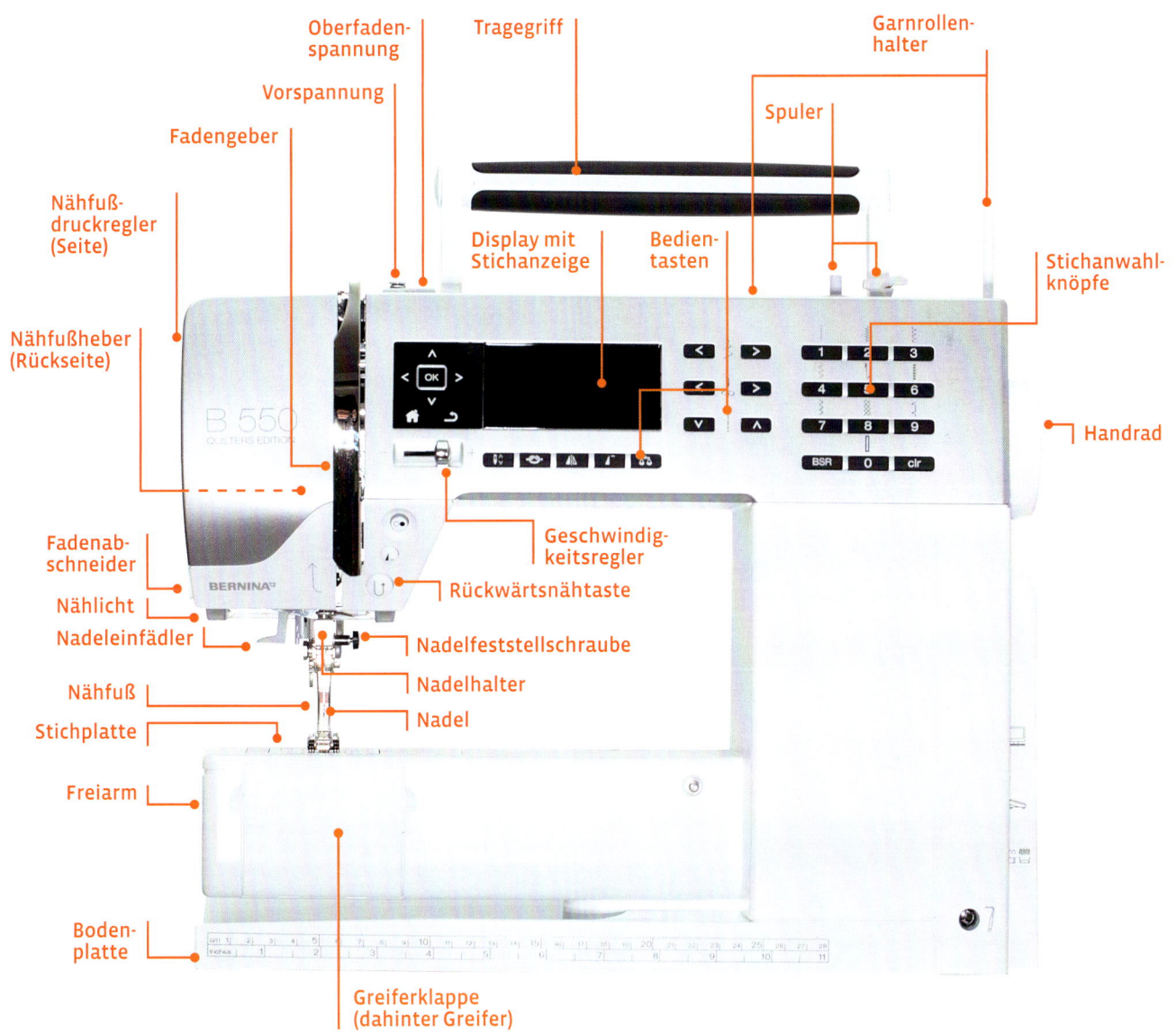

Oberfaden-
spannung

Tragegriff

Garnrollen-
halter

Vorspannung

Spuler

Fadengeber

Nähfuß-
druckregler
(Seite)

Display mit
Stichanzeige

Bedien-
tasten

Stichanwahl-
knöpfe

Nähfußheber
(Rückseite)

Handrad

Fadenab-
schneider

Geschwindig-
keitsregler

Nählicht

Rückwärtsnähtaste

Nadeleinfädler

Nadelfeststellschraube

Nähfuß

Nadelhalter

Stichplatte

Nadel

Freiarm

Boden-
platte

Greiferklappe
(dahinter Greifer)

direkt in Augenhöhe links am Nähmaschinenkopf. Drehen Sie im Uhrzeigersinn, wird die Fadenspannung fester, drehen Sie entgegen dem Uhrzeigersinn, wird die Spannung weniger.

• Unterfadenspannung

Der Unterfaden läuft durch die Spannscheibe der Spulenkapsel. Der Anpressdruck kann auch hier verändert werden. Der Mechanismus ist von Fabrikat zu Fabrikat aufgrund der verschiedenen Greifer-Systeme unterschiedlich. Schauen Sie hierzu in Ihrer Anleitung nach.

• Garnrollenhalter

Auf den Garnrollenhalter, auch Garnrollenstift genannt, wird der Faden zum Einfädeln oder Spulen aufgesteckt. Zum Nähen mit der Zwillingsnadel steht ein zweiter Garnrollenhalter zur Verfügung. Dieser ist meist oben an der Nähmaschine angebracht und Sie müssen ihn nur hochklappen. Manchmal ist er in der Zubehör-Box einsortiert und wird bei Bedarf aufgesteckt.

• Garnrollenfeststeller

Garnrollenfeststeller sind scheibenförmig und werden auf den Garnrollenstift aufgesteckt, um die Fadenrolle zu halten. Weil es die Fadenrollen in verschiedenen Größen auf dem Markt zu kaufen gibt, werden zu jeder Nähmaschine auch die passenden Garnrollenfeststeller angeboten.

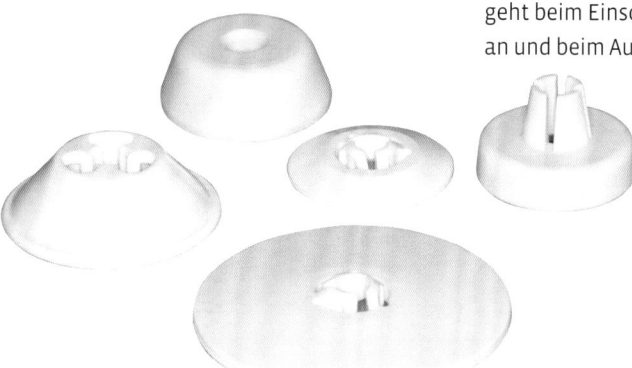

• Fadenführung

Eine Anleitung zum Einfädeln der Garne in die Maschine ist auf der Maschinenvorderseite abgebildet. Meist ist sie mit Zahlen versehen, um den Vorgang zu erleichtern. Kein Einfädelschritt davon darf ausgelassen werden, da es sonst zu Fadenbruch oder zu Fehlstichen kommen kann.

• Fußanlasser

Der Fußanlasser ist das „Gaspedal" für die Nähmaschine. Mit ihm starten und stoppen Sie den Nähvorgang. Über den Fußanlasser können Sie die Nähgeschwindigkeit bestimmen.

• Einfädelhilfe für die Nadel

Die Einfädelhilfe erleichtert das Einfädeln des Fadens durch das Nadelöhr. Sie hat einen kleinen Haken, der von hinten maschinell durch das Nadelöhr geführt wird. Der Faden wird beim Einlegen in den Haken automatisch eingehängt und zieht ihn nach hinten durch.

• Nählicht

Ein gutes Nählicht beleuchtet gleichmäßig rechts und links den Nähbereich. Es geht beim Einschalten der Nähmaschine an und beim Ausschalten wieder aus.

• Nähfuß

Der Nähfuß liegt auf dem Stoff beim Nähen auf. Eine Nähmaschine ist mit mehreren Nähfüßen ausgestattet, die ausgetauscht werden können. Setzen Sie den passenden Nähfuß für den angewählten Nähvorgang ein.

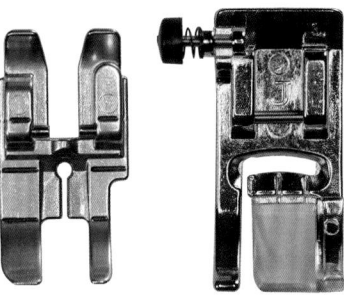

• Netzkabel

Das Netzkabel ist die Verbindung Ihrer Nähmaschine zur Steckdose.

• Tragegriff

Mit dem Tragegriff können Sie die Maschine leichter transportieren.

Transporteur

Der Transporteur ist der Mechanismus, der den Stoff über die Stichplatte vorschiebt, also transportiert. Sobald die Nadel aus dem Stoff hochkommt, ist der Transporteur da und schiebt den Stoff weiter.

Alle Nähmaschinen können den Stoff vorwärts oder rückwärts bewegen. Bei vielen neuen, modernen Nähmaschinen, kann der Transporteur den Stoff auch seitwärts oder diagonal bewegen.

• Nähfußheber

Mit dem Nähfußheber können Sie den Nähfuß heben und senken. Beim Nähen senken Sie den Nähfuß, die Oberfadenspannung wird somit aktiv. Sobald Sie die Naht beendet haben, heben Sie den Nähfuß. Die Spannung wird dadurch geöffnet und Sie können den Stoff problemlos entfernen.

• Knieheber

Der Knieheber ist eine geniale Erfindung für die Nähmaschine! Er hat die gleiche Funktion wie der Nähfußheber, nämlich, den Nähfuß mit dem Knie zu heben und zu senken. Der kleine, feine und sehr hilfreiche Unterschied ist, dass Ihre beiden Hände frei sind. Sie können somit den Stoff halten und viel bequemer unter den Nähfuß legen, mit dem Knie und dem Knieheber senken Sie dann den Nähfuß. Auch Ecken, Rundungen und andere knifflige Arbeiten lassen sich einfacher, schneller und präziser erledigen.

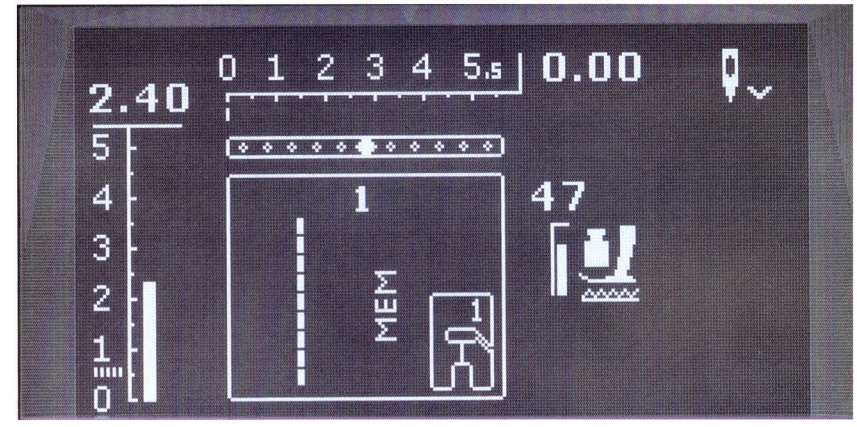

• Display

Auf dem Display können Sie den angewählten Stich und deren Einstellungen wie Stichlänge, Stichbreite, Nadelposition, Nähfußempfehlung und vieles mehr sehen. Bei manchen Maschinen stehen auf dem Display Hilfefunktionen und „Nähberater" zur Verfügung.

• Stichanzeige

Auf die Stichanzeige sind die Stiche abgebildet, die Ihre Nähmaschine nähen kann. Diese Stiche sind mit einer Zahl (oder einem Buchstaben) versehen. Diese Zahl wählen Sie aus, wenn Sie den entsprechenden Stich nähen möchten.

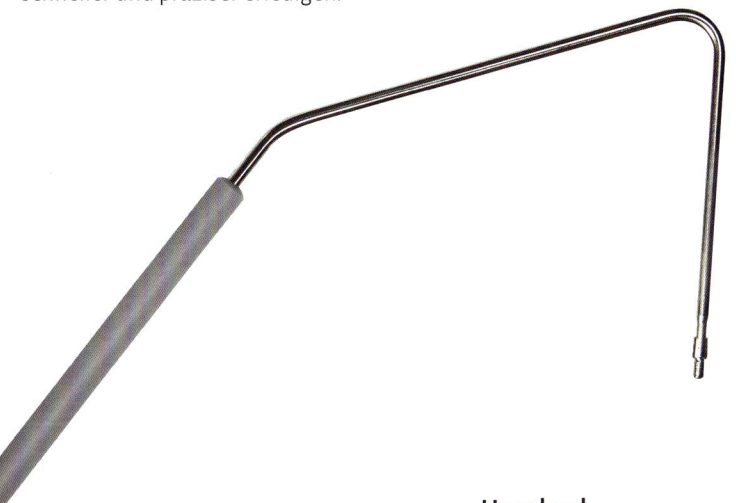

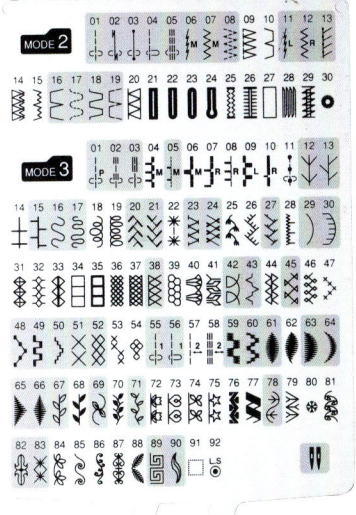

• Handrad

Mit dem Handrad können Sie die Nadel manuell nach oben oder nach unten bewegen. Drehen Sie am Handrad in Stichrichtung, also nach vorne zu sich.
Haben Sie eine mechanische Maschine, drehen Sie am Ende der Naht am Handrad, bis der Fadengeber oben ist. Der Stich ist somit beendet und Sie können den Stoff leicht entfernen. Die computergesteuerten Nähmaschinen beenden den Stich automatisch, hier müssen Sie nicht mehr am Handrad drehen.

• Vorspannung

Durch die Vorspannung wird der Faden zum Spulen eingelegt. Nur dann kann er sich fest und gleichmäßig auf die Spule aufwickeln. Falls der Faden also ungleichmäßig oder lose aufgespult ist, liegt es meistens daran, dass Sie den Faden nicht durch die Vorspannung gefädelt haben.

Standardzubehör einer Nähmaschine

Im Lieferumfang Ihrer Nähmaschine finden Sie in der Regel neben dem Standardnähfuß auch einen Overlockfuß, einen Reißverschlussfuß, einen Knopflochfuß und einen Blindstichfuß.

Je nach Fabrikat und Modell gehören weitere Füße zur Grundausstattung wie ein offener Applikationsfuß, ein Stopf-, Stick-, Geradstich-, Patchwork- oder Rollsaumfuß.

Welchen Nähfuß Sie einsetzen sollen, wird auf dem Display Ihrer Maschine angezeigt.
Für die meisten Stiche wird der Standardnähfuß empfohlen. Wählen Sie einen Blindstich, einen Knopfloch- oder Overlockstich, zeigt Ihre Nähmaschine den passenden Nähfuß an.

Spezialfüße für bestimmte Näharbeiten werden jedoch nicht angezeigt. Dazu gehört z.B. der Reißverschlussfuß. Normalerweise wird für den Reißverschluss ein Geradstich angewählt und dafür empfiehlt die Maschine den Standardnähfuß. Weil Sie aber in diesem Fall einen Reißverschluss einnähen, „überstimmen" Sie die Maschine und setzen den Reißverschlussfuß ein.

Genauso verhält es sich mit vielen anderen Sonderfüßen, die Sie zu Ihrer Nähmaschine hinzukaufen und mit denen Sie tolle Sachen machen können.

Zum Beispiel mit dem Kräuselfuß zum Kräuseln von Stoffbahnen, dem Biesenfuß zum Biesennähen, dem Kappnahtfuß für Kappnähte. Für all diese Näharbeiten wählen Sie ebenfalls den Geradstich an. Weil Sie aber einen anderen Vorgang machen wollen, setzen Sie einfach den passenden Nähfuß in Ihre Nähmaschine ein.

Standardnähfuß, Rücktransportfuß, Zickzack-Fuß

Je nach Fabrikat differiert die Bezeichnung für den Standardnähfuß: Mal heißt er Normalnähfuß, Rücktransport-

fuß oder Zickzackfuß. Dieser Nähfuß wird am meisten gebraucht und wird für viele Nutzstiche eingesetzt.

Reißverschlussfuß

Wenn Sie Reißverschlüsse in Röcke, Taschen, Jacken, Hosen, Kissen oder Kleider einnähen, setzen Sie den Reißverschlussfuß ein. Die Nadel muss hierfür auf der Seite nach rechts oder nach links ausgerichtet werden, je nachdem, wo der Reißverschluss eingenäht werden soll. Der Reißverschlussfuß ist so konstruiert, dass beim Nähen der Fuß an den

Reißverschlusszähnchen entlang läuft. Die Nadel kann viel näher an den Zähnchen vorbeistechen.
Mit dem Reißverschlussfuß lassen sich auch prima Paspel und Keder herstellen und an Stoffkanten einarbeiten.

Knopflochfuß

Der Knopflochfuß wird zum Nähen von Knopflöchern eingesetzt. Die meisten Knopflochfüßchen haben eine cm-Einteilung, damit Sie besser und einfacher die benötigte Länge nähen können.
Der Knopflochfuß verfügt ebenso über zwei Rillen auf der unteren Seite. Diese Rillen sind dafür da, dass die Knopflochraupe besser ablaufen kann. Zudem kann damit auch ein Einlauffaden mitgenäht werden. Der Einlauffaden wird in den hinteren und vorderen Haken eingehängt.

Blindstichfuß

Mit dem Blindstichfuß in Verbindung mit dem Blindstich nähen Sie einen Saum in einen Rock, eine Hose oder Jacke ein. Ein Blindsaum ist auf der rechten Stoffseite nicht zu sehen. Wichtig hierbei ist, den Saum richtig zu falten. Der Blindstichfuß hat in der Mitte des Fußes eine Führung. An diese Führung legen Sie die gefaltete Stoffkante an.

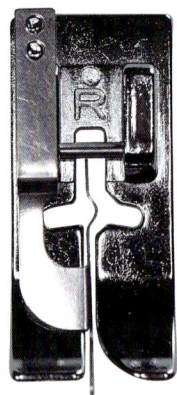

Overlockfuß

Der Overlockfuß wird zum Zusammennähen überwiegend elastischer Materialien verwendet. Achten Sie hier bei der Stichwahl auf die Fußempfehlung des Herstellers. Dieser Fuß verfügt über einen kleinen

Stift auf der rechten Fußseite. Dieser Stift hat die Aufgabe, das Zusammenziehen der Stoffkante zu verhindern. Gleichzeitig sorgt der Stich dadurch für eine zusätzliche Fadenmenge, was die Naht noch elastischer macht.

In Verbindung mit einem Overlockstich wird der Overlockfuß auch zum Versäubern der Stoffkante an gewebten Materialien eingesetzt.

Pinsel

Mit dem Pinsel entfernen Sie aus dem Greiferbereich Fusseln, Flusen und Fadenreste. Nehmen Sie die Stichplatte von Zeit zu Zeit auch ab und reinigen Sie die Zwischenräume des Transporteurs.

Schraubendreher groß

Mit dem großen Schraubendreher öffnen Sie die Halterschraube der Stichplatte.

Schraubendreher klein

Den kleinen Schraubendreher brauchen Sie, um die Nadelhalterschraube zu lösen oder festzustellen.

Ersatznadeln

Ein Päckchen mit Ersatznadeln ist im Lieferumfang der Maschine dabei. Wechseln Sie die Nadel öfter. Warten Sie nicht, bis sie abbricht! Die Nadelspitze verschleißt beim Nähen und wird dadurch stumpf. Die Stiche sind dann nicht mehr sauber und es kommt zu Fehlstichen. Achten Sie beim Nachkaufen auf das passende Nadelsystem.

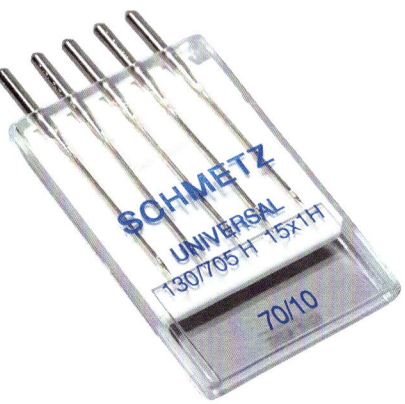

Garnrollenfeststeller

Der Garnrollenfeststeller wird auf den Garnrollenstift aufgesetzt, um die Garnrolle zu halten. Feststeller gibt es in mehreren Größen. Verwenden Sie immer die passenden Feststeller, damit sich der Faden frei abwickeln kann.

Netz für die Garnrollen

Das Netz wird über die Garnrolle gezogen. Verwenden Sie das Netz bei Garnen, die sich sehr schnell und unkontrolliert abrollen, wie Stickgarne oder dünne Polyesterfäden.

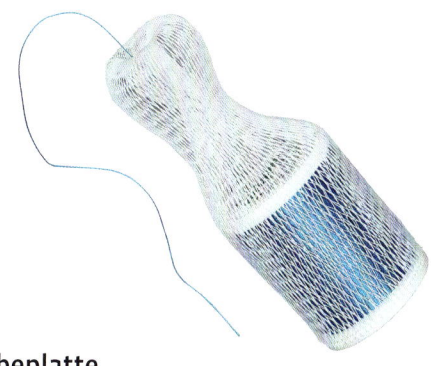

Hebeplatte

Mit der Hebeplatte gleichen Sie die Stoffhöhe aus. Die Hebeplatte hilft Ihnen z. B. bei Jeanshosen, einfacher über eine dicke Naht zu nähen. Am Nahtanfang legen Sie die Hebeplatte hinten unter den Nähfuß, um die Höhe auszugleichen. Die Maschine näht den Stich dadurch von Anfang an sauber und kontrolliert. Bei spitz zugeschnittenen Taschenklappen oder Kragenecken können Sie die Hebeplatte genauso einsetzen.

Bedienungsanleitung

Jedes Fabrikat hat seine eigenen Merkmale. In der Bedienungsanleitung finden Sie Hilfestellung zum Einfädeln und Bedienen Ihrer Nähmaschine. Schauen Sie sich auch die Schnelleinfädelhilfe, die jeder Anleitung beiliegt, an. Lesen Sie Ihre Bedienungsanleitung sorgfältig durch!

21

Nutz- und Zierstiche

Geradstich, Steppstich

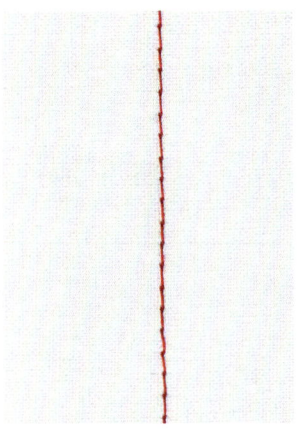

Der Geradstich, auch Steppstich genannt, ist der meistverwendete Stich auf einer Nähmaschine. Mit ihm lassen sich viele Stoffe verarbeiten und zahlreiche nützliche Nähte anfertigen. Beim Nähen sticht die Nadel geradeaus im gleichmäßigen Abstand.

Mit dem Geradstich nähen Sie Ihre Stofflagen zusammen, steppen Ihre Nähte ab oder heften die Schnittteile für die Anprobe. Sie kräuseln Ihre Stoffbahnen, nähen die Reißverschlüsse ein und fertigen Patchwork und Quilts.

Den Geradstich können Sie mit verschiedenen Nähfüßen verwenden:

Der Standardnähfuß

Der Standardnähfuß hat viele Namen. In diversen Nähanleitungen und Beschreibungen heißt es Universalnähfuß, Normalnähfuß, Zickzackfuß, Rückstichfuß oder Allzweckfuß, aber immer ist der Standardnähfuß gemeint. Er ist der meistverwendete

Nähfuß und für viele Stoffe und Nähte verwendbar. Sie erkennen ihn am besten daran, dass er einen Schlitz hat, durch den die Nadelstiche gehen.

Geradstichfuß

Im Gegensatz zum Standardnähfuß hat der Geradstichfuß nur ein Loch für den Nadeldurchgang. Die Nadel muss in der Mitte des Fußes positioniert sein. Durch das Loch wird die Nadel fest geführt und kann nicht abweichen. Der Stoff wird dadurch besser gehalten und transportiert. Dies ist ideal zum Nähen von dünnen Stoffen wie Seide, Chiffon, dichtem Gewebe aus Mikrofaser, dicken, festen Stoffen sowie Leder oder Lederimitat.

Geradstich-Stichplatte

Die Geradstich-Stichplatte wird ebenfalls zum Nähen mit dem Geradstich eingesetzt. Wie beim Geradstichfuß ist auch die Geradstich-Stichplatte mit einem Loch statt einem Schlitz versehen. Dadurch wird die Nadel noch besser geführt. Diese Stichplatte nimmt man zum Nähen schwieriger Materialien wie Leder, Jeansstoff, Chiffon und Seide.

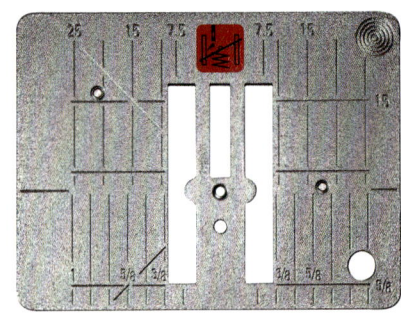

Geradstichfuß mit Geradstich-Stichplatte

Die ideale Kombination ist der Geradstichfuß mit der Geradstich-Stichplatte. Beim Nähen ist der Stoff dazwischen sicher fixiert und kann unter dem Nähfuß nicht mehr verrutschen. So wird er optimal transportiert und Sie haben garantiert eine perfekte Naht.

Hinweis: Egal, ob Sie sich für den Geradstichfuß, die Geradstich-Stichplatte oder für beides entscheiden – wichtig ist, dass Sie zum Nähen den Geradstich mit der Nadelposition „Mitte" einstellen. Alles andere führt zum Nadelbruch.

Sonderfüßchen und Geradstich

In Verbindung mit Sonderfüßchen können mit dem Geradstich auch spezielle Nähte erzeugt und ausgefallene Effekte gezaubert werden.

Der **Schmalkantenfuß** hilft Ihnen, Absteppnähte schmalkantig und in einem gleichmäßigen Abstand zu nähen. Mit dem **Kräuselfuß** können Sie den Stoff kräuseln und gleichzeitig an ein anderes Stoffstück annähen. Mit dem **Biesenfuß** und der schmalen Zwillingsnadel werden sehr einfach Biesen genäht. Mit dem Geradstich und dem **Freihandnähfuß** sind wunderschöne Dekorarbeiten und Verzierungen möglich.

Nadelausrichtung, Nadelposition

Die Nadel ist beim Zusammennähen meistens in der Mitte vom Nähfuß positioniert. Je nach Näharbeit ist es sinnvoll, die Nadel auf die Seite nach rechts oder links auszurichten. Das ist wichtig, wenn Sie z. B. Reißverschlüsse mit dem Reißverschlussfuß einnähen oder wenn Sie Absteppnähte nähen. Die Nadelstellung lässt sich mit dem Stichbreiten-Einstellknopf oder mit den speziell dafür vorgesehenen Tasten verändern.

Nadelposition und Reißverschlussfuß

Bei dem Reißverschlussfuß soll die Nadel nach rechts oder nach links positioniert werden. Ob nach rechts oder links, hängt davon ab, wo Sie den Reißverschluss einarbeiten wollen. Es können ein Rock, eine Hose, Jacke, Kissen oder Tasche sein. Und genau diese Möglichkeit, die Nadel auf die Seite zu bringen, erleichtert Ihnen in Kombination mit dem Reißverschlussfuß das Einnähen der Reißverschlüsse.

Nadelposition und Schmalkantenfuß
Schmalkantig absteppen

Bei schmalkantigem Absteppen hilft Ihnen der Schmalkantenfuß optimal weiter. Dieser Spezialnähfuß hat eine Führung, die es ermöglicht, die Steppnaht in gleichmäßigem Abstand von der Kante zu nähen. Sie läuft beim Nähen entlang der Kante vom Stoff oder der zuvor genähten Naht.

Positionieren Sie die Nadel so, dass diese im Abstand von ca. 2 bis 3 mm von der Kante weg in den Stoff einsticht. Der Schmalkantenfuß läuft an der Kante entlang und Ihre Naht wird in gleichmäßigem Abstand zur Kante genäht.

Dies ist z. B. ideal zum Absteppen der Seitennaht an Hosenbeinen, Taschenkanten, Kragen, Manschetten und Knopflochleisten. Dieser Nähfuß ist sehr vielseitig einsetzbar und meiner Meinung nach unentbehrlich für die Hobbyschneiderin!

Nadelposition beim Nähen im Nahtschatten

Die Nadel beim Nähen im Nahtschatten ist in der Mitte positioniert. Am besten gelingt die Naht auch hier mit dem Schmalkantenfuß. Im Nahtschatten werden Steppnähte genäht, die man nicht sehen soll. Das kann bei einem Rock- oder Hosenbund sein, beim Einfassen mit Schrägstreifen oder beim Steppen von Quilts. Die Führung vom Schmalkantenfuß läuft in diesem Fall in der zuvor genähten Naht.

Stichlänge

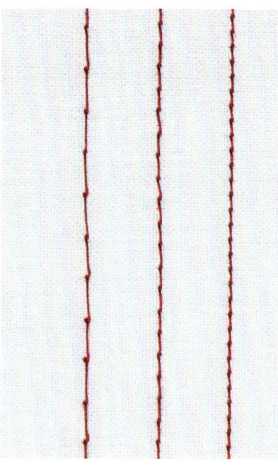

Stichlänge beim Geradstich

Hier geht es um den Abstand zwischen den Nadeleinstichen, die gerade und in gleichem Abstand zueinander gemacht werden. Der gewünschte Abstand, die Stichlänge, wird mit dem Stichlängen-Einstellknopf gewählt. Sie bestimmen damit die Auslenkung des Transporteurs und somit den Stoffvorschub.

Stichlänge zum Steppen

Die Stichlänge soll je nach Stoffart und Nähvorgang angepasst werden. Bei den computergesteuerten Nähmaschinen ist sie auf 2,4 bis 2,5 mm voreingestellt. Damit lassen sich viele Stoffe verarbeiten und zusammennähen, z. B. Baumwolle, Gabardine, Viskose, Seide oder Polyester.

Für dickere Stoffe wie Woll- oder Mantelstoffe stellen Sie die Stichlänge etwas länger ein, z. B. auf 3,5 mm.

Eine kürzere Stichlänge von 1,5 mm wählen Sie u. a. für Patchwork. Die einzelnen Stoffstücke werden beim Patchwork meist nicht weiter vernäht. Deshalb ist hier ein kürzerer Abstand zwischen den Einstichen empfehlenswert.

Eine kürzere Stichlänge stellen Sie auch an Ecken oder Rundungen ein, wenn Sie diese wenden und vorher den Stoff zurückschneiden müssen, z. B. an Kragenecken, Taschen, Rock- oder Hosenbund.

Stichlänge zum Kräuseln

Wollen Sie eine Stelle im Stoff kräuseln oder einen Ärmel einhalten, dann stellen Sie die maximale Stichlänge, die Ihre Maschine bietet, ein. Das sind 5 mm bis 6 mm. Nähen Sie ohne Rückstiche zwei Reihen parallel zueinander. Der Abstand der ersten Reihe zur Stoffkante ist hierfür 1 cm, die zweite Reihe steppen Sie füßchenbreit zu der ersten Reihe. Am Nahtanfang und -ende lassen Sie ca. 10 cm Faden überstehen. Sie können so den Faden zum Kräuseln besser greifen. Nachdem die Steppstiche genäht sind, können Sie den Faden vorsichtig auf die gewünschte Länge zum Kräuseln ziehen. Die Oberfadenspannung kann dazu auf 3 eingestellt werden.

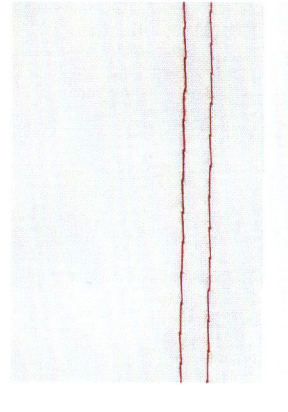

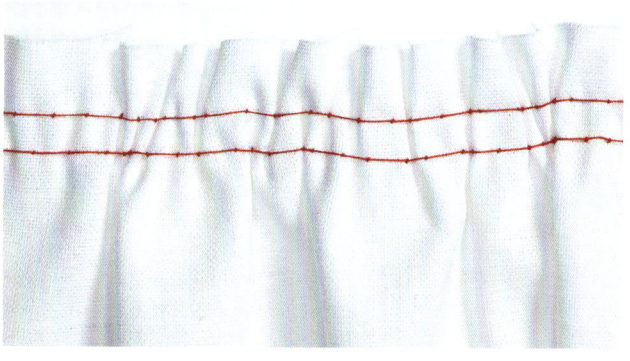

Stichlänge zum Heften, „Galoppstich"

Wenn Sie ein Kleidungsstück zur Anprobe heften wollen, stellen Sie die maximale Stichlänge, die Ihre Maschine bietet, ein, jedoch auf mindestens 5 mm. Eine Naht mit dieser Stichlänge lässt sich sehr leicht wieder auftrennen. Da die Maschine mit dieser Einstellung sehr lange

Stichbreite

Stiche, fast schon Sprünge macht, spricht man vom „Galopp-stich". Nähen Sie ein Kleidungsstück damit vor, probieren Sie es an und machen Sie bei Bedarf Ihre Änderungen. Erst, wenn das Kleidungsstück passt, nähen Sie es endgültig zusammen.

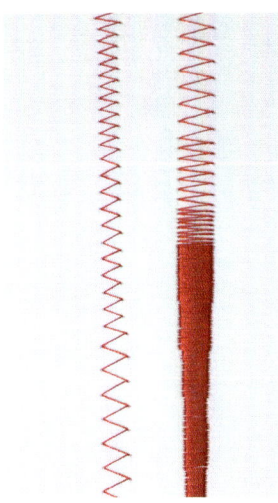

Stichlänge beim Zickzack-Stich

Über den Stichlängen-Ein-stellknopf stellen Sie beim Zickzack-Stich die Dichte ein. Je kleiner die Stichlänge ein-gestellt wird, umso dichter näht die Maschine den Zick-zack-Stich.

Die Stichbreite ist der Abstand zwischen dem Anschlag der rechten und linken Kante vom Stich. Bei den meisten Nähma-schinen ist sie variabel. Über den Stichbreiten-Einstellknopf kann der Abstand größer oder kleiner eingestellt werden. Ein größerer Abstand ergibt einen breiteren, ein kleinerer Abstand einen schmaleren Stich.

Stichbreite bei Nutznähten

Bei den Nutzstichen ist die optimale Einstellung der Stichbrei-te und Stichlänge schon voreingestellt, bei den mechanischen Maschinen können Sie die ideale Einstellung in der Anleitung nachlesen.

Für dickere und gröbere Stoffe wie grobes Leinen und weiche Vlies-, Mantel- oder Strickstoffe stellen Sie die Stichbreite etwas breiter ein. Bei dünneren Materialien wie Baumwollstoffen, Po-peline, dünnem Leinen, Chiffon oder Seide darf die Stichbreite etwas schmaler sein.

Stichbreite bei den Zierstichen

Bei den Zierstichen verändern Sie über den Stichbreiten-Einstellknopf die Musterbreite.

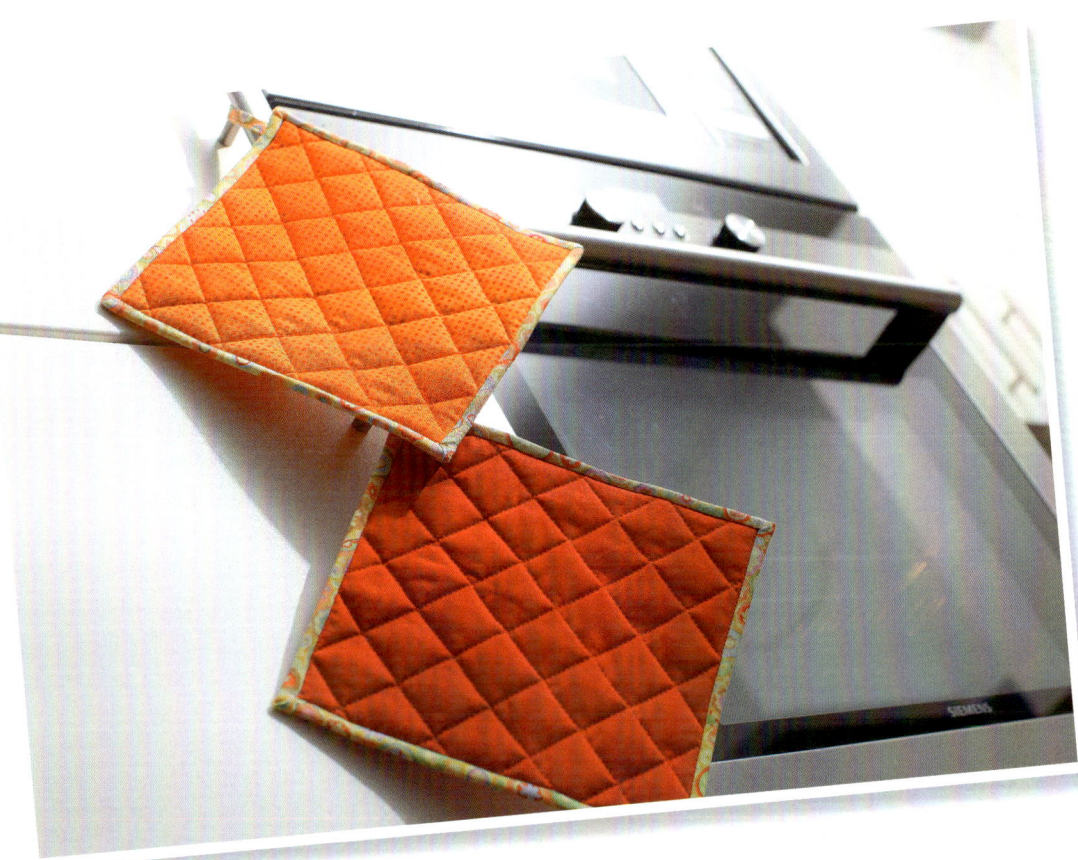

Omas gehäkelte Topflappen sind passé. Diese selbstgenähten dagegen bringen Pfiff in Ihre Küche

Dreifach-Geradstich

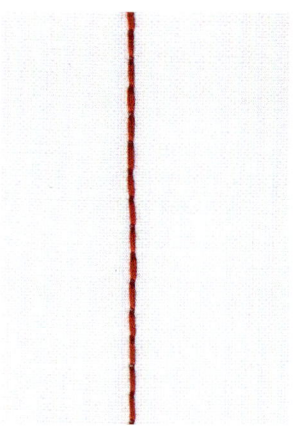

Bei dem Dreifach-Geradstich näht die Nähmaschine den Geradstich dreimal übereinander. Vorwärts, rückwärts, vorwärts, dann wieder vorwärts, rückwärts, vorwärts usw.

Der Dreifach-Geradstich gibt leicht nach, ist sehr strapazierfähig und wird für Nähte benutzt, die etwas aushalten müssen.

Er eignet sich zum Steppen von Gesäßnähten bei Hosen. Sie setzen ihn dort ein, wo Nähte stark beansprucht werden, als Saumstich zum Kürzen einer Jeanshose, zum Absteppen von Hosen, Jacken, Röcken und auch als Zierstich für viele Dekors.

Saum bei Jeanshosen

Eine gekaufte Jeanshose ist mit einem dicken Faden genäht. Sie können mit Ihrer Nähmaschine auch dicke Fäden verarbeiten. Dafür muss jedoch die Fadenspannung der Fadenstärke angepasst werden.

Einfacher geht das mit dem Dreifach-Geradstich. Für diesen Stich fädeln Sie einen Allzweckfaden ein. Weil die Maschine den Geradstich dreifach steppt, ist der Stich automatisch dicker, plastischer und sieht dadurch sehr gut aus. Außerdem gibt es Allzweckfäden in allen Farbschattierungen. Dickere Fäden dagegen sind nur in begrenzter Farbauswahl erhältlich.

Für Säume und Absteppnähte sieht der Dreifach-Geradstich schöner aus, wenn Sie die Stichlänge etwas länger einstellen, mindestens auf 4 mm.

Rock

Säume in Röcken aus Baumwollstoffen, Leinen oder Denim bekommen mit dem Dreifach-Geradstich eine sportlich-elegante Wirkung.

Jacke

Dieser Stich gehört zu meinen Lieblingsstichen, weil er meinen Sommerjacken so eine schöne, sportliche Note verleiht.

Zickzack-Stich

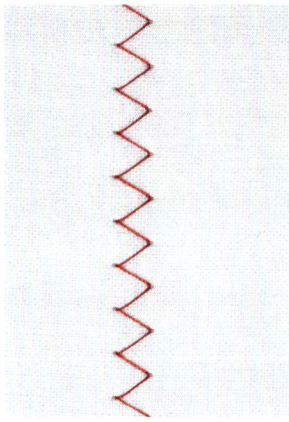

Was wäre eine Nähmaschine ohne den Zickzack-Stich? Ich kann mich noch an meine ersten Kleidungsstücke erinnern, die ich auf Omas Tretmaschine genäht habe. Da gab es keinen Zickzack-Stich. Ich musste alle Kanten mühsam in Handarbeit mit einem Überwendlich-Stich versäubern. Heutzutage hat jede Nähmaschine nicht nur einen Zickzack-Stich, sondern auch noch viele andere Stiche zum Versäubern. Das bedeutet, dass Sie viel schneller fertig sind.

Genug geträumt! Zurück zum Zickzack ...
Beim Zickzack-Nähen sticht die Nadel abwechselnd einmal nach rechts und einmal nach links in gleichmäßigem Abstand in den Stoff ein. Der Zickzack-Stich kann je nach Arbeitsgang in der Breite und Länge angepasst werden. Durch die Änderung der Stichlänge verändern Sie praktisch die Stichdichte.
Mit dem Zickzack-Stich versäubern Sie die Stoffkante, nähen Applikationen und Flicken auf, bringen Bänder, Gummibänder und -fäden an, können Knöpfe annähen und sogar eine wunderschöne Rollsaumkante zaubern.

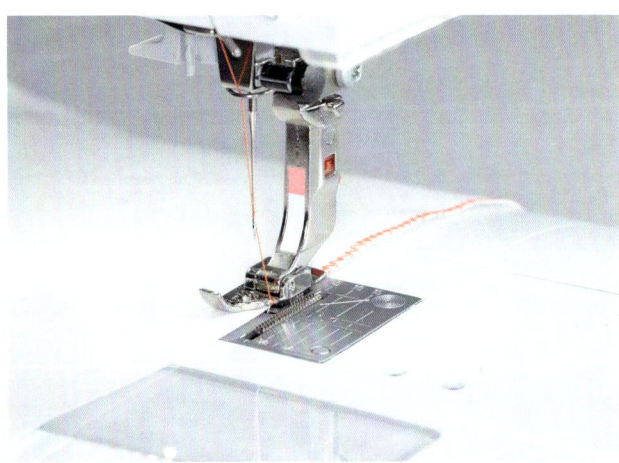

Nähen Sie eine Probenaht, bevor Sie mit dem Nähen beginnen. Überprüfen Sie damit, ob sich der Zickzack-Stich für den ausgesuchten Stoff eignet. Es gibt natürlich auch andere Stiche, auf die Sie ausweichen können. Einfach ausprobieren!

Versäubern mit dem Zickzack-Stich

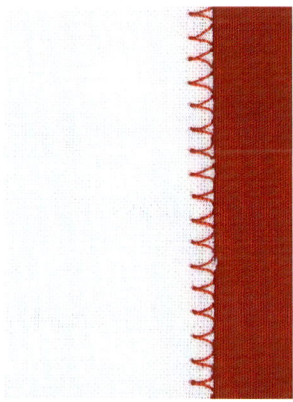

Damit die zugeschnittene Stoffkante nicht ausfranst, muss diese versäubert werden. Einer der bekanntesten Stiche zum Versäubern ist der Zickzack-Stich. Die Stichlänge und -breite beim Versäubern passen Sie dem Stoff an, den Sie verarbeiten. Stellen Sie für dickere Stoffe die Stichbreite etwas breiter und die Stichlänge etwas länger ein.
Bei dünneren Stoffen reduzieren Sie diese Einstellungen.
Legen Sie den Stoff so unter den Nähfuß, dass die Nadel beim Nähen einmal in den Stoff und einmal an der Stoffkante vorbeisticht.

Tipp:
Bei sehr feinen, weichen und dünnen Stoffen verwenden Sie zum Versäubern den genähten Zickzack- oder einen Overlockstich. Um das Zusammenziehen der Stoffkante zu vermeiden, unterlegen Sie die Stelle mit einer wasserlöslichen Einlage.

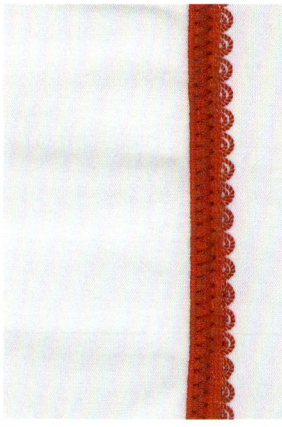

Gummibänder annähen mit dem Zickzack-Stich

Weil der Zickzack-Stich elastisch ist, lassen sich z. B. Gummibänder damit annähen. Stellen Sie hierfür die Stichbreite und -länge jeweils auf 3 mm ein.

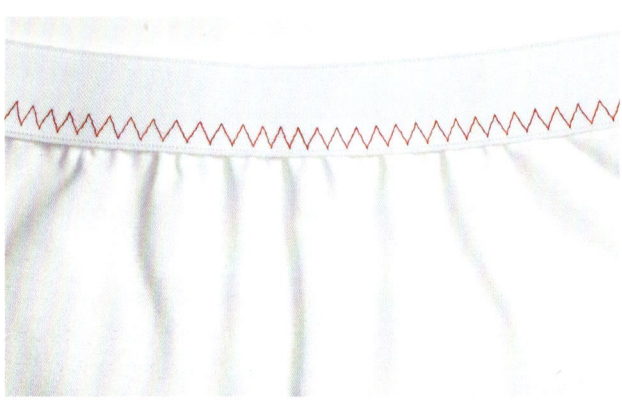

Smoken mit dem Zickzack-Stich

Nimmt man statt Gummiband einen Gummifaden und übernäht ihn mit dem Zickzack-Stich, spricht man von „Smoken". Zum Smoken von z. B. Vorder- und Oberteilen, Einsätzen oder Gummibünden in Blusen werden mehrere Reihen parallel nebeneinander genäht. Dadurch ergeben sich raffinierte, optische Effekte.

Stellen Sie die Stichbreite auf 2–2,5 mm und die Stichlänge auf 1,5 mm ein. Gesteppt wird auf der linken Stoffseite. Der Zickzack-Stich näht über den Gummifaden, ohne ihn zu treffen. So haben Sie die Möglichkeit, das Gummi nachzuziehen und in der Länge anzupassen. Der Stoff wird praktisch zu kleinen Fältchen gerafft und somit elastisch.

Verwenden Sie zum Übernähen des Gummifadens einen Nähfuß, der in der Sohle eine oder mehrere Rillen hat. Eine Gummireihe ist einfach zu nähen, mehrere Reihen machen Sie am besten mit dem Biesenfuß. Der Biesenfuß hat auf der Sohle mehrere Rillen, der Gummifaden läuft automatisch in die Rille und wird dadurch sauber geführt. Für die zweite Reihe versetzen Sie den Fuß so, dass die gesteppte Reihe in der Biesenfuß-Rille im Abstand von 6–8 mm geführt wird. Nähen Sie so Reihe für Reihe, bis die gewünschte Breite zum Smoken erreicht ist. Die Anfangs- und Endgummifäden lassen Sie dabei ca. 10 cm überstehen. Am Ende kräuselt sich der Stoff durch Ziehen an dem Gummifaden.

Für dickere, festere Stoffe verwenden Sie statt Gummifaden einen Hutgummi. Es ist eine dünne Gummikordel mit einer höheren Zugkraft. Passen Sie die Zickzackbreite dem Hutgummi an.

Applikationen mit dem Zickzack-Stich aufnähen

Applikationen werden meist mit einem eng eingestellten Zickzack-Stich aufgenäht. Die Zickzackbreite passen Sie der Applikationsgröße an. Bei einer kleinen Applikation sieht ein schmaler Zickzack-Stich meistens schöner aus, bei einer größeren oder bei gröberen Stoffen darf der Zickzack-Stich ruhig etwas breiter sein.

Auch die Zickzack-Dichte wird der Applikationsgröße, der Fadenstärke und der Stoffart angepasst. Ideal bei einem normalen Faden ist eine Stichlänge von 0,4–0,5 mm.

Falls Ihnen diese Einstellung für Ihre Applikation nicht gefällt, können Sie sie mit dem Stichlängen-Einstellknopf verändern, sodass eine Raupennaht entsteht. Diese eignet sich hervorragend für Verzierungen. Stellen Sie die Stichdichte nicht zu eng ein. Sonst kann es passieren, dass die Maschine den Stoff nicht mehr weitertransportiert und auf der Stelle näht.

Und so geht's:

Stellen Sie die Oberfadenspannung zwischen 2 und 3 mm ein. Bei Nähmaschinen mit CB-Greifer fädeln Sie den Faden durch den Spulenkapselfinger. Verwenden Sie am besten den speziellen Applikationsfuß zum Nähen. Damit sehen Sie genau, wo die Nadel einsticht und der Stoff lässt sich besser führen.

Applikationen können vorher mit doppelseitigem Haftvlies (z. B. Vliesofix) fixiert werden. Dies ist eine Einlage, die auf der Rückseite der Applikation aufgebügelt werden kann, um danach die Applikation auf dem Kleidungsstück zu fixieren. Auf die Stoffrückseite dagegen legen Sie eine Lage Stickvlies. Stickvlies kann nach dem Nähen sehr leicht entfernt werden. Es wird beim Nähen durch die Nadel perforiert und lässt sich danach problemlos wegreißen.

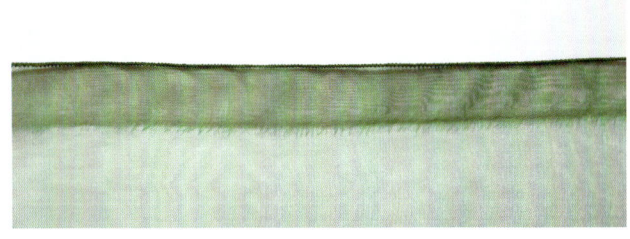

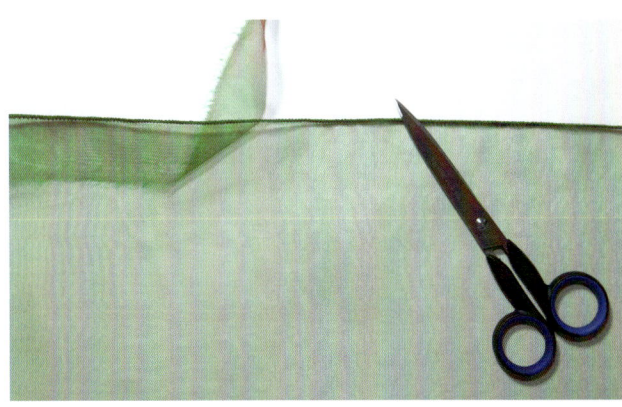

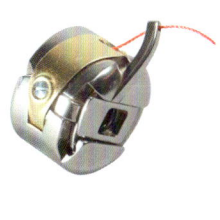

Rollsaum mit dem Zickzack-Stich

Bei dünneren Stoffen wie Batist, Chiffon oder Seide ist es möglich, an der Stoffkannte einen Rollsaum mit dem Zickzack-Stich zu nähen. Rollsäume werden als Abschlusskante genäht, was z. B. sehr schön an weiten Röcken, Blusen, Kleidern, Volants und Rüschen aussieht. Kein anderer Saum wirkt so weich, feminin, anschmiegsam und schmeichelnd wie der Rollsaum .

Dazu stellen Sie die Stichbreite etwas breiter auf 5 mm ein, die Stichlänge auf 1 – 1,5 mm. Klappen Sie die Saumzugabe nach links um und nähen Sie an der Stoffkante über die doppelte Stofflage. Dadurch zieht sich die Kante etwas zusammen. Das ist für den Rollsaum so gewollt. Zum Schluss wird die überstehende Saumzugabe bis zur Naht zurückgeschnitten.

Knöpfe annähen mit dem Zickzack-Stich

Falls Ihre Nähmaschine kein Knopfannäh-Programm hat, ist der Zickzack-Stich die Alternative. Stellen Sie die Stichlänge auf 0 mm und die Stichbreite auf 3,5 – 4 mm (Abstand der Annählöcher im Knopf) ein. Diese Einstellung der Stichbreite passt bei normalen Knöpfen. Versenken Sie den Transporteur und setzen Sie den Knopfannähfuß ein. An ihm können Sie einstellen, ob Sie den Knopf mit oder ohne Steg annähen möchten. Bevor Sie mit dem Nähen starten, drehen Sie vorsichtig am Handrad und überprüfen Sie, ob die Nadel das Annähloch trifft. Der Abstand der Annählöcher ist bei den meisten Knöpfen gleich, so dass diese Einstellung in der Regel passt. Falls Sie jedoch einen Sonderknopf haben, passen Sie die Stichbreite an.

Platzieren Sie den Knopf mit dem Knopfannähfuß an der markierten Stelle und lassen Sie die Maschine 4- bis 5-mal den Zickzack-Stich nähen. Die Anfangs- und Endfäden ca. 10 cm überstehen lassen. Ziehen Sie diese Fäden zwischen Knopf und Stoff heraus. Zwei davon im Uhrzeigersinn um den Steg wickeln, zwei davon entgegen dem Uhrzeigersinn. Die Fäden anknoten und zurückschneiden. Fertig!

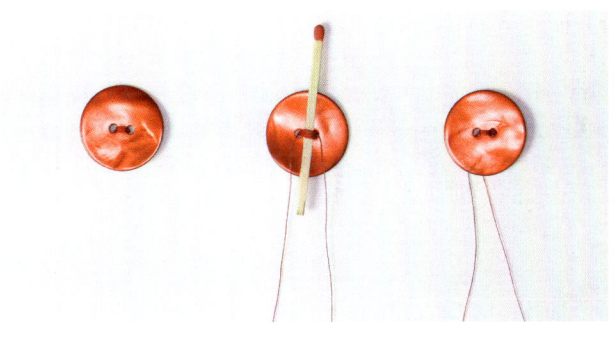

Genähter Zickzack-Stich

Der genähte Zickzack-Stich ist ein Standardstich der Nähmaschine. Er sieht auf den ersten Blick wie ein normaler Zickzack-Stich aus. Bei genauerer Betrachtung jedoch, spätestens beim Nähen, sehen Sie, dass Ihre Nähmaschine dabei nicht nur von rechts nach links die Stichfolge macht, sondern auch dazwischen einsteppt.

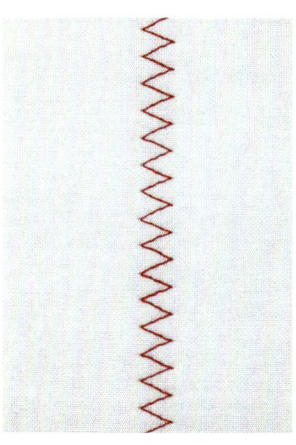

Der genähte Zickzack-Stich ist vielseitig einsetzbar: Sie können mit diesem Stich versäubern, stopfen, Risslöcher zu- und Gummibänder aufnähen. Sie können ihn als Saumstich in elastischen Stoffen verwenden, Flicken auf elastische Materialien nähen oder Zierstiche machen.

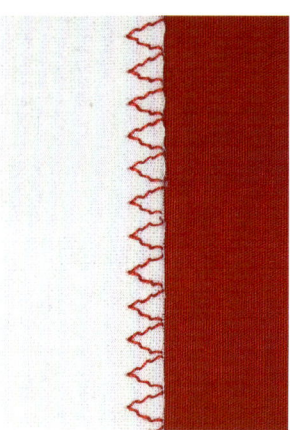

Versäubern

Stoffkanten lassen sich sehr gut mit dem genähten Zickzack-Stich versäubern. Wenn Sie statt des normalen Zickzack-Stichs den genähten Zickzack-Stich verwenden, zieht sich die Stoffkante weniger zusammen.

Stopfen, Risslöcher zunähen

Sie wollen stopfen, Risslöcher zunähen oder eine schadhafte Stelle im Kleidungsstück ausbessern? Das geht am besten mit dem genähten Zickzack-Stich.

Hosenstoffe, die an besonders belasteten Stellen dünner geworden sind, lassen sich, noch bevor ein Loch entstehen kann, mit dem genähten Zickzack-Stich festigen. Unterbügeln Sie dazu die betroffene Stelle einfach mit einem passenden Flickstoff aus dem Fachhandel. Das sind meistens mit einer Klebeschicht versehene Baumwollstoffe, die nach dem Aufbügeln auf die Stoffrückseite haften und mit dem genähten Zickzack-Stich zusätzlich fixiert werden. Anstatt Flickstoff kann auch eine dünnere bis mittelschwere Gewebeeinlage aufgebügelt werden.

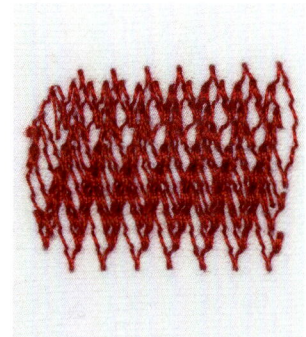

Zum Stopfen nähen Sie öfter vor und zurück und versetzen evtl. den Nähfuß nach rechts oder nach links.

Gummibänder aufnähen

Gummibänder oder ein Gummibund lassen sich mit dem genähten Zickzack-Stich am besten aufnähen.

Saum mit genähtem Zickzack-Stich

Es gibt viele schöne Stiche, um Säume in elastische Materialien zu nähen. Falls die Auswahl an Ihrer Maschine klein ausfällt, wählen Sie den genähten Zickzack-Stich.

Flache Verbindungsnähte

Auch flache Verbindungsnähte in Vlies- und Frotteestoffen lassen sich sehr gut mit dem genähten Zickzack nähen. Lassen Sie die Stoffkanten ca. 0,5 cm überlappen und übernähen Sie sie mit diesem Stich.

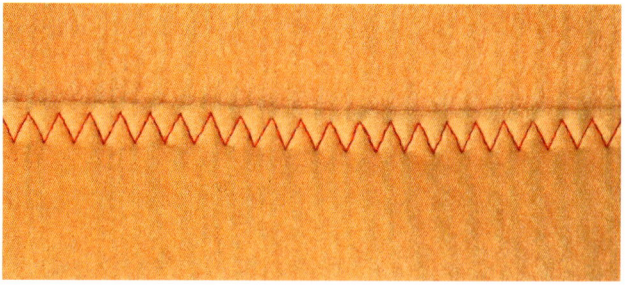

Applikationen auf elastische Stoffe oder T-Shirts

Um hartnäckige Flecken von Eis, Obst, Soße & Co z. B. auf Kinder-T-Shirts zu überdecken, sind Applikationen das Zaubermittel. Idealerweise aus Jerseystoffen, denn diese lassen sich mit dem genähten Zickzack-Stich am besten aufbringen. Die Applikationskante bleibt weicher und der Stoff gibt gut nach. Besonders wirkungsvoll sehen die „Deko-Flicken" aus, wenn Sie als Oberfaden ein Stickgarn verwenden.

Wenn Kinder ein Eis schlecken, bleiben Flecken nicht aus. Kein Problem. Was bei der Wäsche nicht rausgeht, wird unter niedlichen Applikationen versteckt

Elastische Stiche, Overlockstiche

Die elastischen Stiche finden Sie auch unter den Bezeichnungen „Stretchstich" oder „Overlockstich". Diese Stiche sind sehr vielseitig einsetzbar und dadurch sehr beliebt. Mit einem Overlockstich können Sie eine Stoffkante versäubern, Stoffe zusammennähen und Säume nähen.

Bei der Verarbeitung von Maschenware sind Overlockstiche ein Muss. Ebenfalls zum Nähen oder Ändern von T-Shirts, Sportbekleidung und Kinderkleidern oder zum Nachnähen einer aufgegangenen Wäschenaht. Mit den Overlockstichen können Sie in einem Arbeitsgang nähen und gleichzeitig versäubern. Ihr Stoff bleibt elastisch, die Nähte geben nach und Sie sind im Handumdrehen fertig.

Puppenkleider, Bettwäsche, Heimtextilien und Taschen lassen sich gut mit diesen Stichen versäubern und sogar gleichzeitig zusammennähen.

Fädeln Sie in Ihre Nähmaschine einen Allzweckfaden ein. Die Naht wird nämlich nicht durch das Garn elastisch, sondern durch den Stich. Die Maschine sticht sowohl vorwärts als auch seitwärts und rückwärts. Dadurch entsteht eine Stichfolge, die gedehnt werden kann.

Doch die Overlockstiche lassen sich auch zum Versäubern von Stoffkanten in unelastischen Stoffen verwenden.

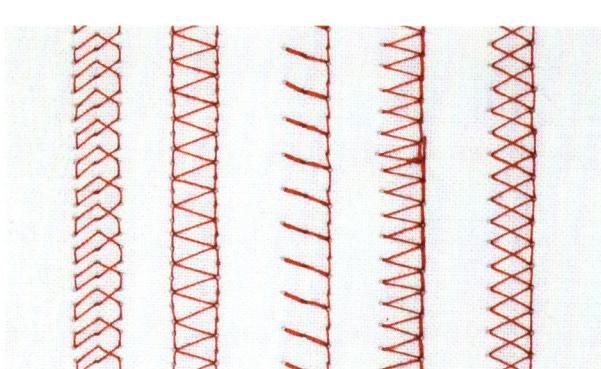

Elastischer Geradstich „Stielstich"

Der elastische Geradstich eignet sich grundsätzlich zum Zusammennähen von Wirkware, z. B. für eng anliegende Kleidungsstücke aus gewebten Stoffen mit Elastananteil. Sehr beliebt ist er auch als Zierstich unter den Namen „Stielstich" oder zum Annähen von Bändern und Borten.

Versäubern mit dem Overlockstich

Bei unelastischen Materialien wie Wollstoffen, Gabardine, Leinen für Röcke, Hosen oder Jacken, die nicht gefüttert werden, wird zuerst die Stoffkante versäubert. Danach werden die Nähte genäht und die Nahtzugabe wird auseinander gebügelt. In diesem Fall verwenden Sie einen Overlockstich zum Versäubern.

Nähen mit dem Overlockstich

Bei Maschenware ist es etwas einfacher. Hier können Sie in einem Arbeitsgang nähen und versäubern. Das Tolle daran ist, dass der Stich elastisch ist und die Naht nachgibt.

Somit können Sie den Stich zum Zusammennähen von Jersey- und Strickstoffen, Nicki, Fleece und Bouclé verwenden. Für Baby- und Kinderbekleidung, T-Shirts, Sweatshirts, Sportbekleidung, Röcke und Kleider aus Maschenware und vieles mehr. Auch Änderungen können bei derlei Stoffen sehr einfach mit diesen Stichen durchgeführt werden.

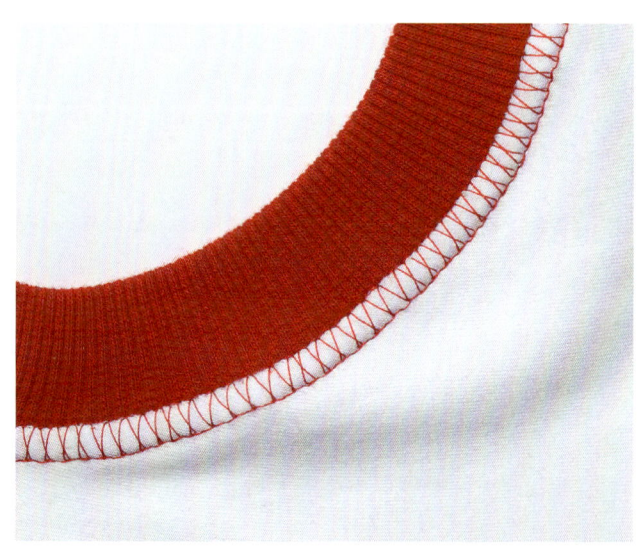

Nadeln für Maschenware

Für die Verarbeitung von Maschenware verwenden Sie die speziellen Stretch- oder Jersey-Nadeln.

Die „Stretch-Nadel" 130/705 H-S hat eine mittlere Kugelspitze. Die spezielle Konstruktion der Öhrpartie und die Hohlkehlform helfen, Fehlstiche zu vermeiden.

Die „Jersey-Nadel" 130/705 H SUK hat ebenfalls eine mittlere Kugelspitze. Sie eignet sich für Strick- und Wirkware.

Anwendungsbeispiele der Overlockstiche in verschiedenen Materialien

Offener Overlockstich

Der offene Overlockstich heißt deshalb so, weil er an der rechten Seite offen ist. Sie verwenden ihn zum Versäubern oder Zusammennähen von Stoffen, die weniger ausfransen, z. B. Baumwoll- und Sweatstoffe, Popeline und Jersey.

Geschlossener Overlockstich

Da die Maschine die Stichfolge bei den geschlossenen Overlockstichen auch an der Außenkante mehrmals sticht, kann die Stoffkante nicht mehr ausfransen. Verwenden Sie diesen Stich, wenn Sie lockere Stoffe wie Strickmaterialien verarbeiten.

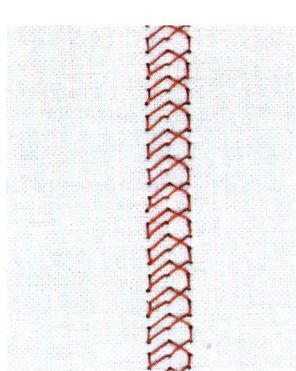

Trikotstich

Der Trikotstich eignet sich sehr gut als Saumstich für T-Shirts, Sweat-Shirts, Sport-, Freizeit- und Babybekleidung sowie für Unterwäsche und zum Aufnähen von Flicken auf elastische Materialien.

Jersey

Jerseystoffe fransen nicht so stark aus, daher können Sie sowohl mit dem offenen als auch mit dem geschlossenen Overlockstich bearbeitet werden.

Strick

Strickstoffe nähen Sie am besten mit einem Overlockstich, der auch an der Außenkante geschlossen ist. Verstärken Sie die Schulternaht bei Strickstoffen mit einem dünnen Baumwollband oder mit einem schmalen Schrägstreifen.

Noch bessere Ergebnisse erzielen Sie beim Zusammennähen von Strickstoffen mit dem Strickwarenfuß.

Frottee

Einen Frotteestoff können Sie sehr bequem mit dem geschlossenen Overlockstich zusammennähen. Die Frotteeflora wird plattgenäht und kann nicht mehr ausfransen.

Fleece

Fleecestoffe sind weich, voluminös und fransen kaum aus. Verwenden Sie zum Zusammennähen den elastischen Geradstich oder einen offenen Overlockstich. Bei diesem Stich wird nicht so viel Faden verarbeitet. So bleibt die Naht weich und flexibel.

Bouclé

Aus Bouclé werden Röcke, Jacken und Westen genäht. Da die Stoffkante relativ leicht ausfransen kann, verwenden Sie zum Versäubern einen breiteren, geschlossenen Overlockstich.

Nähfüße für Overlockstiche
Overlockfuß

Zum Zusammennähen von Jerseystoffen und Maschenware verwenden Sie den Overlockfuß. Bei den meisten Fabrikaten ist dieser Nähfuß im Standardsortiment enthalten.

Schauen Sie sich den Nähfuß einmal an:

Wenn Sie ihn von oben betrachten, sehen Sie auf der rechten Seite einen Stift, der vorne am Fuß angebracht ist. Dieser Stift erledigt gleichzeitig mehrere Funktionen: Zum einen verhindert er das Zusammenziehen der Stoffkante, zum anderen verarbeitet die Maschine bei der Stichfolge mehr Faden. Das hat den Vorteil, dass der Stich elastischer wird und die Naht noch mehr nachgibt.

Achtung!

Der Overlockfuß ist nicht für alle Overlockstiche geeignet. Eine Nähfußempfehlung finden Sie auf der Stichanzeige Ihrer Nähmaschine, sobald der Stich angewählt ist. Ob Sie den Overlockfuß zu dem angewählten Stich verwenden dürfen, können Sie auch selbst überprüfen, indem Sie für die ersten paar Stiche am Handrad drehen. Sie sehen so, wo die Nadel genau einsticht. Sie darf niemals auf den Nähfußstift stoßen!

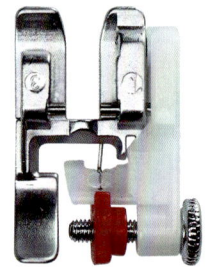  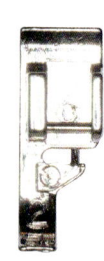

Strickwarenfuß, Ausgleichsfuß

Der Strickwarenfuß, auch Ausgleichsfuß genannt, ermöglicht ein besseres Nähen von Stoffen, die etwas dicker sind und gleichzeitig Volumen haben, z. B. Strick- und Vliesstoffe. Auch mit diesem Fuß können Sie alle Overlockstiche, die Ihre Nähmaschine bietet, nähen.

Der Strickwarenfuß sieht auf den ersten Blick wie ein Normalnähfuß aus. Wenn Sie ihn aber von vorne unter der Sohle anschauen, sehen Sie, dass die Sohle auf der linken Seite etwas höher ist als auf der rechten. Dieser Höhenunterschied hilft Ihnen beim Nähen von Strick- und voluminösen Stoffen. Sie legen die Stoffkante an den rechten Anschlag unter den Nähfuß. Der Stoff wird auf der linken Seite genäht und durch die Aussparung am Fuß kann er besser nach hinten gleiten, ohne plattgedrückt zu werden.

Somit wird ein Auswellen der Stoffkante reduziert oder verhindert.

Falls Sie eine Nähmaschine haben, bei der Sie den Nähfußdruck einstellen können, reduzieren Sie diesen beim Nähen.

Auch hier gilt wie immer: Vorher eine Probenaht nähen und die Einstellung überprüfen.

Was tun, wenn die Stoffkante auswellt?

Falls Sie alles schon ausprobiert, den richtigen Stich ausgewählt, den Nähfußdruck verringert, den Strickwarenfuß gewählt haben und trotzdem die Probenaht und das Ergebnis nicht befriedigend sind, dann hilft nur noch eine Einlage und zwar eine wasserlösliche.

Wasserlösliche Einlage

Schneiden Sie schmale Streifen aus der wasserlöslichen Einlage. Legen Sie bündig zur Stoffkante einen Streifen unter die Stofflage und einen oben drüber. Es entsteht praktisch ein Sandwich, in dem der Stoff liegt. Fixieren Sie die Lagen mit Stecknadeln und steppen Sie wie gewohnt den Stich.

Später legen Sie den Stoff mit der Einlage ins Wasser und lösen so die Einlage wieder auf. Fertig!

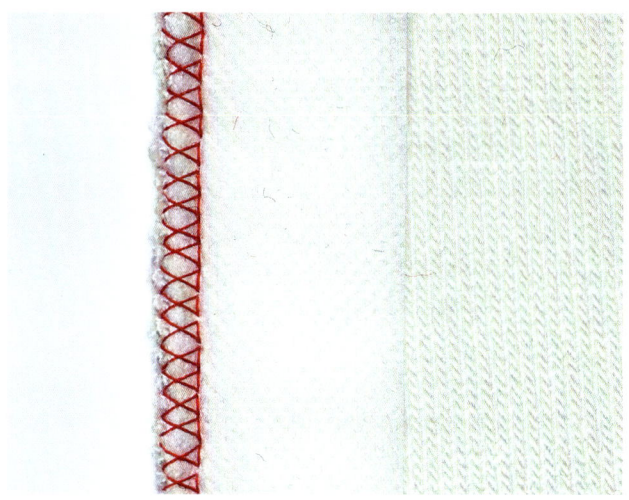

Overlockmaschine

An dieser Stelle möchte ich Ihnen die Overlockmaschine und die Coverlockmaschine kurz vorstellen:

Spätestens, wenn Sie anfangen, Jersey- und Strickstoffe, Maschenware und elastische Materialien zu verarbeiten, sollten Sie überlegen, ob Sie sich nicht zur Ergänzung eine Overlockmaschine zulegen.

Denn mit einer Overlockmaschine sind Sie erstens mit Ihrem Kleidungsstück schneller fertig und zweitens sehen Ihre Nähte sauberer und professioneller aus.

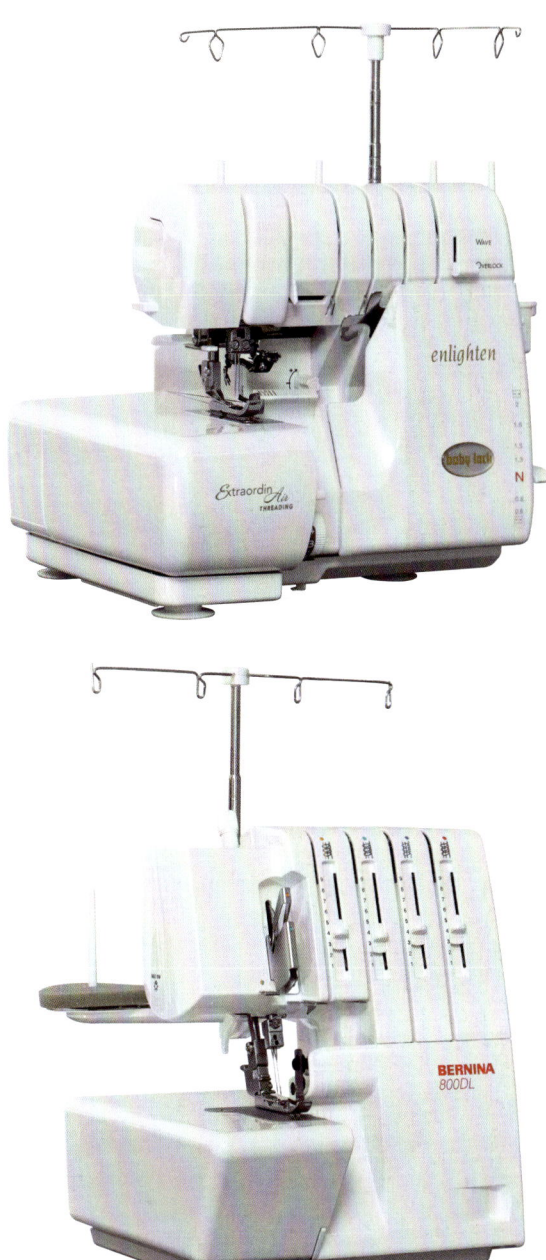

Was ist eine Overlockmaschine?

Eine Overlockmaschine ist ein sehr ausgeklügeltes, mechanisches und mechatronisches System, bei dem viele Komponenten und Einzelteile zusammenwirken. Eine Overlockmaschine ist eine Nähmaschine, die zur Verarbeitung der Stoffkante konstruiert ist.

Das Zusammenspiel von Greifern, Nadeln, Transporteur, Messer und Stichplatte und die ganze Mechanik und Elektronik, die in der Maschine eingearbeitet sind, lässt die Overlock die Stoffkante professionell verarbeiten.

Mit diesen Maschinen ist es möglich, schnell und einfach schöne Ergebnisse zu erzielen. Machen Sie sich mit ein paar Grundlagen in der Bedienung einer Overlock vertraut und Sie werden feststellen, dass Sie sie sehr gut brauchen können. Und wenn Sie schon eine haben, werden Sie sie bestimmt nicht mehr hergeben wollen, oder?

Die Overlock ist die ideale Ergänzung zu Ihrer Nähmaschine und hilft Ihnen, die Näharbeit um ein Vielfaches zu vereinfachen und das Ergebnis zu perfektionieren. Sie werden begeistert sein!

Wozu brauchen Sie eine Overlock?
Was alles kann eine Overlock?

Eine Overlock kann so einiges – vor allem Zeit einsparen. Da Sie mit ihr zwei Arbeitsgänge in einem durchführen können, sie näht und versäubert den Stoff in einem Arbeitsgang und schneidet gleichzeitig überschüssige Nahtzugaben sauber ab, ist sie zeitsparend und professionell.

Die Nähte sind flach und elastisch und drücken sich beim Bügeln nicht durch. Hat die Overlockmaschine einen zusätzlichen Differenzialtransport, kann dieser so eingestellt werden, dass sich dünne Stoffe nicht kräuseln und elastische Stoffe nicht unnötig auswellen. Sie können aber auch einen gewollten Welleneffekt mit ihr zaubern, was z. B. als Saumabschluss bei Abendkleidung oder an Volants, Tüchern oder leichten Sommerkleidern besonders wirkungsvoll aussieht.

Möchten Sie nur eine Naht versäubern, nähen Sie mit nur einer Nadel. Möchten Sie aber gleichzeitig eine Naht nähen, setzen Sie 2 Nadeln ein. Somit näht und versäubert die Overlock in einem Arbeitsgang.

Die Overlock braucht keine Unterfadenspule, da sie mit Greiferfäden arbeitet. Die Fäden verschlingen sich beim Nähen und umschließen somit die Stoffkante sauber, flach und fransenfrei.

Das lässt jedes „Näherherz" höherschlagen!

Was kann eine Covermaschine?

Eine Covermaschine unterscheidet sich von einer herkömmlichen Overlockmaschine zum einen von der Stichart und zum anderen dadurch, dass sie kein Messer hat. Sie kann also mitten im Stoff, ohne dass er abgeschnitten wird, nähen.

Mit einer Covermaschine werden überwiegend professionelle Säume in elastische Stoffe genäht, z. B. für T-Shirts, Jerseykleider und Röcke, Kinder- sowie Freizeit- und Sportkleidung. Sehr gerne wird der Stich auch als Zierstich verwendet. Hierfür wird in den Greifer ein Dekorgarn eingefädelt, genäht wird dann von der linken Seite.

Was kann eine Coverlock?

Eine Coverlockmaschine ist eine erweiterte Form der Overlock. Es sind zwei Maschinen in einer: eine Overlock und eine Coverlock, also die Kombi-Maschine.

Diese Kombi-Lösung ist vor allem für die Hobbynäher ideal, die wenig Platz für mehrere Maschinen zur Verfügung haben, aber trotzdem professionell arbeiten möchten.

Nur die Kombi-Maschine verfügt über den 5-Faden-Overlockstich. Der Stich wird zum Zusammennähen und Versäubern von gewebten Materialien verwendet, z. B. für die Seitennähte an Baumwoll- oder Leinenhosen, für Heimtextilien, Blusen und Jacken, die nicht gefüttert werden.

Blindsaum mit Blindstich

Mit dem Blindstich werden unsichtbare Säume in Röcke, Hosen, Jacken, Mäntel, Blazer und in mittelschwere bis schwere Materialien genäht. Ein Blindstich ist heutzutage Standard bei jeder Nähmaschine. Für den Blindstich wird in der Regel ein Blindstichfuß mitgeliefert.

Der Stoff darf für den Blindstich nicht zu dünn sein. Er sollte etwas Volumen oder Struktur haben. Ein Blindsaum gelingt leichter, wenn der Stich mit einem dünneren Faden und einer feinen 70er- oder 80er-Nadel genäht wird. Der Blindsaum entsteht durch das Zusammenspiel von Stichfolge, Fuß, Nadel und Faden. Dabei muss der Saum richtig gefaltet werden. Wenn der Stoff sehr dünn ist, lassen sich sichtbare Stiche auf der rechten Stoffseite nicht vermeiden. Bei solch dünnen Stoffen nähen Sie besser den Saum von Hand um. Das mache ich selbst auch so.

Blindstich

Die Stichfolge beim Blindstich ist ein Zickzack-Stich, gefolgt von einem Geradstich oder einem kleineren Zickzack-Stich. Diese wechseln sich ab. Der Zickzack-Stich soll nur dann einen Gewebefaden des Stoffes mitnehmen, wenn die Nadel nach links einsticht. Die restlichen Stiche werden direkt auf den Saum gestochen.

Blindstichfuß

Der Blindstichfuß ist ein Muss, wenn Sie einen Blindsaum nähen. Er hat in der Mitte des Fußes eine Führung, an die Sie die gefaltete Stoffkante anlegen. Nähen Sie eine Probenaht und überprüfen Sie den Stich. Die Nadel soll nur einen Gewebefaden mitnehmen. Falls die Nadel zu weit einsticht oder der Saum nicht gefasst wird, muss die Einstellung angepasst werden.

Als Erstes probieren Sie, über die Stichbreite die Einstellung anzupassen. Wenn der Stich auf der rechten Stoffseite zu sehen ist, stellen Sie die Stichbreite etwas schmaler ein, wird der Stoff überhaupt nicht gefasst, stellen Sie die Stichbreite etwas

breiter ein. Falls dies nicht ausreicht, haben Sie noch die Möglichkeit, an dem Nähfuß die Stellung der Führung anhand der Schraube anzupassen.

So wird's gemacht:

Zuerst versäubern Sie die Stoffkante. Dann bügeln Sie die Saumzugabe um. Ein Saum fällt schön und sieht gut aus, wenn Sie 4 cm Zugabe dafür berechnen.

Der Saum muss zum Nähen richtig gelegt werden. Nehmen Sie das Kleidungsstück so in die Hand, dass Sie auf den gebügelten Saum auf der linken Seite des Kleidungsstücks schauen. Nun

klappen Sie den Saum zurück, sodass 1 cm von der Saumkante noch zu sehen ist.

Legen Sie den gefalteten Saum unter den Nähfuß. Der Bruch wird an die Fußführung angelegt und verläuft beim Nähen an dieser Führung entlang.

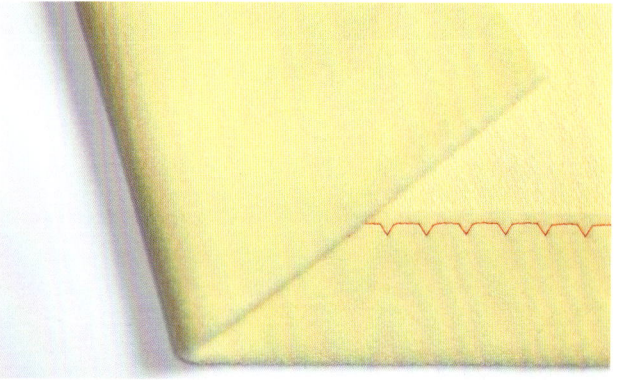

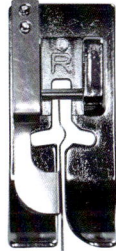  

Tipp: *Führen Sie den Stoff gerade! Die kleinste Abweichung kann dazu führen, dass der Saum nicht gefasst wird oder die Stiche später auf der rechten Stoffseite deutlich sichtbar sind.*

Besondere Nutzstiche

Ich zeige hier nur eine kleine Auswahl an Stichen, die bei vielen Nähmaschinen vorhanden sind. Das sind die Stiche, die beim Kauf einer Maschine meist nicht beachtet werden. Häufig ist sogar der Gedanke da: „Brauche ich nicht, will ich nicht!" Das liegt oft daran, dass diese Stiche vielleicht nur unbekannte Stiche für Sie sind und Sie noch keine Anwendungsmöglichkeiten darin sehen. Es sind praktische Nutzstiche, die für Reparaturen, für Änderungen und beim Selbernähen eingesetzt werden und eine große Arbeitserleichterung mit sich bringen.

Hexenstich

Mit dem Hexenstich können Sie Maschenware und gewebte Stoffe verarbeiten. Er eignet sich sehr gut als Saumstich oder als dekorative Naht in Wäsche. Sie verwenden ihn für flache Verbindungsnähte in mittelschweren Stoffen wie Frottee oder Nicki, zum Annähen von Gummibändern und zum Kräuseln mit dem Gummifaden.

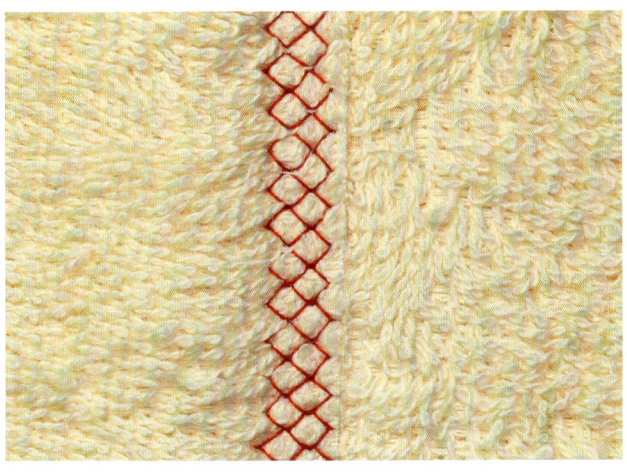

Wabenstich

Der Wabenstich ist ein elastischer Stich, der sich sehr gut für Säume oder als dekorativer Stich in Unterwäsche und Nachtwäsche eignet.

Ein Gummifaden zum Kräuseln kann ebenfalls übernäht werden. Verwenden Sie hierfür den passenden Fuß. Der Fuß sollte auf der Rückseite Rillen haben, damit der Gummifaden geführt werden kann. Nachdem der Gummifaden genäht ist, kann er auf die gewünschte Länge gekräuselt werden.

Kräuselstich

Der Kräuselstich wird überwiegend zum Kräuseln mit Gummifaden angewendet. Auch hier soll ein Nähfuß mit Rillen verwendet werden, damit der Gummifaden sauber geführt werden kann. Ebenso kann anderes, dünneres Kordel- oder Häkelgarn zum Kräuseln übernäht werden. Der Unterschied liegt darin, dass ein Gummifaden nachgibt, während das Garn fest gekräuselt bleibt. Auch hier wird zuerst der Faden übernäht und danach zum Kräuseln angezogen.

Der Kräuselstich eignet sich auch als Verbindungsstich. Hier werden die zwei Stofflagen leicht überlappend aufeinander gelegt und übernäht. Frottee-, Nicki-, Vlies-, Walk-, Filz- und andere dickere Stoffe können so verarbeitet werden. Die Nähte werden flach und tragen nicht auf.

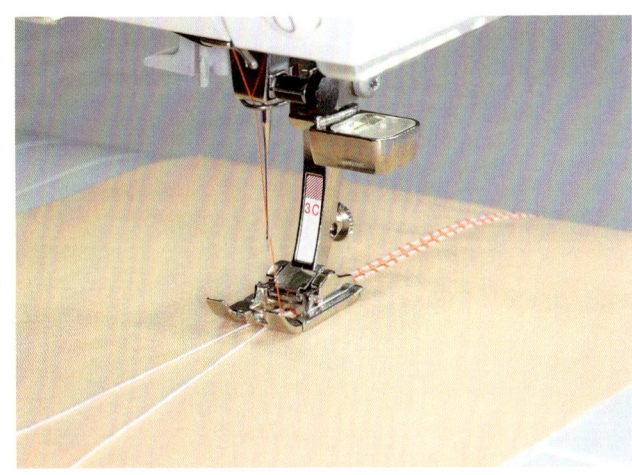

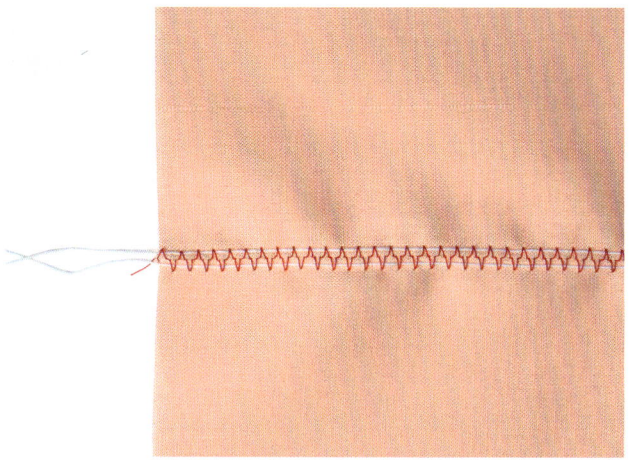

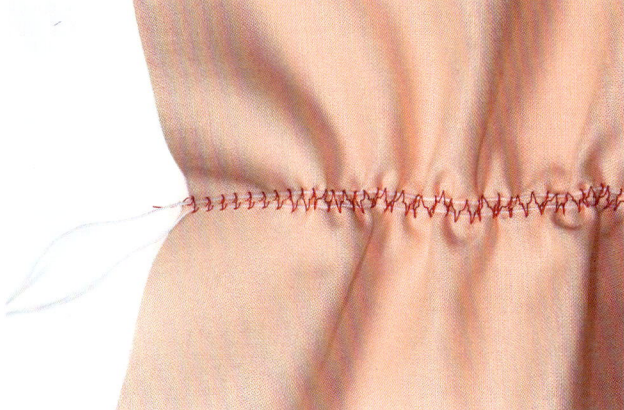

Fliege

Ja, so heißt es tatsächlich! Eine Fliege, besser gesagt, ein Fliegen-stichprogramm, ist dafür da, eine Verriegelung in einen Schlitz zu nähen. Das wird z. B. bei Bleistiftröcken gemacht, damit der Schlitz nicht einreißen kann.

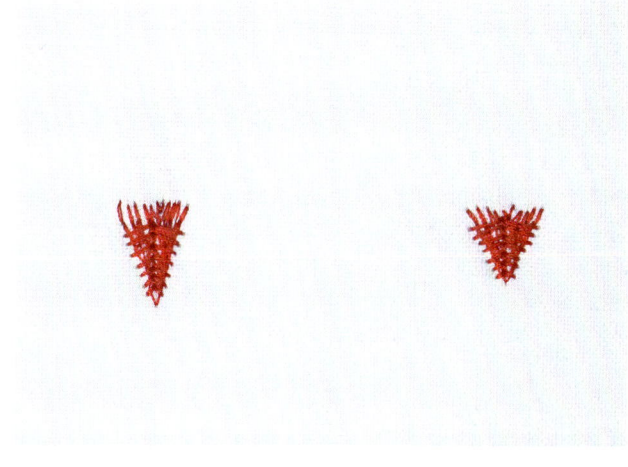

Riegel

Mit dem Riegel werden Gürtelschlaufen angenäht, Reißver-schluss-Steppnähte und Tascheneingriffe verstärkt.

Universalstich

Er ist kein Stich, mit dem Sie alles nähen können, aber es lässt sich sehr viel damit machen:

So eignet sich dieser Stich sehr gut als Verbindungsstich (s. Foto unten). Die Stoffkanten werden leicht überlappend über-einander gelegt und über die Überlappung genäht. Der Stich eignet sich für Leder, Filz, Walk und andere Materialien, zum Aufnähen von Gummibändern, als Saumstich in elastischen und unelastischen Stoffen oder als Zierstich zum Übernähen von Kordeln und Bändern.

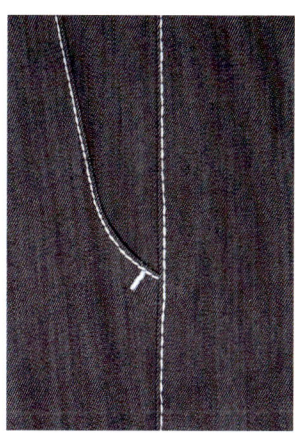

Als Verbindungsstich ist der Universalstich ideal. Er hält die einzelnen Stoffstücke rundherum dauerhaft zusammen

Knopflöcher

Knopflöcher werden überall dort angenäht, wo es was zum Zuknöpfen, zum Verschließen gibt, oder dort, wo man etwas zum Öffnen haben möchte. In Jacken, Hosen, Röcken, Blusen, Westen und Taschen. Natürlich auch bei Heimtextilien wie Kissen oder Bettwäsche.

Es gibt viele verschiedene Knopflocharten: Am bekanntesten ist das Wäscheknopfloch. Früher konnten die Haushaltsnähmaschinen nur diese Art von Knopflöchern nähen. Mit der Verbreitung der computergesteuerten Nähmaschinen auf dem Markt hat sich die Vielfalt der Knopflöcher rasch vergrößert: Augenknopflöcher, Rundknopflöcher, Knopflöcher für elastische Stoffe und Geradstichknopflöcher runden heute die Auswahl ab.

Diese Nähmaschinen nähen die Knopflöcher vollautomatisch. Dabei geben Sie die Länge des Knopfloches vor und die Maschine näht es ganz von alleine. Gerade dann, wenn Sie eine Bluse nähen und Sie brauchen gleich 10 Knopflöcher und auf den Kragen und Manschetten sollen weitere, ist das Nähen von Knopflöchern somit sehr einfach und schnell vollendet.

Knopflöcher werden zuerst genäht, danach wird der Schlitz durchgeschnitten.

Verstärken Sie vorher immer die Knopflochleiste oder die Stelle, an der das Knopfloch gesteppt wird, mit einer passenden Einlage. Die Einlage richtet sich nach dem Kleidungsstück, das Sie gerade nähen. Wenn Sie einen sehr locker gewebten oder gestrickten Stoff verarbeiten, legen Sie zusätzlich eine Lage wasserlösliche dünne Folie auf die rechte Stoffseite. Diese Folie können Sie nach dem Nähen wegreißen. Nach dem Waschen ist von der Folie nichts mehr zu sehen.

Falls Sie einen Stoff verarbeiten, der nicht waschbar ist, und noch Folienreste sichtbar sind, tupfen Sie vorsichtig über die Folienreste mit einem angefeuchteten Wattestäbchen.

Einstellungen der Maschine
Stichlänge, Stichbreite bei Knopfloch

Die computergesteuerten Nähmaschinen stellen die Stichlänge und -breite automatisch ein, sodass Sie den Nähvorgang gleich ausprobieren können. Diese Einstellungen können aber auch individuell auf den jeweiligen Stoff, den Sie verarbeiten, angepasst werden. Für dickere Mantelstoffe, Walk, Winterjackenstoffe darf das Knopfloch etwas breiter sein. Wenn Sie ein Knopfloch in eine dünne Sommerbluse aus Batist, Seide oder Chiffon nähen oder in Kinderkleider und Puppenkleider, stellen Sie die Stichbreite etwas schmaler ein.

Nähen Sie immer zuerst ein Probeknopfloch. Schaffen Sie für das Probeknopfloch die gleichen Voraussetzungen, wie Sie sie nachher auch bei Ihrem Kleidungsstück haben. Überprüfen Sie die Einstellung. Stellen Sie diese eventuell nach.

Spannung

Stellen Sie die Oberfadenspannung zwischen 2 und 3 ein, bei Nähmaschinen mit CB-Greifer fädeln Sie den Faden durch die Spulenkapselfinger.

Warum soll die Spannung geändert werden?

Durch die Veränderung der Fadenspannung können Sie die Lage der Verschlingung beeinflussen. Die Verschlingung des Ober- und Unterfadens wandert durch die Verstellung auf der linken Stoffseite nach unten. Die Knopflochraupen werden dadurch plastischer, schöner und sie wirken abgerundeter.

Tipp:
Nähen Sie die Knopflöcher mit einer mittleren Geschwindigkeit. Ein zu hohes Tempo kann den Stofftransport zum Stocken bringen oder zu unerwünschter Fadenansammlung führen.

Knopflochfuß

Zum Knopflochnähen setzen Sie den Knopflochfuß ein. Der Knopflochfuß ist im Lieferumfang der Nähmaschine mit dabei. Der Knopflochfuß ist so konstruiert, dass die Knopflochraupen sauber unter dem Nähfuß transportiert werden können. Falls Sie Knopflocher mit Einlauffaden nähen möchten, kann dieser in die dafür vorgesehene Führung unter dem Fuß gespannt werden.

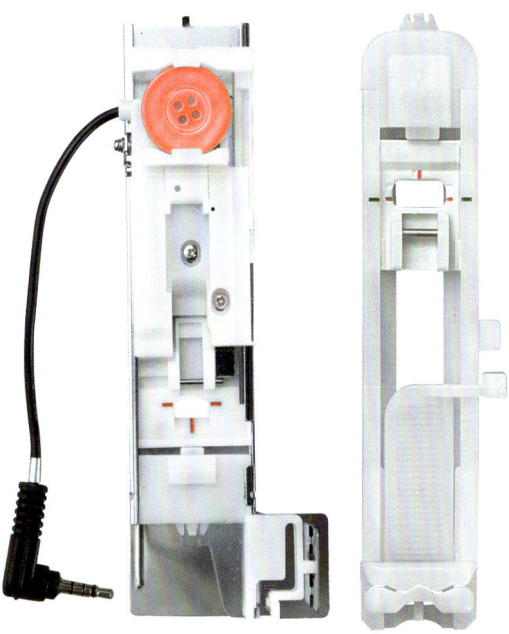

Garne

Den Allzweckfaden, den Sie zum Nähen verwendet haben, können Sie auch als Oberfaden und Unterfaden für die Knopflöcher nehmen. Schöner wirken Knopflöcher, wenn Sie Garne aus Baumwolle oder Seide einfädeln. Diese Fäden sind weicher und dadurch anschmiegsamer. Sie haben einen leicht seidigen Glanz. Wenn Sie hochwertige Stoffe verarbeiten für Blusen, Blazer, Jacken oder Mäntel, verwenden Sie am besten diese Garne als Oberfaden. Auf der Spule als Unterfaden darf der Allzweckfaden bleiben.

Knopfloch ausschneiden

Nach dem Nähen schneiden Sie die Knopflöcher mit dem Nahttrenner oder mit einer spitzen Schere vorsichtig auf. Noch einfacher geht das mit dem Knopflochausschneider.

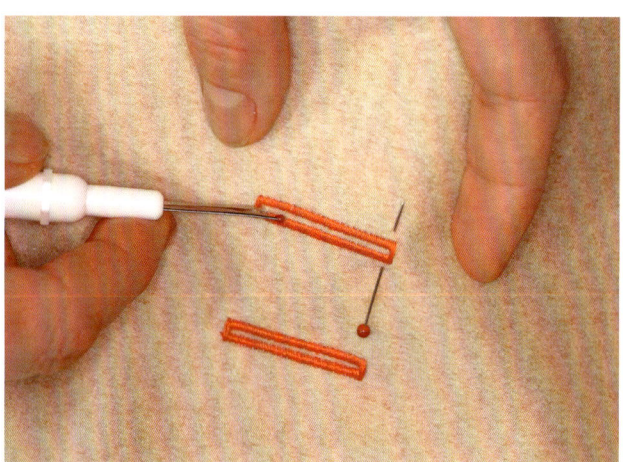

Vielfalt und Verwendung der Knopflöcher

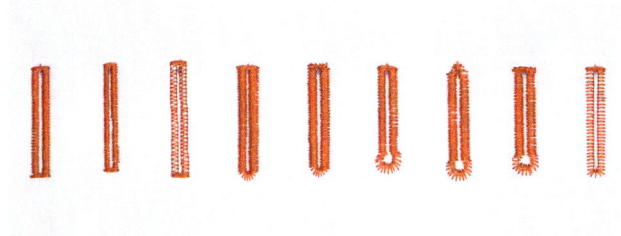

Wäscheknopfloch

Die Wäscheknopflöcher werden in Blusen, Sommerjacken, Kissen und Bettwäsche genäht.

Augenknopfloch

Die Augenknopflöcher werden in Hosenbünde, Jacken, Westen, Mäntel, Blazer genäht.

Rundknopfloch

Das Rundknopfloch findet Verwendung in Heimtextilien, Kissen und Wäsche.

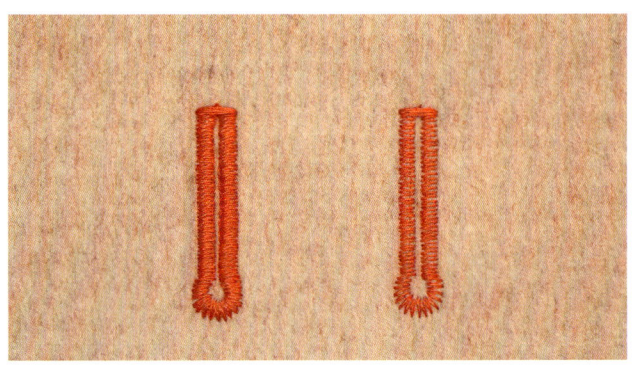

Knopfloch für Maschenware

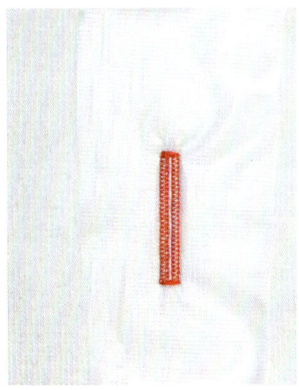

Für Maschenware gibt es Knopflöcher, die etwas nachgeben, also nicht so schnell ausleiern. In der Stichfolge des Knopflochs sind Rückstiche einprogrammiert. So wird verhindert, dass es zu einem Maschenlauf kommt.

Knopflöcher in flauschigen Materialien

Knopflöcher in flauschigen Materialien, grob gewebten oder gestrickten Stoffen, in Bouclé oder Plüsch nähen Sie mit Hilfe einer wasserlöslichen Folie. Legen Sie auf der rechten Stoffseite ein Stück Folie so auf, dass der gesamte Knopflochfuß unterlegt wird. Wenn der Stoff sehr „haarig" ist, legen Sie eine Lage Folie auch auf die Stoffunterseite.

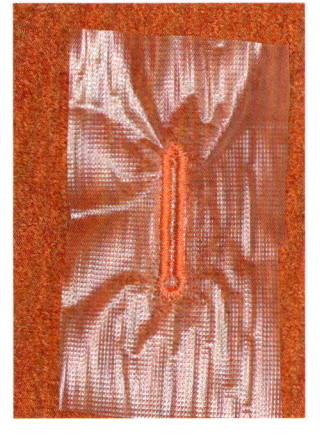

Geradstichknopfloch

Das Geradstichknopfloch wird bei Stoffen genäht, die nicht ausfransen. Dazu gehören Walk- und Filzstoffe, Leder und Lederimitat.

Knopflöcher mit Einlauffaden

Wenn Sie eine schönere Optik und haltbarere Knopflöcher haben wollen, nähen Sie Ihre Knopflöcher mit Einlauffaden.
Knopflöcher mit Einlauffaden werden in Stoffe genäht, die etwas dicker und flauschiger sind. Verarbeitet werden diese Stoffe für Jacken, Westen, Mäntel und Blazer. Sehr schön sehen Knopflöcher mit Einlauffaden auch in Blusen, Kissen und Wäsche aus. Hierfür machen Sie den Einlauffaden etwas dünner.

Extra-Tipps für Knopflöcher

Augenknopflöcher zweimal übernähen

In Mänteln, Jacken, Blazern und Hosenbünden sieht ein Augenknopfloch am schönsten aus. Nähen Sie wie immer zuerst ein Probeknopfloch und betrachten Sie die Einstellung. Ist Ihnen das Knopfloch zu dünn, übernähen Sie es gleich noch einmal. Beim Übernähen achten Sie darauf, dass Sie wieder den Anfangspunkt erwischen.

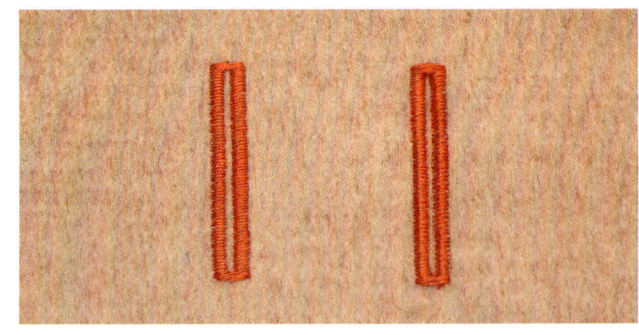

So wird's gemacht:

Wählen Sie das Standard-Wäscheknopfloch an. Legen Sie den Einlauffaden in die dafür vorgesehene Führung ein. Zuerst wird der Faden in die hintere Führung eingehängt, so verläuft der

Faden unter dem Nähfuß nach vorne und wird dann in die vordere Führung eingehängt. Die Nähmaschine übernäht den Faden. Das Knopfloch wird plastischer und voluminöser.

Nach dem Nähen ziehen Sie an einer Seite den Einlauffaden, bis die Schlaufe von der Raupe überdeckt ist. Schneiden Sie den Einlauffaden bis an den Riegel ab.

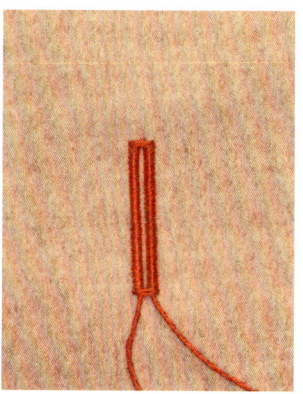

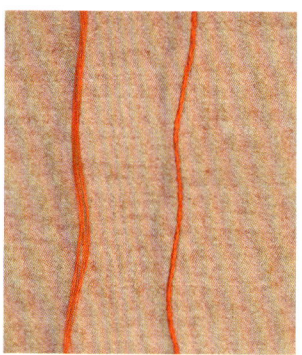

Einlauffaden selber machen

Den Einlauffaden können Sie sehr einfach auch selbst machen, z. B., wenn Sie eine bestimmte Farbe haben wollen. Pro Knopfloch mit einer normalen Länge rechnen Sie großzügig 20 cm Einlauffaden. Legen Sie 4 bis 6 Fäden leicht gedreht unter den Standardnähfuß. Mit dem Zickzack-Stich, Stichlänge 1,0 mm, Stichbreite 4 mm, übernähen Sie die Fäden. Halten Sie beim Nähen die Fäden hinten fest, damit diese sauber transportiert werden. Die dünne Kordel, die Sie so erstellt haben, spannen Sie unter den Knopflochfuß.

Manuelle Knopflöcher

Manuelle Knopflöcher werden an schwierigen Stellen genäht, dort, wo der Stoff durch die Nahtzugabe oder durch die Stoffstruktur uneben ist wie z. B. an einem schmalen Hosenbund.

Auch lange und extralange Knopflöcher werden mit der manuellen Methode genäht.

Längere Knopflöcher werden meist in Mäntel, Winter- und Übergangsjacken genäht, wenn Sie sich für größere Knöpfe entschieden haben. Extralange Knopflöcher kommen auch bei Faschingskostümen, Taschen und Heimtextilien vor.

Schauen Sie in Ihrem Handbuch nach, wie groß Ihre Knopflöcher automatisch genäht werden können. Falls Sie aber über eine Maschine verfügen, die auch extralange Knopflöcher nähen kann, wählen Sie natürlich diese Einstellung. Dafür gibt es dann auch einen weiteren Knopflochfuß.

Manuelle Knopflöcher nähen Sie mit dem Zickzack-Stich und dem Zierstichfuß.

So wird's gemacht:

Extralange Knopflöcher mit dem Zickzack-Stich

Markieren Sie zuerst die genaue Position, wo das Knopfloch hin soll, dann die genaue Länge sowie den Anfang und das Ende des Knopflochs. Bringen Sie den Zierstichfuß oder den Klarsichtfuß an Ihre Nähmaschine an.

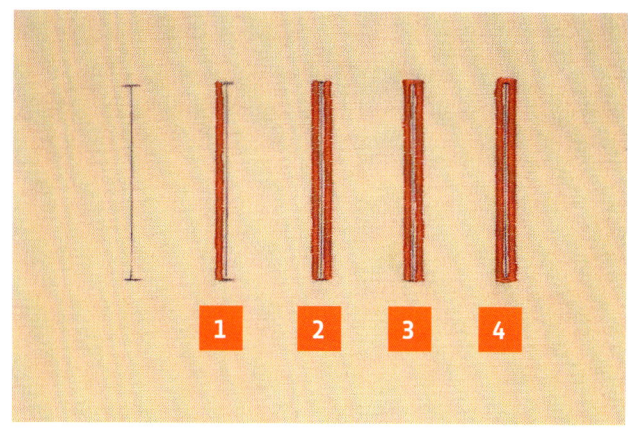

1. Raupe links: Wählen Sie den Zickzack-Stich, Stichlänge 0,4 mm, Stichbreite 2 mm. Nähen Sie links an der markierten Linie entlang die erste Seite des Knopflochs.

2. Raupe rechts: Für die rechte Raupe bleibt die Zickzack-Einstellung gleich. Drehen Sie den Stoff um. Nähen Sie die rechte Raupe des Knopflochs an der Linie entlang.

3. Riegel: Verändern Sie die Stichbreite vom Zickzack-Stich auf 5,5 mm. Die Stichlänge bleibt. Der Riegel wird am Anfang und am Ende des Knopflochs genäht. Nähen Sie für den Riegel 4–5 Zickzack-Stiche. Danach gleich vernähen.

4. Vernähen: Ohne den Nähfuß zu bewegen, wählen Sie den Geradstich an. Stellen Sie die Stichlänge auf 0 und positionieren Sie die Nadel nach links. Nähen Sie 5 Stiche, die Nähmaschine sticht auf der Stelle, somit ist der Riegel vernäht. Fäden nach hinten ziehen, verknoten und zurückschneiden.

Paspelknopfloch

Das Paspelknopfloch sieht sehr schön aus in Mänteln und Blazern aus Wollstoffen, Leder und Lederimitat sowie in Kleidungsstücken, bei denen Sie einen Kontraststoff für Knopflöcher einarbeiten wollen, beispielsweise bei Trachtenmode, historischen Theater- oder Faschings-Kostümen.

Das Rechteck für ein Paspelknopfloch wird mit dem Geradstich aus der Maschine oder mit dem speziellen Geradstichknopfloch genäht. Bei dem Geradstichknopfloch kann die Länge eingestellt werden, sodass die Maschine das Rechteck in einem Arbeitsgang näht. Paspelknopflöcher werden noch vor dem Annähen des Belegs eingearbeitet.

Für die Paspelstreifen brauchen Sie ein Stoffstück, das 6 cm breiter und 4 cm länger ist als das Knopfloch. Unterbügeln Sie dazu ein größeres Stoffstück mit Einlage und schneiden Sie daraus für jedes Knopfloch ein passendes Stück zu.

Das Paspelknopfloch lässt sich leichter verarbeiten, wenn der Paspelstoff im diagonalen Fadenlauf zugeschnitten ist. Bei Streifen- oder Karostoffen sieht ein Paspelknopfloch dann sogar schöner aus.

Früher ist diese Art von Knopflöchern häufiger genäht worden. Wahrscheinlich nur deshalb, weil die Maschinen damals nicht viel mehr bieten konnten. Aber es war eine Alternative zu den handgenähten Knopflöchern. Nehmen Sie sich für ein Paspelknopfloch etwas mehr Zeit und Geduld.

So wird's gemacht:
Zuerst die Vorbereitungen:
Markieren Sie sich auf der linken Stoffseite die Stelle, an die das Knopfloch genäht werden soll. Hierfür reicht eine Linie, die Stelle, an der sich nachher der Knopflochschlitz befindet.

Paspelstoff zuschneiden:
Ist Ihr Knopfloch 3 cm lang und 0,8 cm breit, schneiden Sie den Paspelstoff 7 cm breit und 7 cm lang zu.

Auf die linke Seite des Paspelstoffs, also auf die Einlage, markieren Sie sich in der Mitte ein Rechteck in der Größe des Knopflochs. Danach längs durch die Mitte des Rechtecks noch eine Markierungslinie ziehen. Nun legen Sie den Paspelstoff rechts auf rechts und Linie auf Linie auf das Kleidungsstück.

1: Wählen Sie das Geradstichknopfloch und stellen Sie die Länge ein. Falls Sie den Stich in Ihrer Nähmaschine nicht haben, wählen Sie den Geradstich mit einer Stichlänge von 1– 1,5 mm an und nähen Sie über das markierte Rechteck. Mit dem Steppen mittig an der Längsseite beginnen. Nicht vernähen! Nahtanfang und Ende überlappen lassen.

2: Den Knopflochschlitz bis 5 mm vor der Quernaht aufschneiden, dann diagonal bis kurz vor den Ecken einschneiden, so dass kleine Dreiecke entstehen. Verwenden Sie zum Einschneiden eine kleine, spitze Schere.

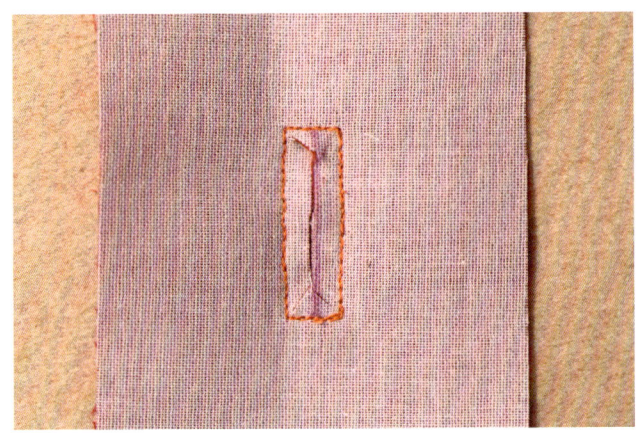

3: Ziehen Sie den Paspelstoff durch den Schlitz nach innen. Die Nahtzugabe ein wenig zurückschneiden, dann bügeln. Bügeln Sie die Nahtzugabe bei dickeren Stoffen auseinander, bei dünneren Stoffen zum Knopflochschlitz hin.

4: Falten Sie die Längsseite des Paspelstreifens. Achten Sie darauf, dass sich die Streifen in der Mitte des Knopflochschlitzes treffen. Bügeln und gut heften. Heften können Sie mit ein paar Handstichen oder mit einem Zickzack-Stich.

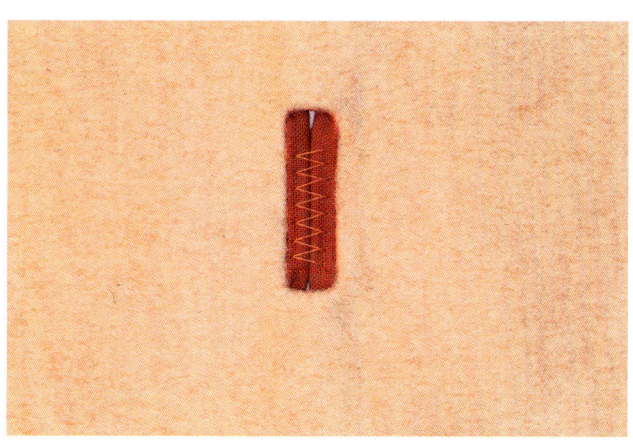

5: Steppen Sie am Knopflochende die kleinen Dreiecke.

6: Jetzt von der rechten Seite zwischen Paspel und Stoff, genau in der Nahtrille, steppen.

7: Als nächstes wird der Beleg an das Knopfloch genäht. Legen Sie dazu den Beleg auf das Knopfloch. Stecken Sie jeweils in eine Knopflochecke eine Stecknadel, damit Sie die Eckpunkte haben. Schneiden Sie den Knopflochschlitz im Besatz genauso wie zuvor in den Stoff – zuerst den Schlitz, dann diagonal bis kurz vor die Ecken. Schlagen Sie die Kanten ein, bügeln Sie diese um und nähen Sie sie zum Schluss mit Handstichen fest.

Knöpfe annähen

Zu jedem Knopfloch gehört ein Knopf, aber nicht zu jedem Knopf ein Knopfloch!

Knöpfe werden dort angenäht, wo sich ein Knopfloch befindet und wo es etwas zum Auf- und Zuknöpfen gibt. Knöpfe ohne Knopfloch werden als Schmuckstücke oder als Zierelemente verwendet.

Es gibt Knöpfe zum Durchnähen mit zwei, drei oder vier Löchern und Knöpfe mit Stiel, an denen auf der Rückseite ein kleiner Steg angebracht ist. Knöpfe mit Stiel müssen von Hand angenäht werden.

Bei den Knöpfen zum Durchnähen muss zum einfachen Auf- und Zuknöpfen zwischen Stoff und Knopf ein gewisser Abstand, also ein Stiel, genäht werden. Die Höhe des Stiels richtet sich nach der Dicke des Stoffes. Bei dickeren Stoffen wie für Jacken, Mäntel, Hosen- oder Rockbünde muss der Stiel logischerweise etwas höher als bei dünneren Stoffen sein. Wenn Sie den Knopf nur als Zierknopf ohne Funktion annähen möchten, brauchen Sie natürlich keinen Stiel zu nähen.

Die Knöpfe können mit dem Knopfannäh-Programm Ihrer Nähmaschine oder mit dem Zickzack-Stich angenäht werden. Bei dem Knopfannäh-Programm ist die Anzahl der Einstiche und der Vernähstiche voreingestellt.
Ein Knopfannähfuß erleichtert das Annähen. Sie können hier gleich einstellen, ob mit oder ohne Stiel angenäht werden soll. Schalten Sie den Transporteur aus. Stellen Sie die Oberfadenspannung zwischen 2 und 3 ein, bei Nähmaschinen mit CB-Greifer fädeln Sie den Faden durch die Spulenkapselfinger. Fädeln Sie in Ihre Nähmaschine den Allzweckfaden ein.

Knöpfe annähen mit dem Knopfannäh-Programm

Bevor Sie mit dem Nähen starten, drehen Sie vorsichtig am Handrad und überprüfen Sie, ob die Nadel das Annähloch trifft. Der Abstand zwischen den Löchern ist bei den meisten Knöpfen gleich, sodass die Einstellung des Knopfannäh-Programms in der Regel passt. Falls Sie jedoch einen Sonderknopf haben, passen Sie die Stichbreite an den Abstand der Löcher an.

Platzieren Sie den Knopf mit dem Knopfannähfuß an die markierte Stelle und lassen Sie die Maschine den Knopf annähen. Die Anfangs- und Endfäden ca. 10 cm überstehen lassen. Ziehen Sie diese Fäden zwischen Knopf und Stoff heraus. Zwei davon im Uhrzeigersinn um den Steg wickeln, zwei davon entgegen dem Uhrzeigersinn wickeln. Fäden anknoten und zurückschneiden. Fertig!

Knopfannähfuß

An dem Knopfannähfuß ist ein beweglicher Stift angebracht. Hier stellen Sie ein, ob ein Knopf mit oder ohne Steg genäht werden soll. Der Knopf kann hier durch die Vorrichtung unter dem Nähfuß fixiert werden und Sie haben eine ausgezeichnete Sicht und somit Nähkontrolle.

Falls Sie sich für einen Vier-Loch-Knopf entschieden haben, nähen Sie zuerst die vorderen zwei, dann die hinteren zwei Löcher.

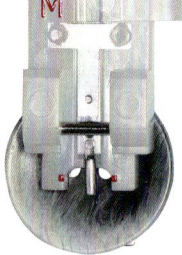

Standardnähfuß

Falls Sie keinen Knopfannähfuß zu Ihrer Maschine haben oder kaufen möchten, setzen Sie den Standardfuß ein. Das ist zwar nicht ganz so einfach zu nähen, weil die Sicht auf die Annählöcher etwas eingeschränkt ist, geht aber auch. Einen Steg können Sie formen, indem Sie ein Streichholz direkt über die Mitte zwischen die Annählöcher legen. Die weitere Vorgehensweise bleibt wie bereits beschrieben.

Knöpfe annähen mit dem Zickzack-Stich

Wenn Sie kein Knopfannäh-Programm in Ihrer Nähmaschine haben, wählen Sie den Zickzack-Stich an. Stellen Sie die Stichlänge auf 0 mm und die Stichbreite auf 3,5–4 mm ein. Versenken Sie den Transporteur und setzen Sie den Knopfannähfuß ein. Diese Einstellung passt bei Knöpfen, die in der Größe ganz normal sind. Nähen Sie 4 bis 6 Zickzack-Stiche. Lassen Sie dabei die Anfangs- und Endfäden ca. 10 cm überstehen. Ziehen Sie nach dem Nähen diese Fäden zwischen Knopf und Stoff heraus. Wickeln Sie zwei davon im Uhrzeigersinn um den Steg und zwei davon entgegen dem Uhrzeigersinn. Fäden anknoten und zurückschneiden. Fertig!

Knöpfe von Hand annähen

Wenn nur ein Knopf abgefallen ist oder ich eine Jacke mit nur 2 oder 3 Knöpfen habe, dann nähe ich persönlich die Knöpfe von Hand an.

Faden in die Nadel einfädeln. Fäden 4- bis 6-mal durch die Löcher stechen, dabei Anfangs- und Endfäden ca. 10 cm überstehen lassen. Den Steg können Sie formen, in dem Sie beim Annähen ein Streichholz zwischen Stoff und Knopf legen. Nach dem Nähen ziehen Sie das Streichholz vorsichtig heraus. Danach die Anfangs- und Endfäden zwischen den Knopf und Stoff ziehen. Zwei davon im Uhrzeigersinn um den Steg und zwei davon entgegen dem Uhrzeigersinn wickeln. Fäden anknoten und zurückschneiden. Fertig!

Viele verschiedene Schmuckknöpfe nebeneinander ist eine trendy Methode, um z. B. Jacken modisch aufzupeppen

49

Stopfen

Es gibt viele Möglichkeiten, ein Loch zu stopfen oder ein Riss-loch zuzunähen. Wer kennt nicht z. B. eine durchgescheuerte Kinder- oder Männerhose im Kniebereich, ein Motten- oder Zigarettenloch? Doch mit der Nähmaschine lässt sich so manches durch Stopfen retten.

Unterlegen Sie die beschädigte Stelle mit einem passenden Stück Stoff. Wenn das zu reparierende Gewebe dünn geworden ist, unterbügeln Sie es einfach mit einem passenden Flickstoff oder einer Vlieseline. In gut sortierten Handarbeitsgeschäften gibt es Flickstoffe in vielen Farben und diversen Qualitäte, z. B. für dünnere Gewebe, Denim und auch für elastische Stoffe.

Viele computergesteuerte Nähmaschinen haben ein automatisches Stopfprogramm. Die Nähmaschine näht dabei in der Länge, die Sie bestimmen, einen Geradstich vor und zurück. Die Breite des Stopfprogramms ist der Nähfußbreite automatisch angepasst. Manche Maschinen haben zur Auswahl auch ein Stopfprogramm, das nicht nur vor und zurück näht. Diese Maschinen übernähen die schadhafte Stelle vorher auch quer.

Stopfen oder Flicken aufnähen mit dem genähten Zickzack-Stich

Mit dem genähten Zickzack-Stich ist es möglich, größere Riss-löcher zu stopfen. Auch Stellen, wo der Stoff durch die Beanspruchung dünner geworden ist, lassen sich sehr einfach mit diesem Stich ausbessern.

Risslöcher unterbügeln Sie am besten zuerst mit einem Flick-stoff. Die Flickstoffe sind mit einer Klebeschicht versehen, die beim Bügeln auf dem Stoff haftet. Schneiden Sie den Flickstoff etwas größer als das Rissloch aus. Der Flickstoff wird auf der linken Stoffseite unter den Riss gebügelt. Die Bügeltemperatur entnehmen Sie der Packungsbeilage. Achten Sie hier auch auf den Stoff der Kleidung, den Sie unterbügeln!

Wählen Sie den genähten Zickzack-Stich Ihrer Maschine. Stellen Sie die Stichlänge etwas kürzer auf 0,7 – 0,8 mm ein. Nähen Sie von der rechten Seite eine oder mehrere Zickzack-Reihen.

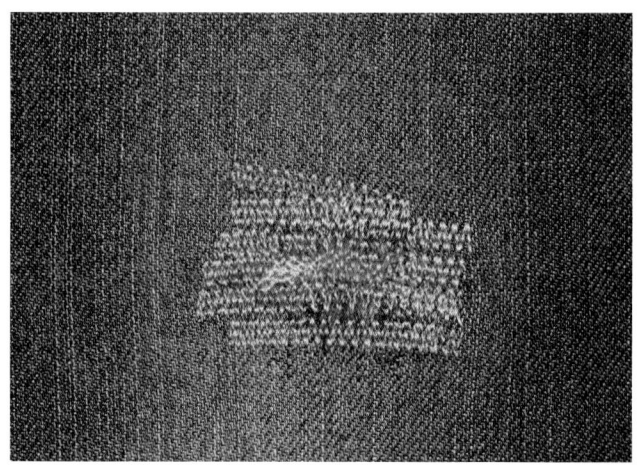

Freihandstopfen mit dem Stopffuß und Stopfrahmen

Mit dem Stopffuß können Sie den Stoff in allen Richtungen bewegen. Wählen Sie den Geradstich, schalten Sie den Transporteur aus. Der Stoff wird nicht mehr von der Maschine transportiert. Diese Aufgabe übernehmen Sie jetzt selbst. So bestimmen Sie, wie lange der Stich genäht werden soll. Die Stichlänge wird länger, wenn der Stoff schneller bewegt wird und kürzer, wenn der Stoff langsamer bewegt wird. Versuchen Sie mit einer gleichbleibenden Geschwindigkeit den Stoff zu führen. Am besten spannen Sie ihn in einen Stickrahmen ein. Damit haben Sie die Kontrolle über alle Bewegungen.

Bewegen Sie den Stoff vor und zurück, dann seitwärts nach rechts und nach links, bis das Loch übernäht ist.

Risse in den Kniepartien sind gerade bei Jeans aus modischen Gründen oft gewollt. Doch genauso angesagt ist es, Schadstellen mit witzigen Flicken auszubessern

Zierstiche

Mit Zierstichen entstehen dekorative Nähte zum Verschönern von Kleidungsstücken, Taschen, Accessoires und Heimtextilien. Selbstgenähtes wie Gekauftes bekommt durch die Gestaltung mit Zierstichen eine individuelle Note.

Die Auswahl der Zierstiche ist je nach Fabrikat und Maschinentyp unterschiedlich. Der empfohlene Nähfuß, der passende Stabilisator, die Stärke des Stickgarns, die richtige Nadel und die Anpassung der Fadenspannung sind Grundvoraussetzungen, um schöne Ziernähte zu bekommen.

Zierstiche und Ecken

Grundsätzlich können alle Zierstiche um die Ecke genäht werden. Wenn die Zierstiche etwas breiter und kompakter sind, kann es sein, dass Sie kurz vor der Ecke das Muster beenden müssen, mit dem Geradstich bis an die Ecke nähen und erst dann den Stoff drehen. Lassen Sie an der Ecke die Nadel im Stoff versenkt, drehen Sie den Stoff und beginnen Sie nach der Ecke erneut mit dem Muster.

Viele Nähmaschinen haben eine Taste, um das Muster zu beenden. Durch Drücken dieser Taste wird das angefangene Muster zu Ende genäht, die Maschine bleibt erst stehen, nachdem das Muster fertig ist. So können Sie Bordüren schöner beenden oder, wenn es um die Ecke geht, den Stoff drehen.

Zum Vernähen von Zierstichen haben viele Maschinen eine „Punkt-Vernähtaste". Diese Taste kann am Anfang und am Ende des Musters gedrückt werden. Die Maschine vernäht jeweils und die Fäden können abgeschnitten werden. Falls Sie diese Funktion nicht haben, ziehen Sie die Anfangs- und Endfäden auf die Rückseite und knoten Sie sie an.

Nähfuß

Nachdem Sie den Zierstich angewählt haben, zeigt Ihre Nähmaschine die Nähfußempfehlung an. Das ist in der Regel der Zierstichfuß. Der Zierstichfuß hat auf der Sohle eine breite Auskerbung. Er ermöglicht besonders bei ausgefüllten Zierstichen einen besseren Stofftransport und das Ausbremsen des Stichs. Somit wird ein Nahtstau vermieden. Setzen Sie also den Zierstichfuß ein.

Nadeln

Die Nadel muss zum Stich, zum Garn und natürlich auch zum Stoff passen. Auch hier gilt: dünnere Nadeln in Stärke 70 oder 80 für dünnere Fäden und dünnere Stoffe, dickere Nadeln in Stärke 90 oder 100 für dickere Garne und dickere Stoffe. Für Sonderfäden wie Metallicfäden oder dickere Fäden setzen Sie die spezielle Nadel ein.

Fadenspannung

Zum Zierstichnähen muss die Fadenspannung angepasst werden. Stellen Sie die Oberfadenspannung auf einen niedrigeren Wert, z. B. auf 3, ein. Bei Nähmaschinen mit CB-Greifer fädeln Sie den Faden durch die Spulenkapselfinger.

Die Spannung wird damit lockerer, die Verschlingung der Fäden wandert auf die untere Stoffseite. Richtig ist die Spannung eingestellt, wenn der Unterfaden auf der rechten Stoffseite nicht zu sehen ist.

Garne für Zierstiche

Um Zierstiche zu nähen, gibt es eine breite Palette an Stickgarnen. Diese werden meistens nur als Oberfaden eingefädelt, denn als Unterfaden benutzen Sie spezielle Unterfäden zum Sticken oder einen Faden in der Farbe des Stoffes. Wenn der Stoff durchsichtig ist, können Sie natürlich oben und unten in die Nähmaschine das Stickgarn einfädeln. Probieren Sie es vorher aus, denn nicht jede Nähmaschine verträgt als Unterfaden ein Stickgarn.

Rayon-Stickgarn

Mit dem Rayon-Stickgarn bekommen die Zierstiche einen besonders schönen Glanz. Das Garn veredelt die verzierten Kreationen und wirkt gleich hochwertiger. Mit dem Rayon-Stickgarn ist es möglich, alle Stoffarten zu verzieren, von dünner Seide bis zu Denim und Leder.

Nähfuß: Zierstichfuß
Nadeln: Sticknadeln Stärke 70 – 90
Garn: Rayon 40
Stabilisator: passend zum Stoff

Baumwollgarn

Baumwollgarne gibt es nicht nur zum Nähen, sondern auch zum Sticken und für Zierstiche. Der natürliche Seidenglanz und edle Charakter des Baumwollgarns spiegelt sich durch den angenehm weichen Tragekomfort auf dem verzierten Kleidungsstück, Accessoire oder Heimdekor wider.

Nähfuß: Zierstichfuß
Nadeln: Sticknadeln Stärke 80 – 100
Garn: Baumwollstickgarn
Stabilisator: passend zum Stoff

Metallic-Garn

Mit Metallicfäden lassen sich nicht nur in der Adventszeit die Heimtextilien und Weihnachtskarten gestalten. Auch Taschen, Oberbekleidung und festliche Garderobe bekommen dadurch einen schillernden, glitzernden Effekt.

Nähfuß: Zierstichfuß
Nadeln: Spezielle Metallic-Sticknadel Stärke 80 – 100
Garn: Metallic-Garn
Stabilisator: passend zum Stoff

Wollfaden

Die flauschige und füllige Oberfläche vom Wollfaden passt hervorragend zu Strick-, Walk-, Vlies- und Flanellstoffen.

Entscheiden Sie sich für Stiche, die nicht zu dicht und etwas länger genäht werden, also Stiche, bei denen die Maschine nicht so oft einstechen muss.

Das Einsetzen der speziellen Lana-Nadel ist ein Muss. Das große Nadelöhr unterstützt das Nähen mit dem Wollfaden und vermeidet Fehlstiche und das Reißen des Fadens. Auch Nutzstiche können als Zierstiche verwendet werden, z. B. der dreifache Geradstich mit einer Stichlänge von 6 mm, der dreifache Zickzack-Stich mit einer Stichlänge vom 4 mm und einer Stichbreite von 5 mm. Probieren Sie selbst ein paar Zierstiche aus dem Repertoire Ihrer Maschine aus, spielen Sie mit der Stichlänge und Stichbreite, denn auch diese Einstellungen verändern die Optik eines Stiches, und Sie bekommen überraschend schöne Ergebnisse.

Nähfuß: Zierstichfuß
Nadeln: Lana-Nadeln Stärke 100
Garn: Wollfaden
Stabilisator: Stickvlies

Stickvliese und Stabilisatoren für Zierstiche

Einwandfreie Ergebnisse erzielen Sie mit den richtigen Stickvliesen und Stabilisatoren. Sie verhindern das Kräuseln, Zusammenziehen, Ausdehnen und Verziehen des Stoffes. Es gibt sie für jede Stoffart von dünn über dick bis durchsichtig sowie für jede Kreation wie Sticken, Zierstichnähen, Applizieren, Quilten und Patchworkarbeiten.

Sie können wählen zwischen Stickvliesen zum Abreißen, Auswaschen oder Abschneiden.

Stickvliese zum Auswaschen gibt es als Folie oder Vlies. Sie werden eingesetzt zum Stabilisieren von dünnen, feinen und transparenten Stoffen und zum Abdecken der Stoffflora bei Frottee und Samtstoffen. Auch grob gewebte oder gestrickte Materialien sollten mit einer wasserlöslichen Stickfolie stabilisiert werden. Die Stiche „schlupfen" dadurch nicht in den Stoff und der Zierstich verliert nicht die Form.

Stickvliese zum Ausschneiden sind weiche Stabilisatoren, die dauerhaft im Stoff bleiben. Sie werden überwiegend zum Sticken mit der Stickmaschine und bei Mustern, die dicht gestickt werden, eingesetzt. Im Nähbedarf finden diese Stickvliese die Anwendung beim Zierstichnähen und Verzieren von Heimtextilien, Taschen und Accessoires. Nach dem Sticken wird das Vlies nur zurückgeschnitten, sodass die Stickerei formstabil bleibt und sich nicht verziehen kann. Stickvliese zum Ausschneiden gibt es auch zum Aufbügeln.

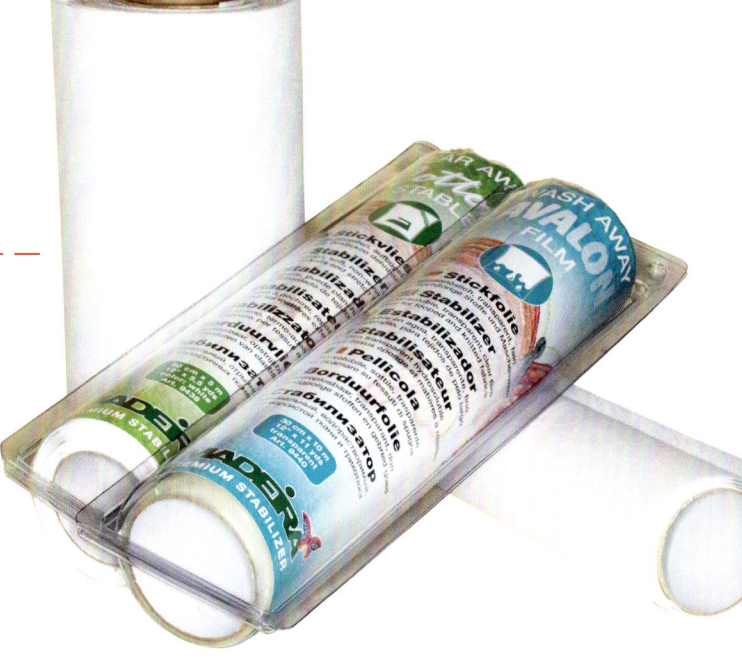

Stickvliese zum Abreißen sind die Stabilisatoren, die am häufigsten gebraucht werden. Unterlegen Sie großzügig die Stelle, die Sie verzieren wollen. Sie wird von der Nadel beim Nähen perforiert und wenn Ihre Dekorarbeit fertig ist, reißen Sie das überstehende Vlies vorsichtig ab.

Stickvliese zum Abreißen gibt es zum *Aufbügeln* und *Kleben*. Die zum Aufbügeln werden auf die Rückseite dehnbarer Stoffe, z. B. mit Elastananteil oder auf Maschenware, aufgebügelt. Dadurch verbindet sich der Stoff mit dem Vlies und kann sich so beim Nähen nicht noch weiter ausdehnen. Am Schluss wird das Vlies vorsichtig weggerissen.

Stickvliese zum Kleben sind mit einer Schutzschicht versehen, die vor dem Aufkleben auf den Stoff entfernt werden muss. Auch dieses wird nach dem Nähen vorsichtig weggerissen.

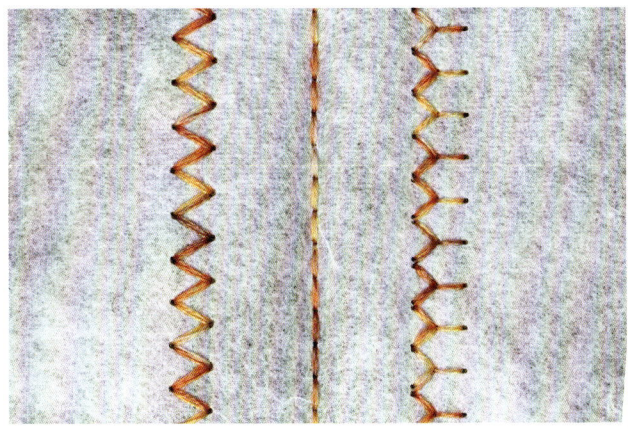

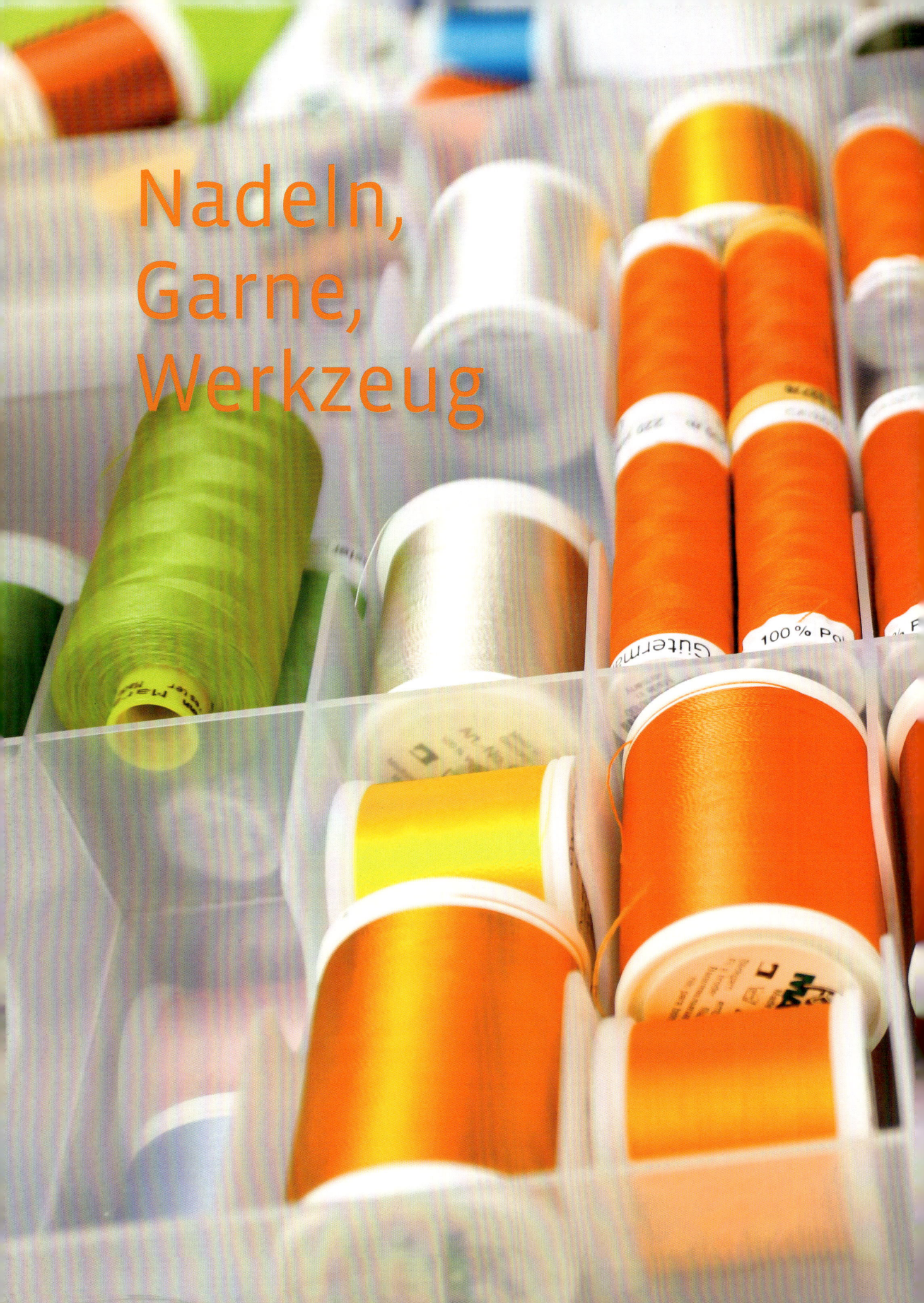

Nadeln,
Garne,
Werkzeug

Nadeln für die Nähmaschine

Naht für Naht mit der richtigen Nadel!
Schöne und saubere Nähergebnisse werden
nur mit Nadeln erzielt, die in gutem Zustand sind.
Überprüfen Sie daher die Nadel am besten vor
jedem neuen Nähprojekt. Im Zweifelsfall tauschen
Sie die Nadel und beginnen mit einer neuen.

1

Für die Haushaltsnähmaschine gibt es eine große Auswahl an Nadeln.

Die Form der Nadel hat sich im Laufe der Jahrzehnte zu einer Grundform entwickelt und besteht aus dem Nadelkolben, dem Nadelschaft und der Nadelspitze mit der Öhrpartie. Aufgrund der vielen Stoffarten und Materialien, Nähte und Anwendungen, Garne und Effektfäden wurden Nadelspitze, Nadelöhr und Nadelschaft optimal angepasst.

Grundsätzlich gilt: Für feine, dünnere Stoffe und dünnere Garne verwenden Sie eine dünnere Nadel, für gröbere, dickere Stoffe und dickere Garne eine dickere Nadel.

Das allgemein verwendete Nadelsystem für Haushaltsnähmaschinen ist das System 130–705 H (H = Hohlkehle).

Die Haushaltsnadeln des Systems 130–705 besitzen alle einen abgeflachten Kolben. Dieser ist zur einwandfreien Positionierung der Nadel in der Nadelstange und zum richtigen Abstand zur Greiferspitze notwendig. Viele Nadeln haben eine

Farbcodierung auf der Nadel. Damit können Sie das Nadelsystem schneller erkennen, wenn es schon in Ihrer Nähmaschine eingesetzt ist.

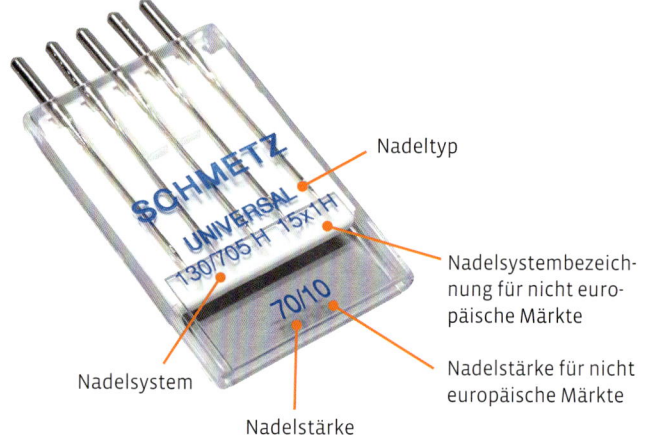

Nadeltyp

Nadelsystembezeichnung für nicht europäische Märkte

Nadelsystem

Nadelstärke

Nadelstärke für nicht europäische Märkte

1 | 130–705 H

Diese Universalnadeln haben eine leicht abgerundete Spitze und werden zum Verarbeiten von vielen Materialien eingesetzt. Die Nadelstärke gibt es von 60 bis 120 (60 entspricht 0,6 mm Dicke, 120 entspricht 1,2 mm Dicke).

60er-Stärke wird bei hauchdünnen Stoffen wie Chiffon, Seide, Organza und Voiles eingesetzt. Auch der Nähfaden muss dafür sehr dünn sein.

70er-Nadeln werden zum Verarbeiten von Seide, Organza, Voiles, dünnen Baumwoll- und Sommerstoffen verwendet.

80er-Stärke haben die Nadeln, die am häufigsten gebraucht werden, nämlich für dünnere und mittelschwere, gewebte Stoffe.

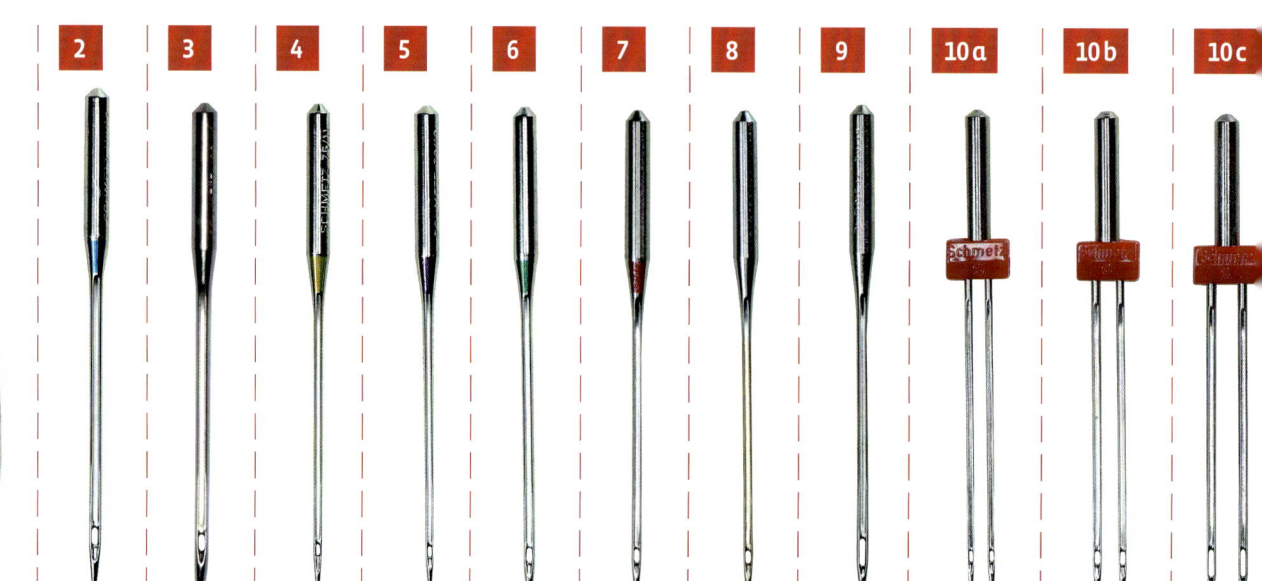

Nadeln mit 90er Stärke setzen Sie ein bei mittelschweren Stoffen. Auch ein Faden, der etwas dicker ist, kann hier eingefädelt werden, z. B. ein 30er Faden aus Seide oder Baumwolle, der schön weich ist und trotzdem stabil.

100er-Nadeln nehmen Sie für Absteppnähte, die mit einem dickeren Faden gemacht werden, wie für Jacken- und Mantelstoffe und festere Materialien. Dafür eignet sich z.B. hervorragend eine 30er-Fadenstärke aus Polyester oder Naturfaser.

110er-Nadeln fallen bei mir schon in die Kategorie „extra dick". Hier muss der Faden auch entsprechend dicker sein. Solche Nadeln verwende ich allerdings selten. Wenn ich doch mal einen dicken Stoff habe, ist er meistens auch fest, und dann greife ich lieber zu einer Jeansnadel. Spätestens hier muss die Nähmaschine auch einiges aushalten und mitmachen können.

120er-Nadeln werden eingesetzt, wenn alles etwas dicker, fester und voluminöser ist, und zwar nicht nur der Stoff, sondern auch der Faden.

2 | 130 – 705 H-J

Die Bezeichnung H-J steht für Jeansnadel mit einer mittleren Kugelspitze. Diese Nadeln sind besonders gehärtet. Die Eigenschaften der Spitze und des Materials helfen, dass die Nadel festere Gewebe einfacher durchdringen kann. Der verstärkte Schaft dieser Nadel lässt es nicht zu, dass die Nadel beim Arbeiten weggebogen wird.

Verwenden Sie diese Nadeln bei festen Stoffen wie Denim, Kord, Köper, Planen und Filz.

3 | 130-705 H-LL

Die H-LL-Nadel ist eine Nadel mit einer speziellen Schneidespitze. Sie sticht sich nicht durch, sondern sie schneidet sich durch. Daher eignet sie sich für Leder, festere Kunstleder oder ähnliche Materialien. Die Bezeichnung LL steht für Linksspitze.

So eine flotte Jeanstasche mit applizierten Rauten lässt sich prima nähen

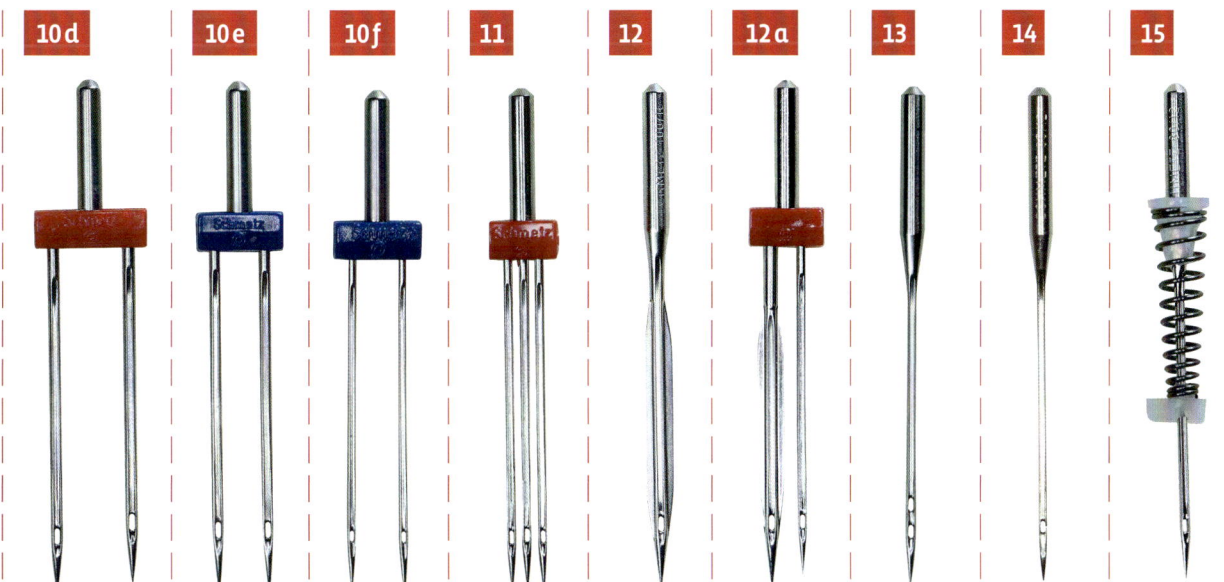

130 – 705 H-S

Die H-S-Nadeln sind Stretchnadeln für Stretchstoffe, Maschen- und Wirkware. Sie haben eine mittlere Kugelspitze, eine speziell geformte Öhrpartie und eine Hohlkehlform. Diese Eigenschaften helfen, Fehlstiche zu vermeiden.

4 | 130 – 705 H-SUK

Die H-SUK sind Nadeln mit einer mittleren Kugelspitze. Diese Nadeln werden für Lycra- und Strickstoffe, Spitze und Wirkware eingesetzt.

5 | 130 – 705 H-M

Die H-M-Microtex-Nadeln werden für Mikrofaserstoffe eingesetzt. Das Besondere an diesem Nadelsystem ist die schlanke Kugelspitze, die sehr feine und dicht gewebte Materialien mühelos durchdringen kann. Sie eignen sich daher für Seide, Mikrofaserstoffe, beschichtete Materialien, Folien und Kunstleder.

6 | 130 – 705 H-Q

Die Bezeichnung H-Q steht für Quiltnadel. Die besonders schlanke und leicht abgerundete Spitze sorgt für ein leichteres Durchnähen von mehreren dickeren Lagen und für Absteppen-arbeiten in Quilts.

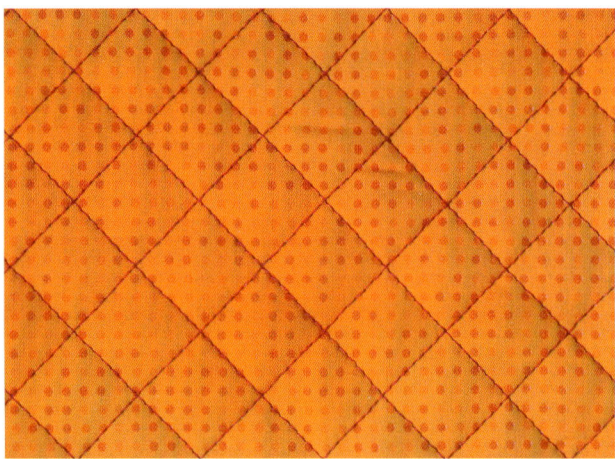

7 | 130 – 705 H-E

Die H-E-Sticknadel mit kleiner Kugelspitze, besonders breitem Nadelöhr und breiter Fadenrinne setzen Sie beim Sticken und Nähen von Zierstichen ein. Auch dickere Fäden und Wollfäden lassen sich mit dieser Nadel besser verarbeiten.

8 | 130 – 705 H-ET

Die H-ET-Sticknadel hat eine Titan-Nitrid-Beschichtung. Dadurch entsteht eine geringere Reibung zwischen Nadel und Faden. Die Nadel wird also nicht so heiß. Bei hoher Stichzahl vermindert dies das Verschmieren der Nadel und verbessert so die Standzeit. Setzen Sie diese Nadel bevorzugt bei Mustern und Stickereien mit einer hohen Stichzahl sowie bei festen und dicht gewebten Materialien ein.

9 | 130 – 705 MET

Die MET-Metallicnadel hat ein besonders langes Nadelöhr im Vergleich zu den anderen Nadeln. Das Nadelöhr ist 2 mm lang und eignet sich sehr zum Verarbeiten von Metallicfäden und anderen Spezial-Garnen.

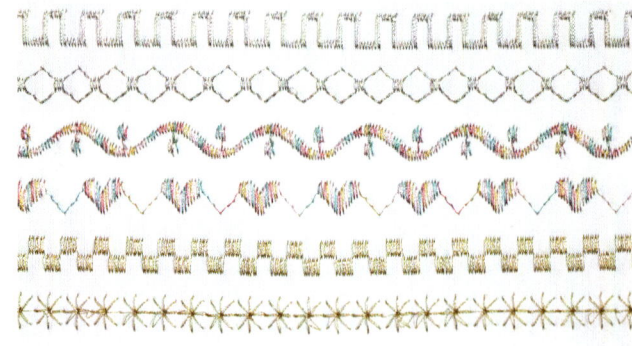

130 N

Die 130-N-Nadeln sind mit den MET-Nadeln vergleichbar. Auch hier ist das Nadelöhr bei allen Nadelstärken 2 mm lang. Das ist ideal für Stick- und Abstepparbeiten oder beim Arbeiten mit mehreren Fäden.

10 | 130 – 705 ZWI

Die verschiedenen Zwillingsnadeln

10 a	H 1,6 mm	für Biesen, Steppnähte und Ziernähte
10 b	H 2,0 mm	für Biesen, Steppnähte und Ziernähte
10 c	MET 2,5 mm	für Steppnähte und Ziernähte mit Metallic-Garnen und dickeren Garnen
10 d	H BR 6,0 mm	extra breit für Steppnähte
10 e	H-J 4,0 mm	für Steppnähte in Jeansstoffen
10 f	H-S 4,0 mm	Stretchnadel für Säume

130 – 705 ZWI ist die Bezeichnung für die Zwillingsnadel. Sie hat ihren Platz beim Nähen von Säumen an T-Shirts, bei elastischen Stoffen und Sportbekleidung. Hier wird meist der Geradstich angewählt. Er wird durch die Zwillingsanordnung automatisch doppelt und parallel zueinander verlaufend genäht.

Der Abstand zwischen den zwei Steppstichen hängt von der eingesetzten Zwillingsnadel ab.

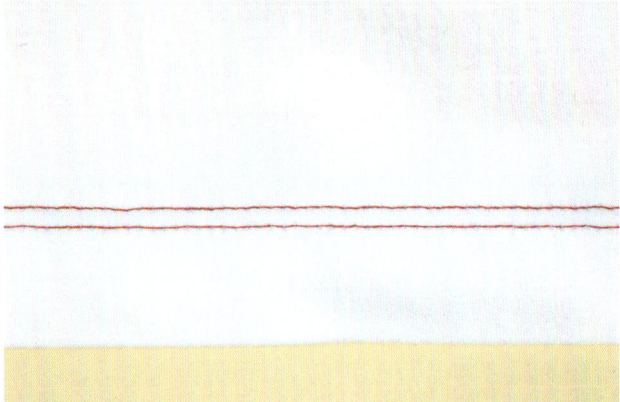

Saum mit der Zwillingsnadel

Für Webware gibt es die Zwillingsnadel auch in verschiedenen Abständen und mit unterschiedlichen Spitzen.

Eine Zwillingsnadel mit einem breiten Abstand können Sie für Abstepparbeiten einsetzen. Mit dem Geradstich und der Zwillingsnadel werden auch Biesen genäht. Hierfür setzen Sie eine Zwillingsnadelbreite von 1,6 mm oder 2 mm ein.

Die breite Auswahl an Zwillingsnadeln, die es heute gibt, ermöglicht es auch, andere dekorative Arbeiten zu kreieren. Die Zwillingsnadel für Ziersticke setzen Sie für dekorative Arbeiten ein. Mit der Hohlsaum-Zwillingsnadel nähen Sie Hohlsaumstiche. Beachten Sie hier die Einstellungen an Ihrer Nähmaschine. Mehr davon finden Sie auch unter Nähen mit der Zwillingsnadel.

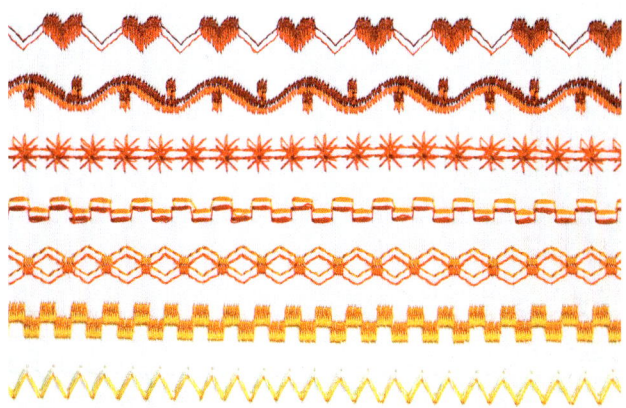

Ziersticke mit der Zwillingsnadel

Biesen mit der Zwillingsnadel

11 | 130–705 DRI

130–705 DRI ist die Bezeichnung für die Drillingsnadel. Anstatt zwei hat eine Drillingsnadel drei Nadeln eingesetzt. Die Einstellungen an der Nähmaschine wählen Sie wie bei der Zwillingsnadel. Das Einfädeln ist ähnlich wie bei der Zwillingsnadel, nur dass Sie statt zwei Fäden drei Fäden einlegen. Sie benötigen hierzu einen dritten Garnrollenhalter. Garnrollenhalter gibt's im Fachhandel. Die dritte Garnrolle kann auch neben der Nähmaschine angebracht werden. Wichtig ist ein sauberer Ablauf ohne Verdrehen und Verknoten der Fäden beim Nähvorgang.

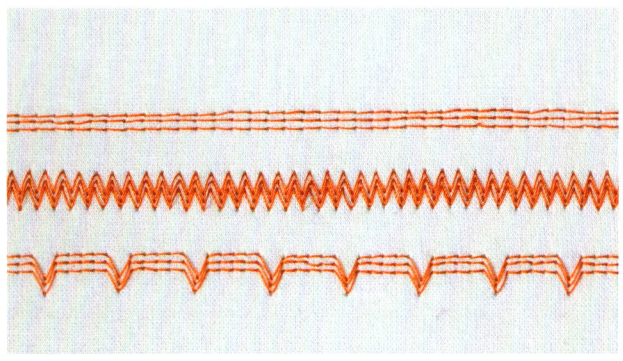

12, 12a | 130–705 H-WING

Das ist meine Lieblings-Nadel, eine Nadel mit „Flügeln". Ich nähe sehr gerne Hohlsaumstiche und dafür setze ich die Wingnadel ein. Ich finde, Hohlsaumstiche haben etwas Traditionelles und Hochwertiges an sich. Wingnadeln finden Sie auch unter der Bezeichnung Schwertnadel und Hohlsaumnadel. Die Wingnadel gibt es auch als Zwillingsnadel.

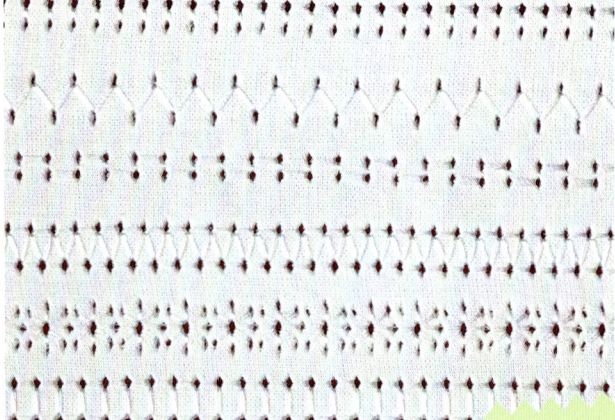

13 | 705 DE

Die 705 DE ist die Nadel mit dem Doppelöhr. Hier werden zwei Dekorfäden oben in die Nähmaschine eingefädelt. Diese Nadel nutzen Sie für Zierstiche und besondere Effekte.

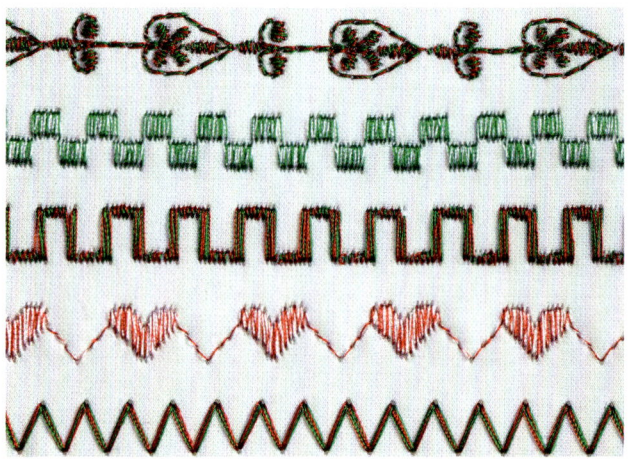

14 | 705 HDK

Das Nadelsystem 705 HDK hat an der Seite des Nadelöhrs einen Schlitz. Durch diesen Schlitz kann der Faden beim Einfädeln einfach in das Öhr gleiten. Hobbynäher mit schlechtem Sehvermögen werden begeistert sein.

15 | 130–705 H SPR

Die 130–705-H SPR-Nadel ist eine Federnadel, die zum Freihandnähen und Sticken eingesetzt wird. Diese Nadel übernimmt die Funktion des Freihandnähfußes.

Tipp:
Falls es einen Freihandnähfuß für Ihre Nähmaschine gibt, dann verwenden Sie diesen! Haben Sie keinen Freihandnähfuß, behelfen Sie sich mit der Federnadel.

Garne

Für die Haushaltsnähmaschinen steht ein sehr breites Spektrum an Garnen zur Verfügung. Es gibt sie zum Nähen, Sticken und Quilten, zum Nähen von Knopflöchern, für Abstepparbeiten, für besondere Stiche und spezielle Nähte. Lassen Sie sich einige der vielen Möglichkeiten zeigen.

Grundsätzlich gilt: dünnere Fäden für dünnere Stoffe und dünnere Nadeln, dickere Fäden für dickere Stoffe und dickere Nadeln.

Qualitätsgarne sind gleichmäßig gedreht, reißfest und verfügen über eine spezielle Oberflächenbeschaffenheit, die sie scheuerbeständig macht. Außerdem sind sie temperaturbeständig und knotenfrei abspulbar.

Die Garnhersteller arbeiten regelmäßig an der weiteren Verbesserung dieser Eigenschaften und entwickeln neue Herstellungsverfahren, damit wir als Hobbyschneider mit der Näh- und Overlockmaschine beim Nähen noch mehr Spaß haben!

Garne aus Kunststoffflaschen? Ja, das gibt es!
Namhafte Hersteller achten nicht nur auf die Qualität ihrer Produkte. Sie entwickeln auch neue umweltschonende Herstellungsverfahren, um natürliche Ressourcen zu schonen. Daraus resultieren innovative, zukunftsorientierte Garne, die es inzwischen auf dem Markt gibt.

Achten Sie bei der Auswahl auf die Garnqualität und Garnstärke. Die Garnqualität spielt eine entscheidende Rolle für gut aussehende, haltbare und strapazierbare Nähte.

Alte Garne? Da kann ich nur sagen: Weg damit!
Alte Garne aus „Omas Nähkästchen" trocknen im Laufe der Jahre aus. Sie werden brüchig und reißen beim Nähen. Von Garnen, die Sie sehr günstig irgendwo kaufen, können Sie auch nicht viel erwarten. Deshalb sollten Sie sie auch nicht verwenden. Falls Sie doch so einen Faden in Ihrer Maschine haben und er reißt, schimpfen Sie bitte nicht über Ihre Nähmaschine. Denn kann in diesem Fall nichts dafür.

Nur ein Qualitätsfaden garantiert eine stabile und strapazierbare Naht. Denn Top-Nähte erzielen Sie nur mit Top-Garnen.

Garne zum Nähen

1 | Allzweckfaden

Der Allzweckfaden aus 100 % Polyester hat sehr gute Eigenschaften. Er ermöglicht professionelle Ergebnisse, unabhängig von der Stichart, ob Sie von Hand oder mit der Nähmaschine nähen und eignet sich für fast alle Näharbeiten. Dieser Faden ist reißfest, scheuerfest, schrumpft nicht, ist weich, gibt nach, ist licht- und farbecht. Sie können ihn heiß bügeln und bei 95 °C waschen. Die empfohlene Nadelstärke ist hierfür 70 bis 90.

2 | Baumwolle

Der Baumwollfaden aus 100 % Baumwolle sieht gleich viel schöner aus. Es gibt ihn in einer großen Farbauswahl. Er eignet sich sehr gut zum Nähen von Nutzstichen, zum Stopfen, für Knopflöcher, für Abstepparbeiten und für Zierstiche. Die empfohlene Nadelstärke ist 60 bis 80.

3 | Seide

Seide! Allein schon das Wort klingt edel und kostbar. Ein Faden aus 100 % Seide verleiht dem Selbstgenähten einen schimmernden Glanz. Der Seidenfaden ist einer meiner Lieblingsfäden. Ich nehme ihn sehr gerne für Knopflöcher, zum Absteppen und für viele Zierstiche. Für die genaue Auswahl entscheide ich mich spontan und passe den Faden auf die Stoffqualität an. Die empfohlene Nadelstärke ist hier 80.

4 | Steppgarn / Knopflochgarn

Knopflochgarne mit der Stärke 30 sind etwas dicker als herkömmliche Fäden. Sie werden in die Nähmaschine für Zierstiche und Steppnähte als Oberfaden eingefädelt. Sehr gut eignet sich der Faden auch für handgenähte Augenknopflöcher. Die empfohlene Nadelstärke ist hier 100 bis 120.

5 | Extrastark

Der extrastarke Faden ist besonders reißfest. Er eignet sich somit für alle stark beanspruchten Nähte. Ideal für die Verarbeitung schwerer Gewebe, von Leder, Planen oder Jeansstoffen. Sie können den extrastarken Faden für Abstepparbeiten nur als Oberfaden einfädeln. Als Ober- und Unterfaden fädeln Sie ihn zum Zusammennähen ein. Die empfohlene Nadelstärke ist hier 100 bis 120.

Heftfaden

Stofflagen heften und Markierungen auf den Zuschnitt übertragen kann von Hand mit dem Heftgarn gemacht werden. Es ist meistens aus Baumwolle, weich und nicht ganz so reißfest. Dadurch lässt es sich später auch wieder leicht entfernen.

Garne zum Sticken und Verzieren

Zum Sticken und Verzieren verwenden Sie am besten Stickgarne. Diese finden Sie in verschiedenen Qualitäten wie Polyester, Viskose, Baumwolle, mit Wollanteil und Metallicfäden.
Sie sehen: Egal, was Sie machen, oder welche Stoffart auch immer Sie verzieren möchten – Sie finden immer den passenden Faden für Ihr Projekt!
Heimtextilien, Quilts, Kleidung und Accessoires können mit Zierstichen und dem passenden Garn veredelt werden. Das Selbstgenähte wird dadurch individueller und einzigartiger.
Setzen Sie für das ausgewählte Garn immer die passende Nadel in Ihre Nähmaschine ein.

Die Ziergarne werden meistens nur als Oberfaden eingefädelt. Rayon, Polyester und Baumwollstickgarn können auch als Unterfaden eingefädelt werden. Wenn Sie das Wollgarn als Unterfaden verarbeiten möchten, sollten Sie die Fadenspannung etwas lockern. Viele Nähmaschinenhersteller haben für dickere Fäden eine extra Spulenkapsel entwickelt, bei der die Spannung gleich mit angepasst ist.
Metallic-Garne verwenden Sie am besten nur als Oberfaden. Als Unterfaden reißen sie sehr gerne. Aber auch das ist von Hersteller zu Hersteller und von Maschinentyp zu Maschinentyp anders. Probieren Sie es am besten selbst aus.

6 | Rayon-Stickgarn

Das Rayon-Stickgarn, auch Kunstseide genannt, besteht aus 100% Viskose. Es hat einen außergewöhnlich seidigen Glanz, ist reißfest, farbecht und wickelt sich beim Verarbeiten optimal ab. Rayon-Stickgarn eignet sich für nahezu alle Zierarbeiten und Stickereien, egal, ob der Stoff ein dünner Organza, ein Baumwollstoff, Denim oder Leder ist.

Polyester-Stickgarn

Das Polyester-Stickgarn aus 100% Polyester ist sehr strapazierfähig, reißfest und scheuerbeständig. Aufgrund seiner hohen Qualitätseigenschaften können Sie diesen Faden für stark beanspruchte Berufs-, Kinder- und Sportbekleidung, Jeansstoff oder Leder verwenden.

7 | Baumwollstickgarn

Baumwollstickgarn aus 100% merzerisierter Baumwolle ist etwas dicker als das Rayon- oder Polyester-Stickgarn. Merzerisiertes Baumwollgarn ist weicher, anschmiegsamer und glänzender als Garn aus unmerzerisierter Baumwolle. Es eignet sich sehr gut zum Verzieren von Trachtenmode, Tisch- und Bettwäsche oder Babybekleidung.

8 | Wollgarn

Der Wollfaden Lana aus 50% Wolle und 50% Acryl ist dicker und voluminöser. Er fühlt sich angenehm weich an. Die flauschige und füllige Oberfläche dieses Wollfadens eignet sich hervorragend zum Verzieren von Stoffen wie Walk, Vlies und Flanell. Das Einsetzen der speziellen Lana-Nadel ist ein Muss. Das große Nadelöhr unterstützt das Nähen mit dem Wollfaden und vermeidet Fehlstiche und das Reißen des Fadens.

6

7

8

Garne zum Quilten

9 | Metallic-Garne

Metallic-Garne funkeln und glitzern, schillern und blitzen. Mit diesen Garnen lassen sich nicht nur in der Adventszeit die Heimtextilien und Weihnachtskarten gestalten. Taschen, Oberbekleidung und festliche Garderobe können mit Metallic-Garnen veredelt werden. Verwenden Sie hierfür jedoch die speziellen Metallic-Nadeln mit dem langen Nadelöhr. Reduzieren Sie beim Arbeiten mit diesen Fäden die Geschwindigkeit und passen Sie die Fadenspannung an.

10 | Handquiltgarn

Zum Handquilten gibt es spezielle Quiltgarne aus 100 % Baumwolle. Diese Garne kringeln sich beim Nähen nicht. Sie sind reißfest und scheuerbeständig. Viele dieser Fäden sind mit einer hauchdünnen Wachsschicht versehen. So gleitet der Faden leichter durch die Stofflagen.

Maschinenquiltgarn

Zum Quilten mit der Nähmaschine können Sie viele verschiedene Garne verwenden. Das kommt ganz darauf an, wie Sie den Quilt gestalten möchten und natürlich auf den Quilt-Charakter. Allzweck- und Baumwollfäden, Stick- und Metallic-Garne eignen sich hervorragend zum Quilten. Passen Sie den Faden dem Quilt an.

9

10

Quilting · 200 m · 220

Nützliche Werkzeuge

Zum Nähen brauchen Sie neben der Nähmaschine auch andere Werkzeuge. Dazu gehören eine Schere zum Zuschneiden, eine Schere zum Abschneiden der Fäden und um Ecken und Nähte zurückzuschneiden, des Weiteren Markierwerkzeuge, Maßband, Handmaß, verschiedene Nadeln zum Handnähen, zum Stecken und natürlich auch ein Nahttrenner.

Die praktischen Werkzeuge, auf die ich nicht mehr verzichten möchte, stelle ich Ihnen kurz vor:

Scheren

Stoffschere

Eine gute Stoffschere nehmen Sie nur, um Stoffe zuzuschneiden. Auf keinen Fall sollten Sie eine Stoffschere zum Schneiden von Seidenpapier, Papier oder Sonstigem nehmen. Sie wird sonst sehr schnell stumpf.

Tipp:
Wenn Sie dünne, feine, rutschige Stoffe mit der Schere zuschneiden, legen Sie auf Ihren Zuschneidetisch einen einfachen, einfarbigen Baumwollstoff. Darauf breiten Sie Ihren dünnen Stoff aus, den Sie verarbeiten wollen. Sie können nun besser stecken, die Markierungen übertragen und beim Zuschneiden rutscht der Stoff nicht so leicht weg.

Für dünne, feine, rutschige Stoffe gibt es auch spezielle Scheren im Fachhandel. Die Klingen dieser Scheren sind fein gezackt. Der Stoff wird dadurch besser gehalten und Sie können die Schere beim Zuschneiden besser führen.

Fadenschere

Eine Fadenschere hat nicht nur eine spitze Spitze! Sie schneidet auch die kleinsten Fäden spitze ab!

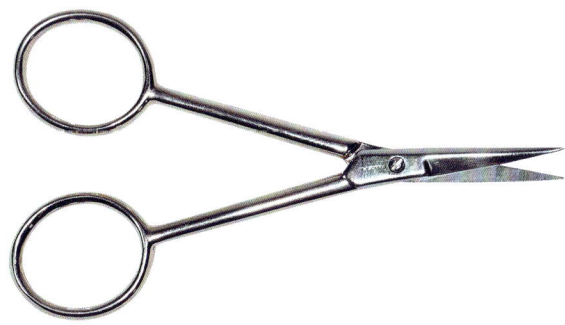

Handschere

Mit der Handschere schneiden Sie die Nahtzugabe an Ecken zurück und an Rundungen ein. Für Applikationen und Kleinteile ist diese Schere sehr handlich.

Papierschere

Mit der Papierschere schneiden Sie Schnittmuster aus, Seidenpapier und andere Materialien.

Markierwerkzeuge

Es gibt eine sehr große Auswahl an Markierwerkzeugen für die unterschiedlichsten Stoffe und Arbeitsgänge. Die bekannteste davon ist die Schneiderkreide. Daneben gibt es tolle Kreiderädchen und -stifte, Zauber- und Markierstifte und Kreide in verschiedenen Farben für helle und dunkle Stoffe.

1 | Schneiderkreide

Ich nehme die Schneiderkreide selten zur Hand, doch sie sollte in keinem Nähkasten fehlen. Auf dickeren Stoffen wie Bouclé und Materialien mit einer groben Struktur lässt es sich mit der Schneiderkreide am besten markieren.

2 | Sublimierkreide

Sublimierkreide ist eine Zauberkreide, die beim Bügeln verschwindet. Das ist sehr praktisch, wenn die Markierung sofort wieder entfernt werden soll.

3 | Kreide-Minenstift

Damit können Sie dünne und klare Linien markieren. Die Minenstifte eignen sich für fast alle Stoffe. Sie brechen und bröckeln nicht und müssen auch nicht nachgespitzt werden!

Kreidestift

Mit Kreidestiften können Sie ebenfalls dünne Linien ziehen. Allerdings müssen diese Stifte immer wieder nachgespitzt werden. Kreidestifte funktionieren bei festeren Stoffen sehr gut, dünnere Stoffe werden leider verzogen. Deshalb sollten Sie dafür andere Markierwerkzeuge nehmen.

4 | Kreiderädchen

Mit dem Kreiderädchen können Sie dünne, feine Linien auch in dünne, rutschige Stoffe ziehen. Dieser Stift ist mit Kreidepulver gefüllt. An der Spitze ist ein Mini-Zackenrädchen eingebaut, das beim Rollen über den Stoff das Kreidepulver aufträgt.

5 | Kreiderädchen mit Abstandshalter

Bei dem Kreiderädchen mit Abstandshalter können Sie gleich die Naht- oder Saumzugabe markieren.

6 | Zauberstift

Mit Zauberstiften können Sie auf Stoffen Linien ziehen, die nach einer gewissen Zeit wie von Zauberhand verschwinden. Mit dem Zauberstift machen Sie nur dann Ihre Markierung, wenn Sie die markierte Stelle innerhalb weniger Stunden auch verarbeiten. Er eignet sich für viele Stoffarten.

7 | Wasserlöslicher Stift

Die Markierungen mit dem wasserlöslichen Stift gehen erst dann wieder weg, wenn Sie das genähte Teil waschen oder mit einem feuchten Tuch über die Markierung tupfen. Diese Stifte sind sehr praktisch für alle Stoffarten.

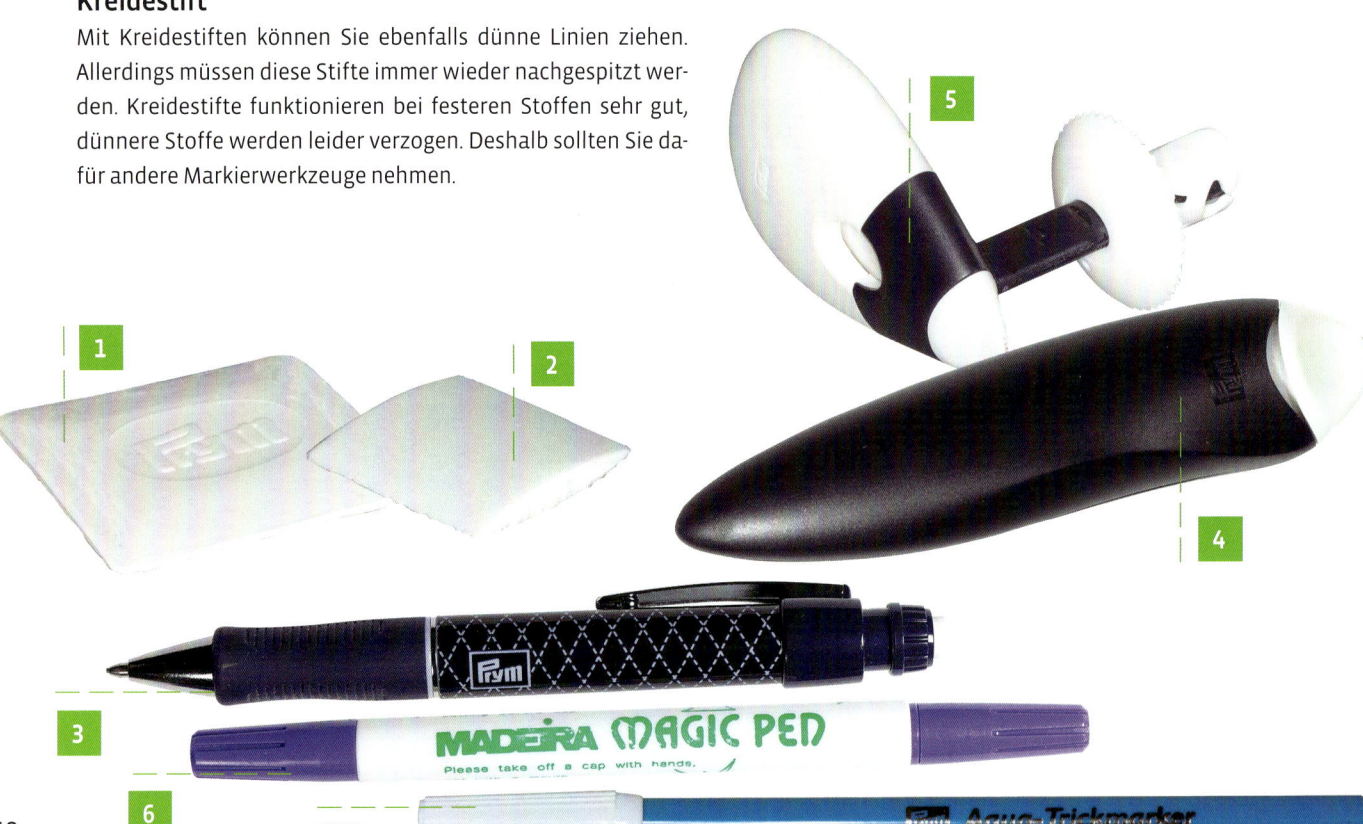

Nützliche Helfer

8 | Gewichte

Mit den Gewichten wird der Schnitt auf dem Stoff beschwert. Wenn Sie das Schnittmuster auf den Stoff platzieren und die Gewichte darauf legen, sparen Sie sich das aufwändige Fixieren mit den Stecknadeln.

9 | Stecknadeln

Stecknadeln sind zum Heften und Fixieren von Stoffen da. Es gibt sie in mehreren Längen und Dicken und mit unterschiedlichen Köpfen. Verwenden Sie die passende Stecknadel für den Stoff, den Sie verarbeiten. Wichtig ist, dass die Nadelspitze einwandfrei ist.
Glaskopfstecknadeln sind Allround-Nadeln, die Sie für viele Stoffe einsetzen können.

10 | Handmaß

Mit dem Handmaß markieren Sie die Platzierung von Knopflöchern, Taschen, Abnähern, Falten und Passzeichen. Es ist auch sehr praktisch zum Abmessen der Saum- und Nahtzugabe beim Zuschneiden.

11 | Maßband

Auch ein Maßband gehört in jeden Nähkasten. Damit messen Sie z. B. die Körpermaße und alle anderen, längeren Maße.

12 | Rollschneider, Schneidematte, Lineal

Diese Werkzeuge kaufen Sie sich früher oder später bestimmt, denn sie sind sehr praktisch zum Zuschneiden von dünnen und rutschigen Stoffen, Bändern und Schrägbändern.
Vor und während des Nähens gibt es natürlich auch viel zu schneiden. Die Schneidematte verhindert, dass der Rollschneider die Tischplatte beschädigt. Ein Lineal ist für gerade Linien oder Zuschnitte eine große Hilfe.

Bügeleisen, Bügelbrett

Diese beiden Utensilien gehören eigentlich immer in Nähtischnähe. Denn während des Nähens muss immer wieder gebügelt werden. Um eine Folgenaht glatt und ohne Fältchen zu nähen, empfehle ich immer, die bereits genähte Naht auszubügeln. Dafür ist ein Dampfbügeleisen ideal.

Einlagen, Vliese, Stabilisatoren

Einlagen sind Vliese oder Stabilisatoren. Eine Einlage benötigen Sie zum Verstärken von Knopflochleisten, Kragen, Manschetten, Bünden, Taschenklappen, Belegen und vielem mehr.

Diese Teile eines Kleidungsstückes müssen verstärkt werden, damit sich der Stoff weder ausbeult noch einreißt, schöner fällt und nicht aus der Form kommt. Die Schnittteile, die verstärkt werden sollen, finden Sie in der Anleitung des Schnittmusters. Einlagen gibt es zum Schneidern, für Dekorarbeiten, zum Sticken und Quilten. Hier ein Überblick:

1 | Vlieseinlagen

Vlieseinlagen sind Einlagen, die nicht gewebt sind. Es gibt sie in neutralem Weiß, Schwarz oder Beige – zum Aufbügeln oder Einnähen. Achten Sie bei der Wahl der Einlage auf die Bügel- und Pflegeeigenschaften des Stoffes. Auch das muss zusammenpassen. Bügeltemperatur und -zeit sind an der Kante aufgedruckt. Um sicher zu gehen, machen Sie eine Bügelprobe mit dem Stoff, den Sie gerade verarbeiten.

Vlieseinlagen zum Aufbügeln sind aus Synthetikfasern und es gibt sie für alle Stoffarten. Dünne, fließende Stoffe werden mit einer dünneren Einlage verstärkt. Dickere Stoffe, die mehr Festigkeit brauchen, werden mit einer festeren Einlage verstärkt. Für elastische Stoffe gibt es die dehnbare Einlage. Diese Einlage nehmen Sie für Maschenware und Stoffe, die einen hohen Elastananteil haben sowie für enganliegende Kleidungsstücke.

Alle Leder, Pelzimitate und hitzeempfindlichen Stoffe werden mit einer speziellen Ledereinlage stabilisiert. Was eine stabile Form braucht wie Gürtel, Taschen und Dekorarbeiten, wird mit einer festen Einlage oder einer Schabrakeneinlage unterbügelt.

Vlieseinlagen zum Aufnähen verwenden Sie bei Stoffen, die nicht zu bügeln sind wie Crinkle- oder Paillettenstoffe.

2 | Gewebeeinlagen

Die Gewebeeinlage ist ein beschichteter Baumwollstoff und wird in Längsrichtung, also im Fadenlauf des Stoffes, zugeschnitten. Es gibt sie für dünnere und mittelschwere Stoffe und sie wird zum Verstärken von Kleinteilen an Blusen und Hemden oder für Vorderteile von Jacken oder Mänteln eingesetzt.

Die sehr leichte bi-elastische Gewebeeinlage nehme ich besonders gerne für Kragen und Manschetten an Blusen und Kleidern und zum Stabilisieren von Jacken- und Mantelvorderteilen in leichten und elastischen Stoffen.

Tipp:
Diese Einlage bügle ich zuerst großzügig auf den Stoff, sie darf ringsherum 1 cm kleiner als das Stoffstück sein.
Dadurch klebt sie beim Bügeln nicht auf dem Bügelbrett. Danach lege ich das Schnittmuster auf den Stoff und schneide ihn zu. Der Vorteil dabei ist, dass die Schnittteile beim Aufbügeln der Einlage nicht aus der Form geraten und die Schnittkanten sauber sind und nicht sofort ausfransen.

1

2

3 | Volumenvlies

Volumenvlies wird sehr gerne in Quilts und Taschen oder in Decken für Babys und Kinder eingearbeitet oder aufgebügelt. Volumenvliese können auch gesteppt und als Steppfutter in Winterjacken und Mäntel eingenäht werden.

Ein sehr geringes Volumen haben die *ultraleichten Volumenvliese* und die *leichten Volumenvliese* zum Aufbügeln. Daher werden diese Vliese in dünnere Jacken und Mäntel für Übergangskleidung eingearbeitet. Sie sind auch ideal für Patchwork, Quilts und Handarbeiten oder um plastische Applikationen zu kreieren.

Volumenvliese aus reiner Baumwolle sind wegen ihrer speziellen Ausrüstung gegen Durchfasern sehr beliebt.

Die *hochbauschigen Volumenvliese* werden in warme Kleidung eingearbeitet. Sie setzen sie in Quilt- und Patchworkarbeiten, für plastische Effekte bei Tagesdecken und Wandbehänge ein.

Das *beidseitig aufbügelbare Volumenvlies* wird wegen der Doubleface-Effekte für Sets, Patchwork und andere Handarbeiten eingesetzt.

Das *flammhemmend ausgerüstete Volumenvlies* ist sehr universell für Quilt- und Patchworkarbeiten, für warme, leichte und funktionelle Bekleidung, für Polsterungen und Bettwaren.

4 | Vliesbänder

Vliesbänder sind zum Aufbügeln und Stabilisieren von Stoffkanten. Sie stabilisieren damit einen Rock- oder Hosenbund, Tascheneingriffe, Säume, Schlitze oder Ausschnitte.

Die *Bundeinlage* ist ein Vliesband, das in einen Rock oder Hosenbund gebügelt wird. Die gestanzten Linien helfen beim Nähen und Bügeln.

Für exakte Knopfleisten, Ärmelbündchen, Schlitze, Säume, Taschen und Blenden an Blusen, Kleidern sowie an Jacken- und Mantelsäumen hilft Ihnen ein aufbügelbares *Kantenband* in 4 cm Breite. Kantenbänder gibt es auch schmaler mit eingearbeiteten Längsfäden. Sie eignen sich hervorragend zum Stabilisieren von Vorderkanten, Armausschnitten und Revers an Jacken und Mänteln.

Das *Nahtband* stabilisiert dehnbare Stoffe. Sie werden damit in Form gehalten, verziehen sich nicht und fransen nicht aus.

Das *Formband* ist ein Schrägband, das mit Faden und einem Kettstich durchgesteppt und damit verstärkt ist. Es wird zum Stabilisieren von Ausschnitten und rundgeschnittenen Teilen eingesetzt.

Extras

Die *doppelseitige Klebeeinlage* wird zum Fixieren von Applikationen und zum Verbinden zweier Stofflagen eingesetzt.

Stickvliese sind Stabilisatoren für Dekorarbeiten, zum Sticken oder Quilten. Es gibt sie zum Wegreißen, Wegschneiden oder Auflösen in Wasser. Mehr über Stickvliese im Kapitel „Zierstiche". Das Bügelvlies mit lederähnlichem Griff eignet sich optimal für kreative Bastelarbeiten, für Gürtel, Hüte, Taschen und Stoffkörbchen.

3

4

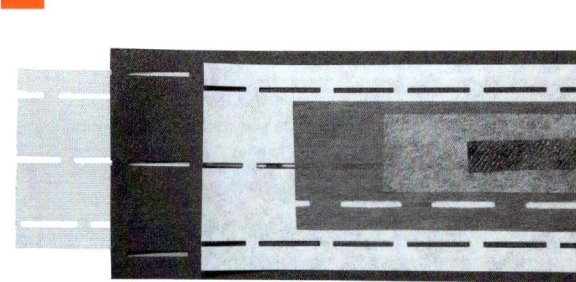

Vorbereitungen

Tipps vor Nähbeginn

Bevor Sie mit dem Nähen und Versäubern beginnen, hier noch ein paar Verarbeitungstipps.

Heften

Damit die Stofflagen beim Nähen nicht verrutschen, sollten Sie sie vorher heften. Wenn es Ihnen darauf ankommt, eine genaue Passform zu erzielen, empfehle ich Ihnen, das Kleidungsstück zuerst zu heften. Anschließend können Sie es anprobieren und korrigieren.

Heften können Sie mit Stecknadeln, mit dem „Galoppstich", oder, wie es früher der Fall war, mit einem Handstich und Heftfaden. Heften Sie immer so, wie Sie es gewohnt sind und wie es für Sie am besten geht.

Ich benutze zum Heften meistens und am liebsten die Stecknadeln. Knifflige und enge Nähvorgänge hefte ich mit dem Galoppstich, gerne auch manchmal mit Handstichen.

Heften mit Stecknadeln

Mit Stecknadeln lässt es sich am einfachsten heften.

Stecknadeln gibt es in vielen verschiedenen Variationen: kurze, lange, dünne, dicke, mit und ohne Köpfe, mit Glas- oder mit Kunststoffköpfen.

Was nehmen Sie aber wann? Ganz einfach:

Dünne, leichtfallende Sommerstoffe aus Seide, Chiffon, Viskose oder Polyester lassen sich am besten mit dünnen, feinen Stecknadeln heften.

Die Stecknadeln mit Köpfen, am besten mit Glasköpfen, sind die Allrounder. Sie können Sie für fast alle Stoffe verwenden, z.B. Baumwolle, Gabardine, Popeline oder Jersey. Nicht gut geeignet sind sie jedoch für voluminöse und dicht gewebte Stoffe, dickere Woll-, Walkloden-, Vlies- oder Strickstoffe. Dort arbeiten Sie besser mit langen Stecknadeln. Dünne Nadeln würden hier im Stoff verschwinden und sind unauffindbar, wenn Sie sie entfernen wollen.

Um Quilts zu heften, verwenden Sie ebenfalls die langen Stecknadeln. Diese gibt es dünn und auch etwas dicker.

Hinweis: Verwenden Sie Stecknadeln mit einer gute Spitze. Trennen Sie sich von den Stecknadeln, die gebogen sind und von Nadeln, bei denen die Spitze stumpf oder rau ist. Eine stumpfe Nadel verletzt Ihren Stoff, zieht Fähen aus dem Stoffgewebe und im schlimmsten Fall haben Sie ein kleines Loch.

... quer oder längs?!

Das ist hier die Frage! Aus Gewohnheit stecke ich die Nadeln meistens längs zur Nahtrichtung ein. Bei Karostoffen, Streifenstoffen oder wenn eine Stelle knifflig zu nähen ist, stecke ich die Stecknadeln quer zur Nahtrichtung in den Stoff ein und nähe vorsichtig über die Nadeln.

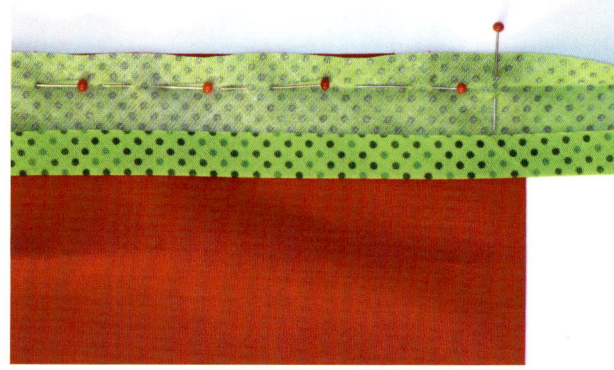

Heften mit dem Geradstich „Galoppstich"

Heften Sie mit der Nähmaschine besonders die Stoffe, bei denen die Stecknadeln verschwinden, oder die sich trotz Steckens leicht verschieben. Stellen Sie dazu die Stichlänge Ihrer Nähmaschine auf mindestens 5 mm ein. Da die Maschine mit dieser Einstellung sehr lange Stiche, fast schon Sprünge macht, nenne ich diesen Stich „Galoppstich".

Nähen Sie das Kleidungsstück mit dem Galoppstich vor, probieren Sie es an und machen Sie bei Bedarf Ihre Änderungen. Erst wenn das Kleidungsstück passt, nähen Sie es mit der richtigen Stichlänge endgültig zusammen.

„Wondertape"

„Wondertape" ist ein doppelseitiges Klebeband, das nach dem Waschen verschwindet. Wondertape können Sie zum Heften von schwierigen Materialien verwenden. Wenn Sie z. B. einen Saum in einen Strickstoff oder einen Jersey nähen, können Sie den Saum mit dem Wondertape heften. Der Vorteil ist, dass der Stoff nicht mehr nachgibt oder verrutscht und Sie bequem den Saum mit einem elastischen Stich nähen können. Genäht wird über das Klebeband. Nach dem Nähen waschen Sie das Kleidungsstück, das Klebeband verschwindet, die Naht ist elastisch und der Stoff gibt nach.

Hinweis: Die Nadel wird durch den Klebestreifen mit Kleber verschmiert. Deshalb nach dem Nähen gleich die Nadel wechseln!

Heften mit Heftfaden

Heftfaden ist meistens aus Baumwolle, weich und nicht reißfest. Dadurch lässt sich der Heftfaden leicht entfernen. Mit Handstichen und Heftfaden heften Sie die Bereiche, die etwas schwerer zu nähen sind.

Markierungen auf groben Stoffen lassen sich nicht immer mit Kreide oder Markierstiften auftragen, benutzen Sie in so einem Fall ebenfalls einen Heftfaden zum Markieren.

Probenaht nähen

Bevor Sie mit dem tatsächlichen Nähen beginnen, nähen Sie immer eine Probenaht. Schaffen Sie für die Probenaht dieselben Voraussetzungen, wie Sie sie nachher auch bei Ihrem Stoff haben. Wenn Sie also Ihre Maschine zum Versäubern der Stoffkante vorbereiten, nähen Sie den Versäuberungsstich als Probenaht an einer Stoffkante. Nur so können Sie feststellen, ob wirklich alle Einstellungen passen und ob der richtige Nähfuß eingesetzt worden ist. Aus dem Verschnitt Ihres Stoffes finden Sie immer genügend Stoffstücke, um die Naht auszuprobieren.

Auf den Abstand achten

Beim Nähen müssen häufig gewisse Abstände zur Stoffkante oder zu den zuvor genähten Nähten eingehalten werden. So bei einer Naht- und Saumzugabe, Absteppnaht und ganz genau bei Parallelnähten.

Nahtzugabe und die Stichplatte

Um die 1,5 cm Nahtzugabe besser einhalten zu können, orientieren Sie sich an den Markierungslinien auf der Stichplatte. Darauf sehen Sie Linien in verschiedenen Abständen zur Nadel. An diesen Linien lassen Sie die Stoffkante entlang laufen. Auf neueren Nähmaschinen sind diese Linien nicht nur gerade, sondern auch quer und diagonal aufgebracht. Dies hilft Ihnen noch besser, den Stoff genauer zu führen und um die Ecke zu nähen. Die Maßangaben an den Linien beziehen sich auf die Mitte der Nadel.

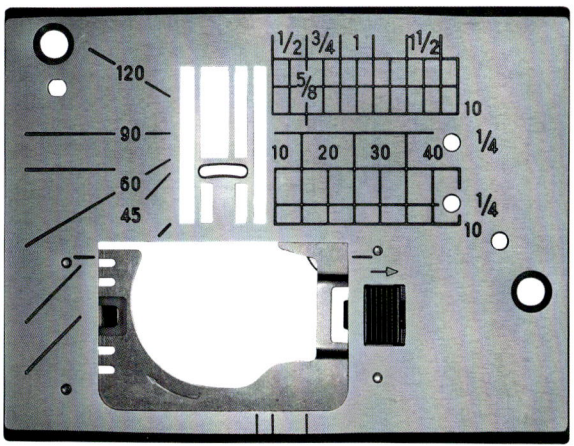

Abstandhalter

Abstandhalter gibt es für jede Nähmaschine. Er kann an den Nähfuß angebracht oder an der Stichplatte angeschraubt werden. Stellen Sie den gewünschten Abstand ein. Das können Sie einfach mit dem Handmaß machen. Legen Sie es dazu unter den Nähfuß. Der Nullpunkt ist in der Mitte des Nähfußes. Messen Sie den gewünschten Abstand und machen Sie den Abstandhalter an dieser Stelle fest.

Abstandslineal

Mit dem Abstandslineal können Nähte parallel zueinander gesteppt werden. Das ist für Quilts, Taschen und Steppfutter sehr praktisch. Stellen Sie den gewünschten Abstand ein und führen Sie das Abstandslineal an der zuvor genähten Naht entlang. Das Abstandslineal kann in der Regel rechts oder links an dem Nähfuß angebracht werden.

Füßchenbreit steppen

Füßchenbreit steppen heißt, dass die Kante vom Nähfuß beim Nähen direkt an der Stoffkante entlang geführt wird.

Diese Decke ist ein Unikat, das
Sie auch für viel Geld in keinem
Geschäft kaufen können. Selbst-
genähtes ist eben unbezahlbar!

Vorbereitungen

Schnittmuster

In diesem Buch finden Sie auf den beigelegten Schnittbögen die Schnitte der dargestellten Modelle. Mit einem speziellen Schnittmusterpapier oder einer Folie und einem Stift kopieren Sie daraus den Schnitt für Ihre Größe.

Stoffverbrauch

Der Stoffverbrauch ist bei jedem Projekt im Schnitt mit angegeben. Dabei müssen Sie lediglich darauf achten, wie breit der Stoff liegt. Es gibt Stoffe mit 90 cm Breite, 1,10 m bis hin zu 1,50 m Breite. Dadurch verändert sich natürlich der Stoffverbrauch, da Sie die einzelnen Teile unterschiedlich auf dem Stoff verteilen können. Als Hilfe habe ich Ihnen hierzu Zuschneidepläne beigelegt.

Zuschneideplan

Der Zuschneideplan ist eine Skizze, die Ihnen eine Empfehlung gibt, wie Sie die Schnittteile am günstigsten auf den Stoff legen sollten, um so wenig Stoff wie möglich zu verschwenden. Der Stoff liegt dabei doppelt, mit der linken Seite nach außen. So können Sie gleich alle Passzeichen und Markierungen übertragen. Achten Sie beim Auflegen der Schnittmusterteile auf Webkante, Stoffbruch und Fadenlaufvorgaben und legen Sie das Muster mit der Beschriftung nach oben.

Fadenlauf / Maschenlauf

Der Fadenlauf des Stoffes ist sehr wichtig für den Zuschnitt. Er läuft parallel zur Webkante. Auf allen Schnittteilen ist der Fadenlauf mit einem langen Pfeil gekennzeichnet. Die Schnittteile müssen immer in Richtung des Fadenlaufes auf den Stoff gelegt und zugeschnitten werden. Dadurch wird ein Schräglauf oder Verziehen des genähten Kleidungsstückes vermieden.

Webkante / Stoffbruch

Mit der Webkante ist die jeweils seitliche äußere Abschlusskante des Stoffes gemeint. Liegt der Stoff doppelt, dann liegen die Webkanten des Stoffes übereinander. Die gegenüberliegende, gefaltete Kante ist somit der Stoffbruch. Symmetrische Schnittteile wie Rücken- oder Vorderteile von Shirts können Sie doppelt legen und dann zuschneiden.

Stoff glatt bügeln

Ich empfehle Ihnen, die Stoffe vor dem Zuschnitt glatt zu bügeln. Die Schnittteile liegen dann besser und der Zuschnitt wird vereinfacht.

Nahtzugabe

Die Nahtzugabe sehen Sie nach dem Nähen auf der linken Seite. Das ist der Stoffstreifen, der sich neben der Naht befindet. Die beigelegten Schnittmuster enthalten keine Nahtzugabe.

Wenn Sie andere Schnittmuster kaufen, achten Sie immer vor dem Schneiden darauf, ob die Nahtzugabe bereits enthalten ist oder nicht. Bei den Schnitten, die bereits die Nahtzugabe enthalten, wird exakt entlang der Schnittkante zugeschnitten. Bei Schnitten ohne Nahtzugabe finden Sie in der Schnittbogenbeschreibung genaue Angaben für die empfohlene Zugabe. Zeichnen Sie mit Hilfe eines Lineals und Schneiderkreide die Zugaben auf den Stoff auf.

Schnittmuster verlängern oder verkürzen

Die Schnittmuster sind nach Standardmaßen für eine Körpergröße von 168 cm entworfen. Falls Sie kleiner oder größer sind, verlängern oder verkürzen Sie das Schnittmuster.

Zum Verlängern oder Verkürzen schneiden Sie das Vorderteil und das Rückenteil des Schnittmusters 5 cm oberhalb der Taillenmarkierung durch. Zum Verlängern ziehen Sie die zwei Teile auseinander, zum Verkürzen schieben Sie die Teile übereinander, so dass sie sich überlappen. Jetzt können Sie die Teile mit Klebestreifen oder mit Stecknadeln zusammenheften.

Markierungen aufzeichnen

Die Schnittteile haben Markierungen wie Abnäher, Passzeichen, Ansatzlinien etc. Diese werden mit Schneiderkreide oder Markierstift möglichst auf die linke Stoffseite übertragen.

Schräg und diagonal zuschneiden

Für schwingende Tops, Röcke oder Kleider wird oft empfohlen, die Schnittteile schräg zuzuschneiden. Achten Sie hier darauf, dass Sie den darauf eingezeichneten Fadenlauf entlang dem Fadenlauf Ihres Stoffes legen.
Die Schnittteile liegen dadurch schräg auf dem Stoff. Das ist so gewollt.

Die Strichrichtung

Die Strichrichtung müssen Sie meist bei Stoffen mit einer samtigen Oberfläche beachten. Zum Beispiel bei Samt, Cord, Velours, Pannesamt, Nicki, Frottee. Alle Schnittteile müssen dabei in eine Längsrichtung gelegt werden. Wenn das Kleidungsstück angezogen ist, soll die Strichrichtung nämlich von oben nach unten laufen.

Musterrapport

Es gibt Stoffe, deren Muster sich in regelmäßigem Abstand wiederholen. Diese werden einzeln zugeschnitten, das heißt. die Stoffe werden nicht doppelt aufeinandergelegt. Somit erkennen Sie besser den Rapport. Der Rapport verschiebt sich somit nicht und die Ansatzlinien können genau markiert werden.

Karo

Hier müssen Sie beim Falten des Stoffes die Karolinien genau aufeinanderlegen! Sowohl die Querlinien als auch die Längslinien müssen sich überdecken.

Streifen

Auch bei Streifenstoffen muss beachtet werden, dass diese genau übereinanderliegen. Hier empfehle ich ebenfalls, den Stoff vor dem Zuschnitt mit Stecknadeln so zusammenzustecken, dass die Streifen exakt aufeinandertreffen und nicht verrutschen können .

Zuschnitt von Musterrapport, Karo, Streifen

Beachten Sie schon beim Einkaufen, dass der Stoffverbrauch für Stoffe mit Musterrapport, mit einem größeren Karomuster oder mit breiteren Streifen größer sein muss.

Gewusst wie ...

... Stoffhöhe ausgleichen

Hebeplatte/Ausgleichsplatte

Die Hebeplatte hilft Ihnen, bei dickeren Stoffen die Höhe am Nahtanfang auszugleichen, über Quernähte einfacher zu nähen oder spitz zugeschnittene Taschenklappen oder Kragenecken um die Ecke zu nähen.

Die Ausgleichsplatte hat eine höhere und eine niedrigere Seite. Je nachdem, wie hoch Sie ausgleichen müssen, schieben Sie die passende Seite der Ausgleichsplatte von hinten unter den Nähfuß. Bei vielen Fabrikaten ist die Ausgleichsplatte im Lieferumfang enthalten. Falls das nicht der Fall ist, können Sie sie im Fachhandel kaufen.

Bei Quernähten

Die Nähmaschine transportiert optimal, wenn der Nähfuß auf dem Stoff gerade liegt. Sobald eine kleine Behinderung im Wege ist, kann es sein, dass sich die Stichlänge verändert. Wer kennt das nicht: Wenn der Nähfuß auf eine dickere Stelle aufkommt, an Nahtzugaben, Übergängen oder Quernähten, werden die Stiche kürzer. Wenn es danach nach unten geht, kann der Fuß abrutschen und die Stiche werden länger genäht. Es ist wie beim Fahrradfahren – bergauf, bergab.

Um einen einwandfreien Stofftransport an diesen kritischen Stellen zu haben, unterstützen Sie den Nähfuß. Das geht am einfachsten mit der Ausgleichsplatte. Legen Sie die Platte hinten unter den Nähfuß. Nähen Sie über die Quernaht und halten Sie die Nähmaschine auf der Quernaht an. Die Nadel soll dabei zur Fixierung im Stoff stecken. Heben Sie den Nähfuß an, legen Sie jetzt die Platte vorne unter den Nähfuß. Nähen Sie so weit, bis auch der hintere Teil des Nähfußes die Quernaht passiert hat. Achten Sie darauf, dass die Ausgleichsplatte nicht von der Nadel erfasst wird.

Bei dickeren Stoffen

Dicke, flauschige und voluminöse Stoffe können oft von Anfang an nicht sauber transportiert werden. Der vordere Teil des Nähfußes wird nach oben gedrückt und die Maschine muss sozusagen „am Berg anfahren". Um trotzdem von Anfang an einen einwandfreien Stofftransport zu gewährleisten, unterstützen Sie den Nähfuß. Das geht am einfachsten mit der Ausgleichsplatte oder mit einem Reststück Stoff, das auf die Höhe des Nahtanfangs gefaltet ist. Legen Sie die Platte oder den Stoff hinten unter den Nähfuß. Starten Sie die Maschine langsam und nähen Sie Ihre Naht wie gewohnt.

An Ecken

Die Hebeplatte hilft Ihnen nicht nur, die Höhe am Nahtanfang auszugleichen oder über Quernähte zu nähen. Mit der Hebeplatte ist es auch möglich, spitz zugeschnittene Taschenklappen oder Kragenecken um die Ecke zu nähen.

Steppen Sie dazu Ihre Naht, wie gewohnt, bis zur Ecke. Halten Sie die Nähmaschine an, sodass die Nadel noch im Stoff steckt. Heben Sie den Nähfuß und legen Sie die Platte entweder hinten unter den Nähfuß oder bündig zur Stoffkante.

... Stichlänge an Ecken

An den Ecken ist es ratsam, die Stichlänge etwas zu verkürzen. Gerade dann, wenn die Nahtzugabe zurückgeschnitten werden muss. Verändern Sie 1 cm vor der Ecke die Stichlänge auf 1,5 mm. Nähen Sie um die Ecke. Nach 1 cm stellen Sie die Maschine wieder auf die ursprüngliche Stichlänge zurück. Die Naht an der Ecke wird dadurch besser gehalten. Bevor Sie die Ecke wenden, schneiden Sie die Nahtzugabe zurück.

... Stoff wellt aus

Strickstoffe, egal, ob dünn oder dick, Stoffe mit Elastananteil oder auch grobgewebte Stoffe wellen gerne an den Nähten aus. Das genähte Teil gerät aus der Form.

Prüfen Sie nach, ob der richtige Nähfuß eingesetzt ist und ob die Fadenspannung stimmt. Verwenden Sie einen Qualitätsfaden und passen Sie den Nähfußdruck dem Stoff an.

Wenn das alles stimmt, nur die Naht nicht, dann hilft die richtige Einlage: Je nach Stoffart und Kleidungsstück verwenden Sie eine Einlage zum Auswaschen, Wegreißen oder Aufbügeln. Damit haben Sie die Wellen im Griff!

Beim Zusammennähen mit dem Geradstich legen Sie eine Einlage zum Wegreißen über den Stoff. Falls der Stoff trotzdem noch wellt, legen Sie zusätzlich eine Lage auch unter den Stoff. Machen Sie ein Sandwich „Einlage-Stoff-Einlage". Die Einlage wird von der Nadel perforiert und kann nach dem Nähen vorsichtig weggerissen werden.

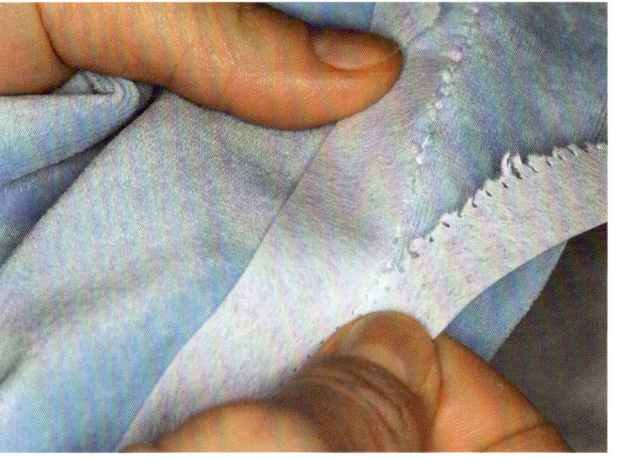

Mit dem Ausgleichsfuß an der Stoffkante nähen

Beim Zusammennähen von Strickstoffen, dickeren oder weichen, flauschigen Stoffen wird die Stoffkante platt gedrückt und meistens auch ausgedehnt. Dadurch entstehen Wellen an der Naht.

Um das zu vermeiden, gibt es einen Strickwarenfuß, auch Ausgleichsfuß genannt. Dieser Fuß ist im Standardsortiment nicht enthalten, Sie können ihn jedoch im Fachhandel kaufen.

Der Ausgleichsfuß ist auf der linken Seite höher. Die rechte Fußseite liegt auf der Stichplatte. Legen Sie die Stoffkante an dem rechten Anschlag unter den Nähfuß. Der Stoff wird einfacher unter den Nähfuß nach hinten transportiert. Somit wird ein Auswellen der Stoffkante reduziert oder verhindert.

Falls Sie eine Nähmaschine haben, bei der Sie den Nähfußdruck einstellen können, dann reduzieren Sie in diesem Fall beim Nähen den Nähfußdruck.

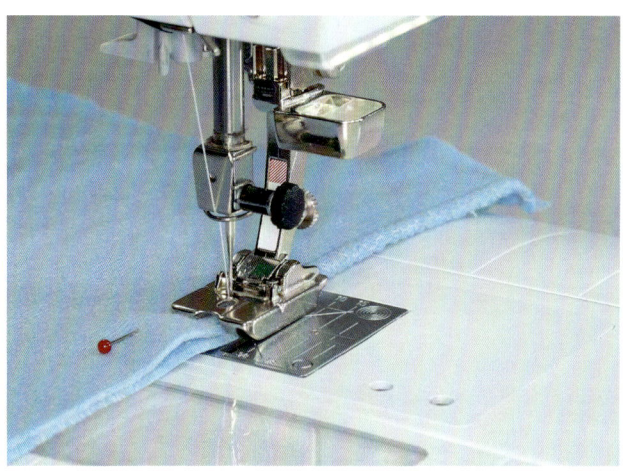

... Vernähen

Naht vernähen

Vernähen bedeutet nichts anderes als eine Naht zu sichern, damit sie beim Tragen der Kleidung nicht aufgeht. Dieser Vorgang wird am Anfang und am Ende einer Naht gemacht. Die klassische Methode zum Vernähen mit der Nähmaschine ist der Rück- oder Rückwärtsstich.

Vernähen mit der Rückwärtstaste

Zum Vernähen sind die Nähmaschinen mit einer Rückwärtstaste ausgestattet. Beim Betätigen dieser Taste näht die Maschine rückwärts.

Vernähen bei Geradstich

Am Nahtanfang lassen Sie die Maschine 4 bis 5 Stiche vorwärts nähen. Danach halten Sie die Rückwärtstaste gedrückt, bis die Maschine 4 bis 5 Stiche rückwärts genäht hat. Jetzt die Rückwärtstaste loslassen, die Maschine näht wieder vorwärts und Sie können Ihre Naht wie gewohnt steppen.

Am Ende der Naht, an der Stoffkante, drücken Sie die Rückwärtstaste und halten sie gedrückt. Warten Sie, bis die Maschine 4 bis 5 Stiche zurückgenäht hat. Danach lassen Sie die Taste wieder los. Steppen Sie bis zur Stoffkante und stoppen Sie die Maschine. Die Naht ist somit gesichert und Sie können die Fäden zurückschneiden.

Vernähen mit der Vernähfunktion

Die computergesteuerten Nähmaschinen sind hier sehr einfach zu handhaben, sie sind mit einer Vernähfunktion ausgestattet. Die Anzahl der Vernähstiche (Rück- und Vorwärtsstiche) ist schon in der Maschine einprogrammiert.

Wählen Sie die Vernähfunktion an. Die Nähmaschine vernäht die Naht am Anfang automatisch. Wenn Sie am Nahtende angekommen sind, drücken Sie einmal kurz auf die Rückwärtstaste. Das Vernähen ist somit aktiviert. Die Maschine vernäht und bleibt am Ende der Naht sogar von alleine stehen!

Tipp:
Viele Nähmaschinen haben einen separaten Geradstich mit Vernähfunktion. Die Anzahl der Rück- und Vorwärtsstiche ist auch hier schon vorprogrammiert. Der Vorteil ist, dass die Stiche auch beim Rückwärtsnähen gleich lang sind. Die Handhabung ist dieselbe wie bei der Vernähfunktion.

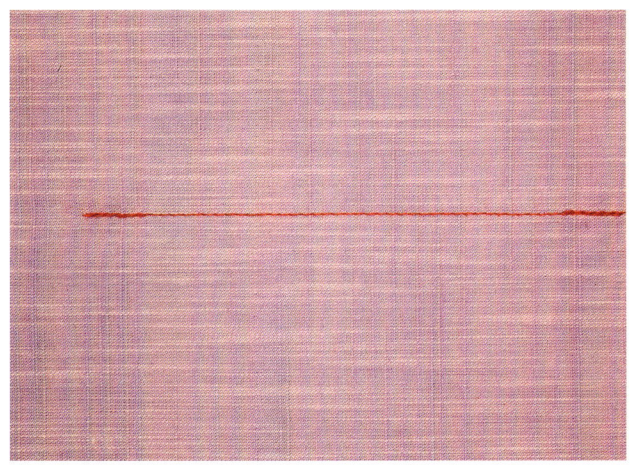

Punktvernähen

Falls Sie eine Naht mitten im Stoff steppen möchten und den Vernähstich auf der Vorderseite des Stoffes nicht sehen wollen, gibt es die Möglichkeit, auf der Stelle zu vernähen. Also Punktvernähen.

Wählen Sie den Geradstich an. Am Nahtanfang stellen Sie die Stichlänge auf 0 mm und lassen die Maschine 4 bis 5 Stiche auf der Stelle nähen. Halten Sie dabei die Anfangsfäden fest, damit nachher die Naht sauber weiter gesteppt werden kann. Stellen Sie jetzt die Stichlänge auf das richtige Maß und steppen Sie die Naht. Am Ende stellen Sie die Stichlänge auf 0 zurück und nähen 4 bis 5 Stiche. Die Fäden nach hinten auf die Stoffrückseite ziehen und evtl. zusätzlich anknoten. Danach zurückschneiden.

Manchmal lässt sich der Faden nicht so einfach nach hinten ziehen. Fädeln Sie in diesem Fall den Faden in eine Handnähnadel, stechen Sie durch den Stoff nach hinten durch und verknoten Sie dort den Faden.

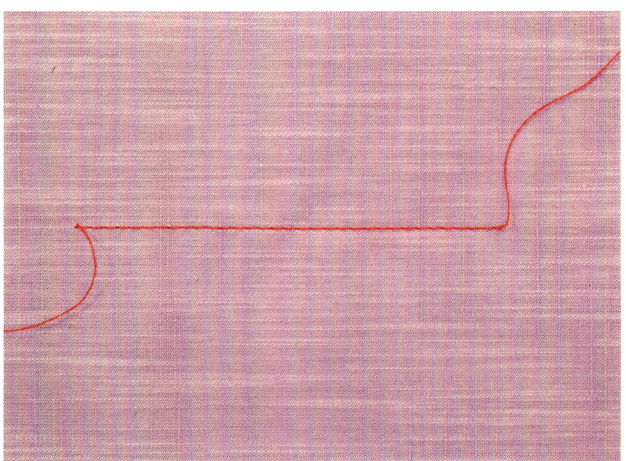

... Naht trennen

Auch eine Hobbyschneiderin, die schon viel Routine beim Nähen hat, muss ab und zu eine Naht auftrennen. Oder sollte ich lieber Entnähen sagen? Das hört sich etwas unspektakulärer an, ist aber nicht mit weniger Arbeit verbunden.

An die Arbeit: Am besten geht das mit dem Nahttrenner, auch Pfeiltrenner genannt. Nähanfänger sträuben sich gerne gegen das Trennen. Es gibt viele Gründe, warum getrennt werden soll: Die Naht ist verlaufen, der Stich nicht gleichmäßig, Sie sind unkonzentriert gewesen, der Faden gefällt doch nicht so, Sie können das Teil doch etwas enger tragen, oder umgekehrt ...

Wenn Sie einen Grund haben, sich von Ihrer Naht zu trennen, kann ich nur raten: Trennen Sie.

Beim zweiten Mal gelingt die Naht leichter. Irgendwann werden Sie immun und es macht Ihnen nichts mehr aus, denn zum Nähen gehört auch trennen!

Tipp:

Passen Sie grundsätzlich die Stichlänge beim Nähen dem Stoff an. Stellen Sie die Stichlänge nicht zu kurz ein. Beim Trennen entfernen Sie immer alle Fäden und Fadenreste, die noch im Stoff stecken.

Der Nahttrenner ist vorne wie ein kleiner Haken geformt – mit einer kürzeren und einer längeren Seite. In der Mitte ist der Trenner mit einer Klinge versehen. Damit können die Fäden getrennt werden.

Geradstich trennen

Wie immer, gibt es auch beim Trennen mehrere Möglichkeiten. Es hängt von dem Stoff ab, den Sie trennen wollen.

Hier zwei Beispiele, die Sie bei dünneren und dickeren Stoffen anwenden können.

Beispiel 1: Fahren Sie mit dem Trenner unter die Naht und schneiden Sie den Faden durch. Achten Sie darauf, dass der Stoff dabei nicht verletzt wird. Schneiden Sie den Faden in gleichmäßigen Abständen durch. Danach lässt er sich am besten von der anderen Stoffseite herausziehen.

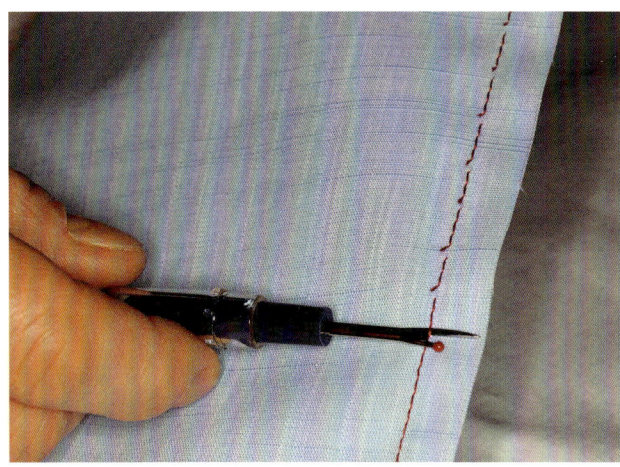

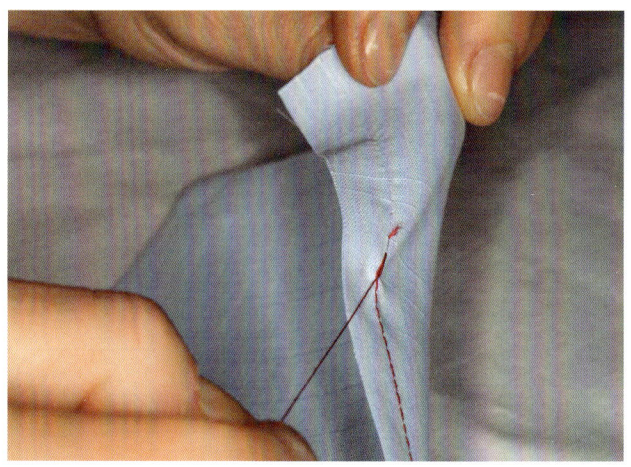

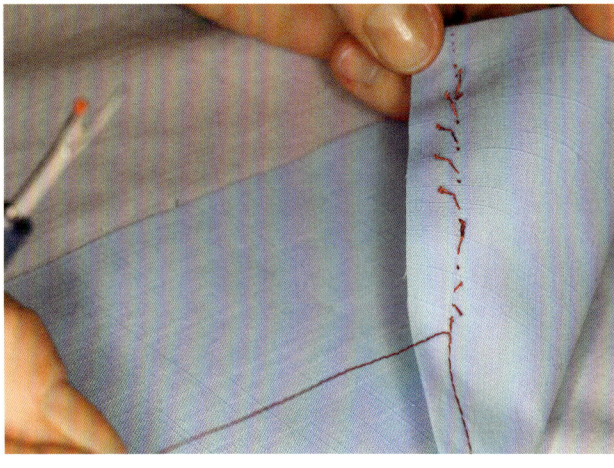

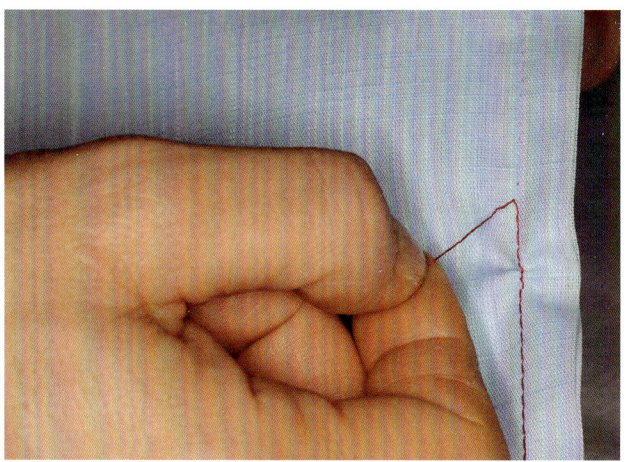

Beispiel 2: Schneiden Sie den Faden am Anfang durch. Ziehen Sie den Stoff vorsichtig auseinander. Der Faden lässt sich zuerst von der einen und danach von der andere Seite wegreißen. Reißen Sie so den Faden abwechselnd durch, bis die Naht offen ist.

Nähte bei festen Stoffen trennen

Bei festen Stoffen wie Denim, Köper oder dickeren Baumwollstoffen lässt sich der Geradstich auch reißen. Allerdings nur, wenn die Naht mit einem Allzweckfaden und einer nicht zu kurzen Stichlänge genäht worden ist.

Beim Reißen brauchen Sie etwas Kraft. Seien Sie am Anfang etwas vorsichtiger. Wenn Sie merken, dass der Stoff und die Naht das Reißen zulässt, steht nichts mehr im Weg. Reißen Sie durch!

Achtung: Der Stoff darf nicht zu locker gewebt sein, im diagonalen Fadenlauf etwas vorsichtiger ziehen. Im Zweifelsfall mit dem Nahttrenner nachhelfen.

Nutzstiche und Overlockstiche trennen

Bei anderen Nutzstichen ist das Trennen etwas mühsamer. Hier schneiden Sie die Stiche öfter durch und ziehen den Faden dann heraus. Je nach Kleidungsstück kann der Stich manchmal auch einfach weggeschnitten werden.

Um das Trennen von Nutzstichen und Overlockstichen zu vermeiden, kann ich Ihnen nur raten, das Kleidungsstück vor dem Nähen mit dem Galoppstich zu heften.

... Karostoffe verarbeiten

Rock, Kleid, Jacke oder Mantel aus einem Karostoff sieht einfach immer gut aus! Beim Zuschneiden und Nähen benötigt ein Karostoff jedoch etwas Geduld und Ausdauer.

Wenn Sie sich für einen Karostoff entscheiden, brauchen Sie etwas mehr Stoff! Rechnen Sie mit zwei Karolängen mehr. Bevor Sie mit dem Zuschneiden beginnen, legen Sie den Stoffbruch so, dass die Karos passend genau aufeinanderliegen. Denn nur dann können Sie beim Zuschneiden sichergehen, dass die Karos der unteren Stofflage auch genauso ausgeschnitten werden wie die der oberen Stofflage. Im Zweifelsfall schneiden Sie die Schnittteile einzeln und einlagig zu. Denken Sie daran, dass das gleiche Schnittteil beim zweiten Mal spiegelverkehrt aufgelegt werden muss!

Beim Auflegen der Schnittteile auf den Stoff achten Sie auf die Markierungen im Schnitt. Viele Schnittteile haben speziell für Karostoffe Passzeichen. Wenn diese nicht vorhanden sind, dann orientieren Sie sich für Oberbekleidung nach der Markierung der Taille. Der Karostoff soll rund um die Taillenmarkierung die gleiche Linie haben.

Zum Zusammennähen von Karostoffen stecken Sie die Stecknadeln quer in den Stoff. So können Sie vorsichtig über die Nadel nähen. Der Stoff wird gehalten und verrutscht nicht.

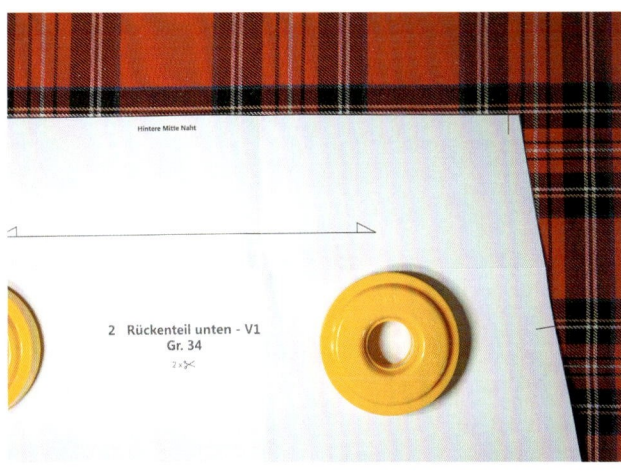

... so arbeite ich mit Schrägbändern

Mit dem Schrägband werden Stoffkanten eingefasst, um sie vor dem Ausfransen zu schützen. Sie können runde Tischdecken, Decken, ärmellose Kleider, Ausschnitte, ungefütterte Jacken und vieles mehr mit Schrägbändern einfassen. Egal, ob die Rundung nach innen oder außen geht: Das Schrägband lässt sich sehr gut in die Rundungen legen, ohne dass Falten entstehen.

Das Schrägband können Sie selbst aus dem gleichen Stoff, den Sie verarbeiten, zuschneiden. So können Sie auch die gewünschte Breite frei wählen. Bei den gekauften Schrägbändern, egal, ob glatt oder vorgefalzt, sind die Breite und Stoffqualität vorgegeben.

Schrägbänder werden in der Regel mit dem Geradstich aus der Nähmaschine genäht.

Vorgefalztes Schrägband

Vorgefalzte Schrägbänder gibt es im Handel zu kaufen. Die Verarbeitung ist bequem, da Sie sich das Schneiden und Bügeln hier sparen. Allerdings sind Sie bei der Breite, Farb- und Stoffwahl eingegrenzt.

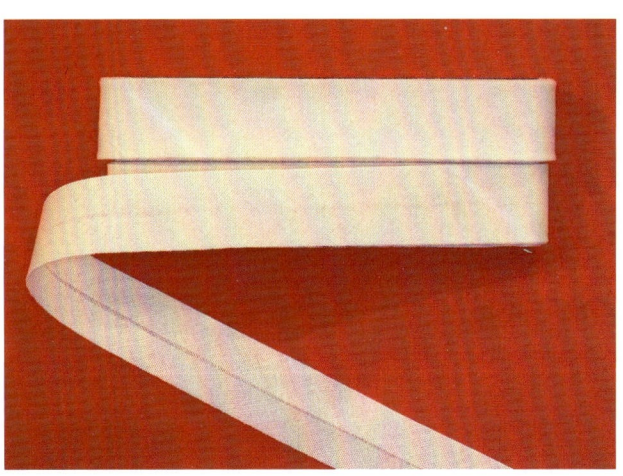

Stoffkante einfassen – Schrägband annähen

Diese Vorgehensweise können Sie bei Nähgut mit und ohne Rundungen einsetzen.

Zuerst die Kanten des Bandes aufklappen. Das Schrägband rechts auf rechts bündig zur Stoffkante legen und heften. Führen Sie den Nähfuß so, dass die Steppnaht genau in dem aufgeklappten Bügelbruch läuft. Schneiden Sie die Nahtzugabe 2 mm zurück. Das Schrägband an dem gebügelten Bruch einschlagen, um die Stoffkante herum schlagen und mit Nadeln fixieren. Stecken Sie die Stecknadeln von der rechten Stoffseite, sodass die Schrägbandkante auf der linken Seite schmalkantig mitgefasst wird. Gesteppt wird im Nahtschatten von der rechten Stoffseite. Setzen Sie dafür den Schmalkantenfuß ein. Die Einstellung der Maschine bleibt.

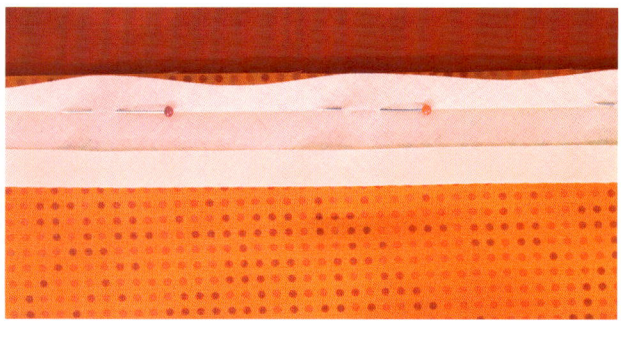

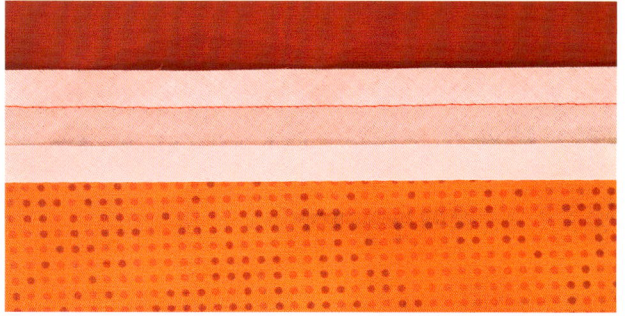

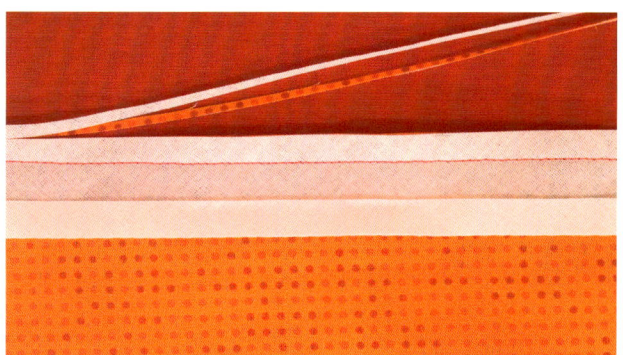

Schrägband selbst herstellen

Das Schrägband wird immer im diagonalen Fadenlauf zugeschnitten. Dadurch wird das Band dehnbar und die Rundung lässt sich wunderbar einfassen.

Schneiden Sie das Schrägband wie folgt zu: Die fertige Breite des Bandes rechnen Sie mal vier. Das ist die Bandbreite, die zugeschnitten werden muss. Beispiel: Die Einfassung der fertigen Kante soll 0,75 cm zu sehen sein. Multiplizieren Sie diese Zahl mit vier. Das ergibt 3 cm. Diese Breite müssen Sie zuschneiden.

Das Zuschneiden geht am besten mit Lineal, Rollschneider und Matte. Sie können auch mit einem Lineal und einem Kreidestift Linien auf den Stoff aufzeichnen, die Sie nachher mit der Schere durchschneiden.

Nach dem Zuschneiden werden die Schnittkanten nach innen gebügelt. Die Kanten sollten sich dabei in der Bandmitte treffen. Im Handel gibt es Schrägbandformer in verschiedenen Breiten zu kaufen. Der Former hilft Ihnen, die Kanten einfacher zu bügeln. Achten Sie in der Beschreibung auf die Bandbreite, die Sie zum Zuschneiden brauchen.

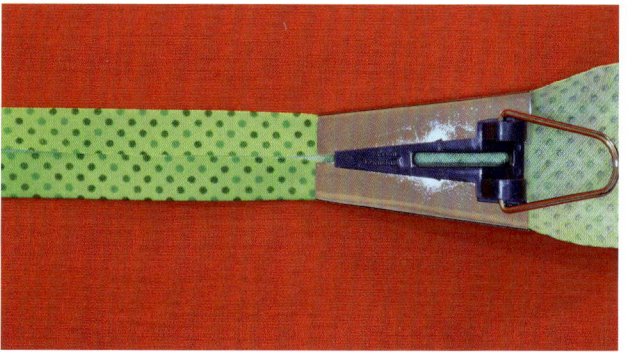

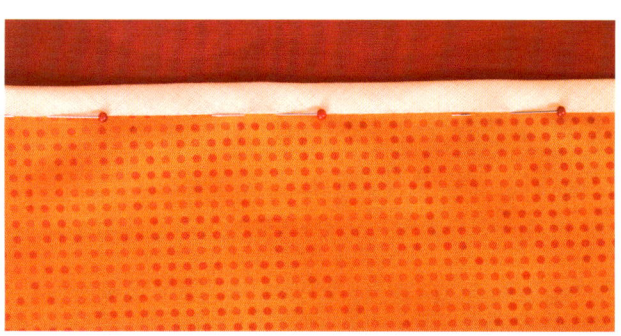

Schrägband um die Ecke nähen

Wenn Sie Teile mit Ecken herstellen und mit Schrägband umsäumen wollen, gehen Sie wie folgt vor:

Zuerst das Schrägband zuschneiden und die Kanten nach innen bis zur Bandmitte bügeln. Berechnen Sie die Länge großzügig! Bei einer Schrägbandbreite von 5 cm geben Sie für eine Ecke 5 cm in der Länge zu. Bei vier Ecken sind das schon 20 cm. Zum Zusammenfügen rechnen Sie nochmal 10 cm hinzu.

Mein ganz persönlicher Tipp:
Um später im Nahtschatten besser nähen und die Ecken leichter formen zu können, klappen Sie jetzt nochmal die Kanten des Bandes auf. Eine Seite des Schrägbandes schneiden Sie über die gesamte Länge um 2 mm zurück.

So wird's gemacht:

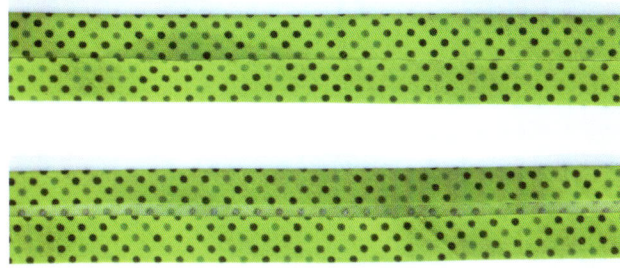

Falten Sie das Band zurück und legen Sie es bündig rechts auf rechts mit der nächsten Kante.

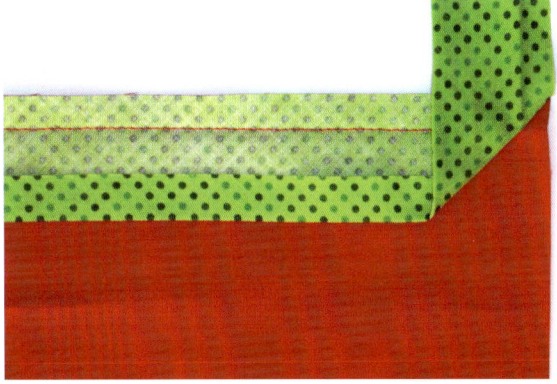

Legen Sie die zurückgeschnittene Seite des Bandes rechts auf rechts bündig zur Stoffkante und heften Sie sie mit Stecknadeln. Bein Nähen führen Sie den Nähfuß so, dass die Steppnaht genau in dem aufgeklappten Bügelbruch läuft.

Fangen Sie mit dem Nähen nicht an einer Ecke an, sondern auf der Mitte einer Seite. Lassen Sie zunächst ca. 10 cm des Bandes ungenäht.
Markieren Sie den Eckpunkt. Der Eckpunkt liegt genau im Abstand der Nahtzugabe von der Stoffkante. Die Nahtzugabe ist genauso breit wie der Umschlag des Schrägbandes.
Nähen Sie bis zu diesem Eckpunkt das Band fest.
Jetzt das Band um die Ecke falten.

Nähen Sie das Band bis zum nächsten Eckpunkt.
Verfahren Sie so weiter, bis alle Ecken genäht sind.

Bandanfang und Bandende zusammenfügen

Wenn alle Seiten und Ecken gesteppt sind, muss das Schrägband zusammengenäht werden. Achtung! Das Schrägband darf am Anfang und am Ende über ca. 10 cm nicht am Stoff festgenäht sein.
Legen Sie Anfang und Ende des Schrägbandes glatt übereinander. Die Überlappung muss genauso groß sein wie die Schrägbandbreite. Schneiden Sie die überstehende Länge zurück.

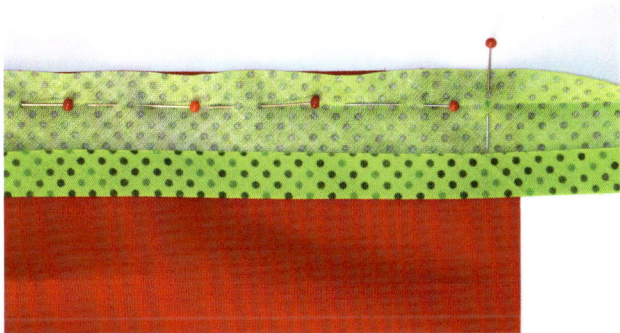

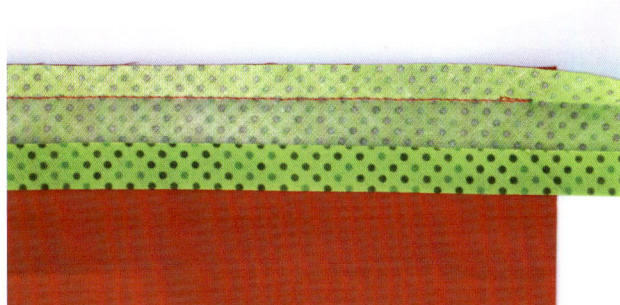

Schlagen Sie dazu das Schrägband über die genähte Kante nach links um. Es entsteht eine Schräge von 45°. Das Band liegt jetzt in der geraden Verlängerung der nächsten Kante.

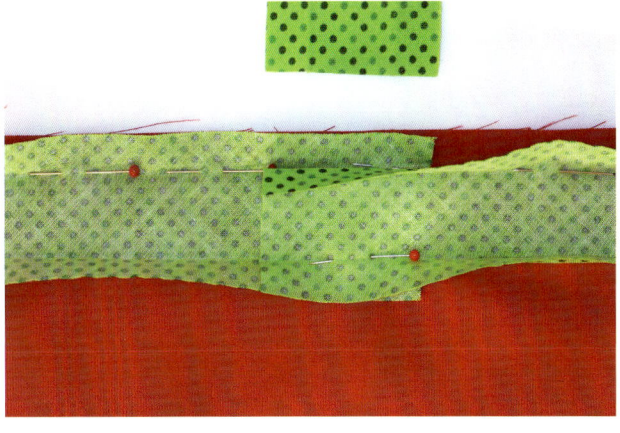

Legen Sie nun Anfang und Ende des Bandes rechts auf rechts im Winkel von 90° aufeinander. Es entsteht ein Quadrat. Markieren Sie die Diagonale des Quadrats mit Lineal und Stift. Heften Sie entlang der Diagonalen mit Stecknadeln. Prüfen Sie, ob sich das Schrägband richtig legt.

Steppen Sie über die richtige Diagonale dieses Quadrats. Schneiden Sie die überstehenden Dreieckszipfel bis auf 1 cm zurück und bügeln Sie den Rest auseinander.
Nähen Sie jetzt das Schrägband vollends an Ihrem Stoff fest.

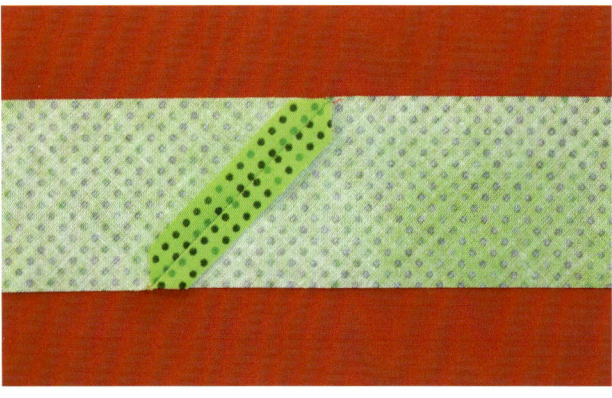

Schrägband im Nahtschatten steppen

Das Schrägband an dem freien, gebügelten Bruch einschlagen. Danach um die Stoffkante herum legen und mit Stecknadeln fixieren.
An den Ecken das Schrägband so falten, dass eine saubere Diagonale entsteht. Heften Sie mit Stecknadeln von der rechten Stoffseite her so, dass die Schrägbandkante auf der linken Seite schmalkantig mitgefasst wird.

Jetzt wird das Schrägband ringsum von der rechten Seite im Nahtschatten gesteppt.
Am Anfang und Ende das Band mit Rückstichen vernähen.

Stoffkante mit Schrägbändern sichern

Mit Schrägbändern können Sie Stoffkanten auch so sichern, dass das Band später von der rechten Seite nicht zu sehen ist. So können Sie z. B. ein Armloch in einem Top, einer Tunika oder einem ärmellosen Kleid einfassen.

Im Allgemeinen verwende ich dafür ein vorgefalztes Schrägband. Klappen Sie eine Seite des Schrägbands auf. Schneiden Sie mit der Schere entlang des Bruchs 1/4 des Streifens über die gesamte Länge ab.

Den Schrägstreifen mit der Kante, die Sie gerade zurückgeschnitten haben, rechts auf rechts und bündig zur Stoffkante heften. Danach steppen.

Schneiden Sie die Nahtzugabe 2 mm zurück. Das Schrägband nun auf die linke Stoffseite umschlagen, sodass es an der Kante nicht mehr zu sehen ist. Mit dem Geradstich aus der Nähmaschine nähen Sie das Schrägband füßchenbreit an.

Hongkong-Einfassung

Mit der Hongkong-Einfassung werden Stoffkanten, Säume, Nahtzugaben eingefasst, damit sie nicht ausfransen können.

Schneiden Sie ein Schrägband mit 3 cm Breite zu. Legen Sie es rechts auf rechts auf die Stoffkante und stecken Sie es fest. Steppen Sie die Naht im Abstand von 6 mm von der Stoffkante. Schneiden Sie die Nahtzugabe 2 mm zurück.

Nun das Schrägband um die Stoffkante herumschlagen und mit Nadeln fixieren. Gesteppt wird im Nahtschatten von der rechten Stoffseite. Setzen Sie dafür den Schmalkantenfuß ein. Schneiden Sie zum Schluss die offene Schrägbandkante bis auf 3 mm zur Naht zurück.

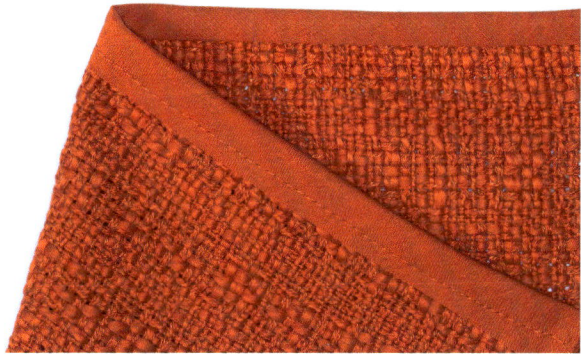

... Nahtzugabe zurückschneiden

Beim Nähen von Ecken oder von Rundungen heißt es oft in der Nähanleitung: „Ausschneiden, zurückschneiden, abschneiden, einschneiden ..."

Welche Hobbyschneiderin soll das verstehen? Ich versuche, Ihnen mit ein paar Beispielen einen Einstieg zu verschaffen.

Beispiel 1:
Runde, aufgesetzte Tasche

„Eine runde, aufgesetzte Tasche ist am einfachsten aufzunähen, wenn sie mit Futter verstürzt wird. Das Futter wird an dem Besatz angenäht. Hier bleibt ein kleiner Schlitz offen, damit die Tasche gewendet werden kann. Nähen Sie, wie gewohnt, die Tasche. Die Nahtzugabe zurückschneiden, an den Ecken abschneiden, an der Rundung einschneiden. Nahtzugabe auseinander bügeln, dann wenden."

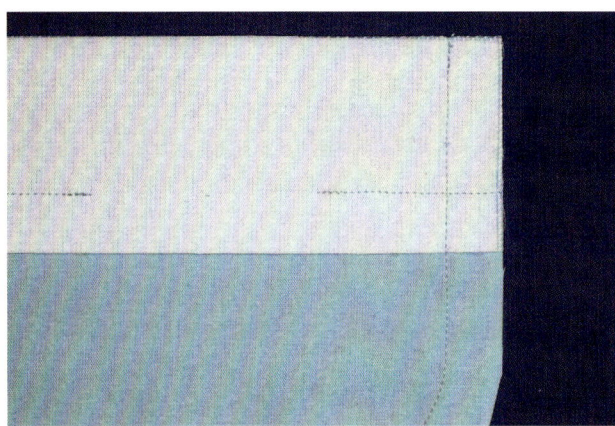

Was heißt das konkret?

„Nahtzugabe zurückschneiden":

Die empfohlene Nahtzugabe beim Zuschneiden ist generell 1,5 cm. Wenn kleine Teile genäht werden und häufig bei Stoffen, die etwas dicker sind, soll die Nahtzugabe auf ca. 1 cm zurückgeschnitten werden, damit die Naht nicht aufträgt.

„Nahtzugabe abschneiden":

An geraden Ecken, bei denen Sie nur auf einer Seite Nahtzugabe haben, z. B. bei einer Eingriffskante, muss die Nahtzugabe schräg abgeschnitten werden. So lässt sich die Ecke nach dem Wenden besser ausdrücken und formen.

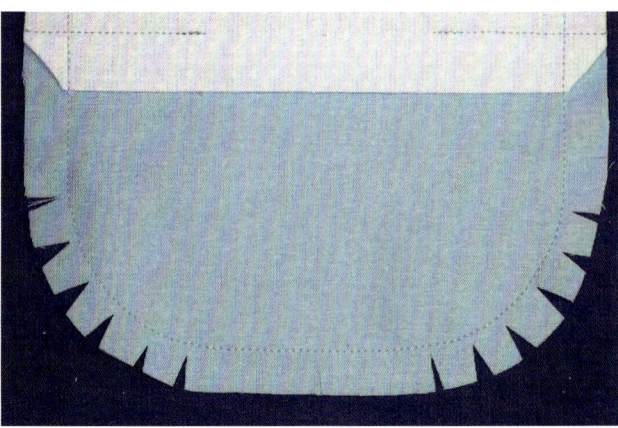

„Nahtzugabe einschneiden":

Nahtzugaben werden eingeschnitten, damit das Teil nach dem Wenden sauber in Form gebracht werden kann. Schneiden Sie in die Rundung kleine Dreiecke. Wenn die Rundung nach innen gewendet werden muss, legt sie sich leichter in Form.

Beispiel 2:
Taschenklappe mit Ecken und abgerundeten Ecken

„Taschenklappenteile rechts auf recht legen und aufeinander nähen, an der Ansatzlinie die Naht schräg nach innen steppen. Nahtzugabe zurückschneiden, an den Ecken abschneiden, an der Rundung einschneiden. Nahtzugabe auseinander bügeln, dann wenden."

Verfahren Sie mit der Taschenklappe genauso wie mit der aufgesetzten Tasche im Beispiel zuvor.

Tipp:
Wenn Sie eine Taschenklappe nicht mit Futter, sondern mit Stoff verstürzen, schneiden Sie die Nahtzugabe unterschiedlich breit zurück. Die Nahtzugabe von der untere Seite der Klappe 2 mm kürzer zurückschneiden als die Nahtzugabe von der oberen Klappenseite her.

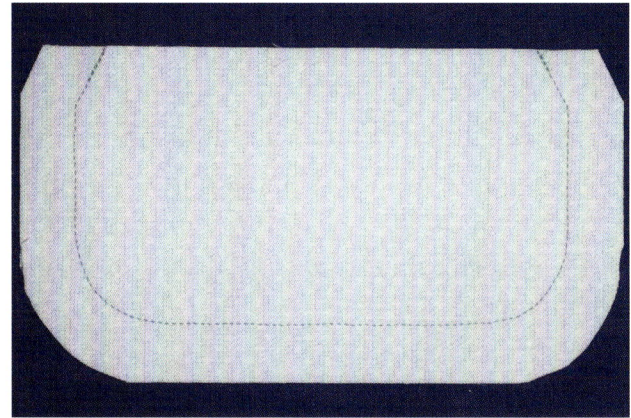

genügend zurückgeschnitten haben. Schlagen Sie hierfür die Nahtzugaben der Ecken zum genähten Stück zurück. Wenn sich die Kanten der Nahtzugaben treffen, dann haben Sie es richtig gemacht. Ansonsten müssen Sie noch etwas nachschneiden. Gewellte Kanten einschneiden: Wenn nach dem Wenden die Nahtzugabe der Rundung nach außen geht, dann reicht es, wenn an dieser Stelle nur eingeschnitten wird.

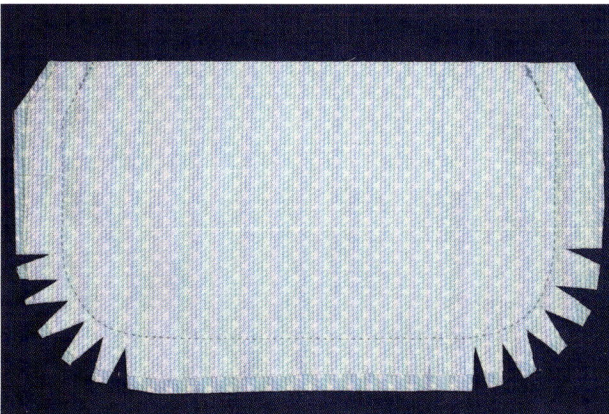

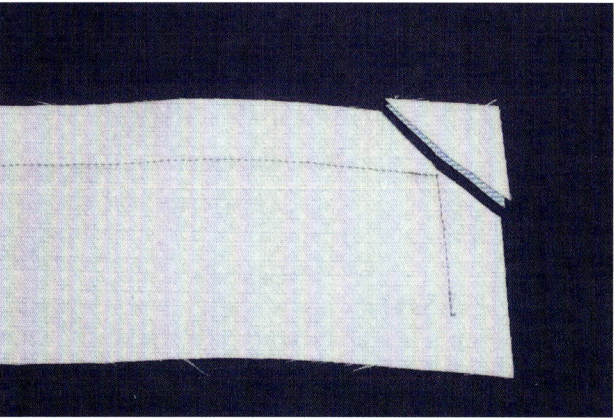

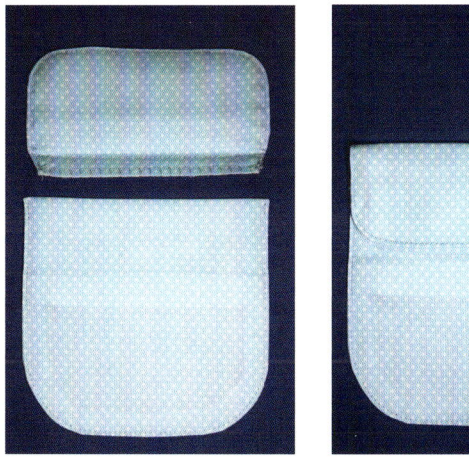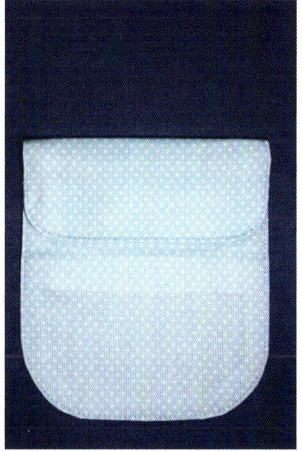

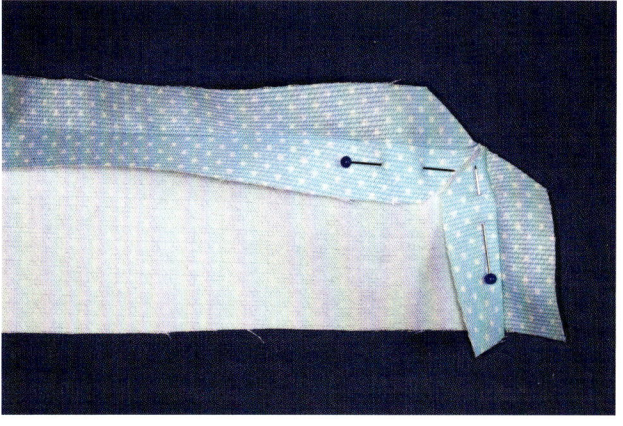

Beispiel 3:
Kragen

„Kragen rechts auf rechts aufeinander legen und heften. Steppen Sie entlang der Außenkante. Die Naht beginnt und endet jeweils an der Nahtlinie der Ansatzkante. Die Nahtzugabe zurückschneiden, einschneiden, auseinanderbügeln, wenden und nochmals bügeln.“

Bei einem Stehkragen haben Sie vorne eine Ecke und eine Außenkante des Kragens.

Ecke zurückschneiden: Nach dem Nähen schneiden Sie die Nahtzugabe diagonal bis kurz vor die Ecke zurück. Prüfen Sie, ob Sie

Nahtzugabe bei Dekorarbeiten zurückschneiden

Falls Sie Ihre Nähmaschine überwiegend gerne zum Nähen von Heimdekorationen oder zum Basteln einsetzen, möchte ich Ihnen gerne am Beispiel eines Blumenarrangements zeigen, was unter Nahtzugabe zurückschneiden, an den Ecken abschneiden, an der Rundung einschneiden gemeint ist.

Gewendete Applikation – Blume

Malen Sie sich die Blume auf und schneiden Sie sie 2-mal mit großzügiger Nahtzugabe aus dem Stoff aus. Ein dünneres Volumenvlies ohne Nahtzugabe zuschneiden und nur auf einen der beiden Zuschnitte aufbügeln. Die Teile rechts auf rechts legen, ringsherum zunähen und bügeln. Jetzt die Nahtzugabe zurückschneiden, an der Rundung einschneiden und auseinanderbügeln. Schneiden Sie einen kleinen Schlitz in der Mitte der Blume ein. Die Blume verstürzen und nochmals bügeln.
Das kleinere Blumenblatt genauso fertigstellen.

Blumenstiel und Blumenblatt

Übertragen Sie die Kontur auf ein größeres Stoffstück. Legen Sie 2 Stofflagen rechts auf rechts aufeinander und nähen Sie über die Linie. Am Anfang und Ende die Naht mit Rückstichen vernähen. Die Nahtzugabe zurückschneiden, einschneiden und mit der Wendenadel wenden.

Blumentopf

Der Blumentopf wird ähnlich wie die Blume genäht. Malen Sie sich die Konturen auf und schneiden Sie sie 2-mal mit Nahtzugabe aus. Ein dünneres Volumenvlies ohne Nahtzugabe zuschneiden und nur auf einen Zuschnitt aufbügeln. Stoffe rechts auf rechts legen, ringsherum zunähen und bügeln. Die Nahtzugabe zurückschneiden, an der Ecke die Nahtzugabe diagonal zurückschneiden und dann auseinanderbügeln. Schneiden Sie einen kleinen Schlitz in die Stoffseite ein. Blumentopf verstürzen und nochmals bügeln.

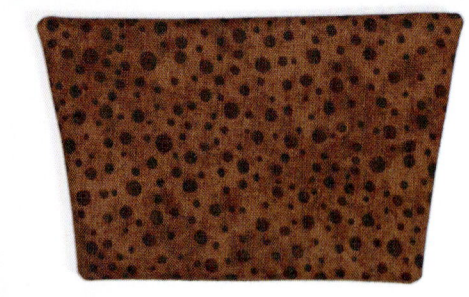

Fertigstellen

Zuerst den Blumenstiel auf den Stoff legen und mit dem Stielstich in der Mitte steppen. Einen kleinen Stoffkreis ausschneiden und mit dem gleichen dünnen Volumenvlies bekleben. An der Schnittkante das Volumenvlies etwas schräg zurückschneiden, damit es später nicht zu sehen ist.

Legen Sie die Blumenblätter aufeinander. In der Mitte mit wenigen Stichen fixieren. Jetzt den Stoffkreis in die Mitte der Blume legen und mit einem Applikationsstich aufnähen. Den Blumentopf platzieren und ringsherum mit dem Steppstich füßchenbreit aufnähen. Das Band an dem Blumentopf mit Handstichen aufnähen.

Freihandnähen, Freihandquilten

Zum Quilten, Bilder mit Faden auf Stoff „malen" oder zum Stopfen eignet sich die Freihandnähfunktion hervorragend. Beim Freihandnähen wird der Stoff frei bewegt. Der Stofftransport wird dazu ausgeschaltet.

Und das ist der Clou: Sie haben die Freiheit, den Stoff in alle Richtungen zu führen. So entstehen die schönsten Muster und Zeichnungen. Sie geben vor, welche „Spur" Nadel und Faden hinterlassen. Sehr gut können Sie den Stoff führen, wenn Sie ihn zuvor in einen Rahmen einspannen. Oft wird dem Stoff vorher ein Stabilisator untergelegt.

Einstellung der Nähmaschine:

Zum Freihandnähen eignen sich sehr gut der Geradstich und der Zickzack-Stich.

Transporteur: Der Transporteur wird zum Freihandnähen versenkt. Schauen Sie in der Bedienungsanleitung nach, wie Sie den Transporteur an Ihrer Nähmaschine abschalten können.

Stichlänge: Die Stichlänge ist sowohl beim Geradstich als auch beim Zickzack-Stich nicht relevant, da der Transporteur abgeschaltet ist. Diese Aufgabe nehmen Sie selbst in der Hand.

Stichbreite: Bei dem Zickzack-Stich können Sie die Stichbreite an die Mustergröße anpassen. Für größere Muster stellen Sie die Zickzackbreite etwas breiter ein, für kleinere Muster etwas schmaler.

Nadelposition: Mitte

Nähfuß: Setzen Sie den Freihandquiltfuß oder den Stopffuß ein. Schauen Sie in der Bedienungsanleitung nach, wie die Nähfußstellung sein muss. Bei manchen Fabrikaten muss der Nähfuß nicht wie gewohnt nach unten positioniert werden, sondern in eine bestimmte Stick- und Stopfstellung.

Oberfaden: Wählen Sie den Oberfaden passend zu Ihren Stoffen. Zum Stopfen verwenden Sie einen Faden aus Baumwolle, aus Seide oder einen Allzweckfaden. Zum Sticken gibt es eine breite Palette von Stickgarnen sowie Fäden aus Seide oder Baumwolle. Zum Quilten gibt es zusätzlich zu den Stickfäden auch Maschinenquiltgarne.

Unterfaden: Als Unterfaden zum Stopfen fädeln Sie den Allzweckfaden ein. Zum Sticken und zum Quilten eignen sich spezielle Stickunterfäden, auch Bobbins oder Bobbinfil genannt, oder Zierstichfäden.

Spannung: Zum Stopfen verwenden Sie die Grundeinstellung. Zum Sticken oder Quilten stellen Sie die Oberfadenspannung zwischen 2 und 3 ein. Bei Nähmaschinen mit CB-Greifer fädeln Sie den Faden durch den Spulenkapselfinger.

So wird's gemacht:

Nachdem die Maschine eingestellt ist, nähen Sie, wie gewohnt, eine Probenaht. Zugegeben, wenn Sie zum ersten Mal freihand-

nähen, ist es etwas ungewohnt. Die Maschine transportiert nicht. Sie bewegen eigenhändig den Stoff. Tun Sie das nicht, wird auf der Stelle genäht.

Arbeiten Sie mit einer gleichmäßigen, mittleren Stichfrequenz. Nicht zu schnell, aber auch nicht zu langsam.

Normalerweise geben Sie die Stichgeschwindigkeit mit dem Fußpedal vor. Hat Ihre Nähmaschine einen Start/Stop-Knopf, können Sie den Arbeitsgang damit starten bzw. beenden. Die Stichfrequenz können Sie zuvor einstellen.

Welche Technik Ihnen besser liegt, müssen Sie ausprobieren.

Mit der Stichgeschwindigkeit und der Bewegung des Stoffes bestimmen Sie die Stichlänge. Die Stichlänge wird kürzer, wenn Sie ein schnelleres Tempo einlegen. Finden Sie Ihr Tempo heraus. An der einen oder anderen Stelle wird sich eine kürzere oder längere Stichlänge nicht vermeiden lassen.

Halten Sie den Stoff immer mit beiden Händen und bewegen Sie ihn nach vorne, nach hinten, nach rechts und nach links. Den Stoff dabei nicht drehen!

Stopfen

Freihandstopfen geht am besten mit dem Freihandstopffuß und einem Stickrahmen, siehe hier auch Seite 51.

Bewegen Sie den Stoff zuerst von oben nach unten und nähen Sie dabei über das Loch. Danach den Stoff seitwärts von rechts nach links bewegen.

Stippeln

Wenn Sie z.B. beim Quilten den Stoff flächenhaft verbinden wollen, wird „gestippelt". Stippeln ist gleichzeitig eine sehr gute Übung, um ein Gefühl für das Freihandnähen zu bekommen.

Malen Sie sich für die ersten Versuche eine Wellenlinie auf. Versuchen Sie nun, diese Linie nachzunähen.

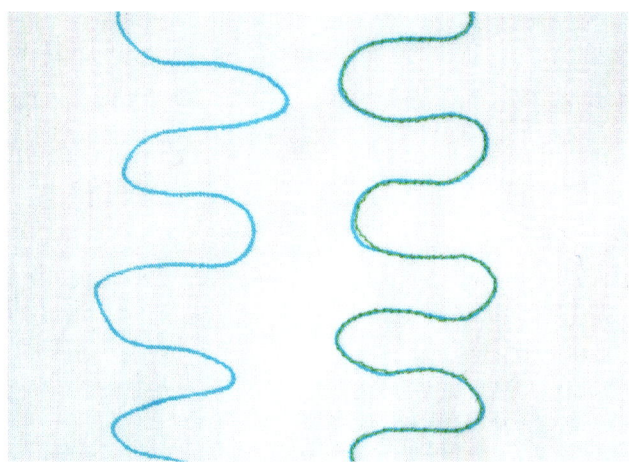

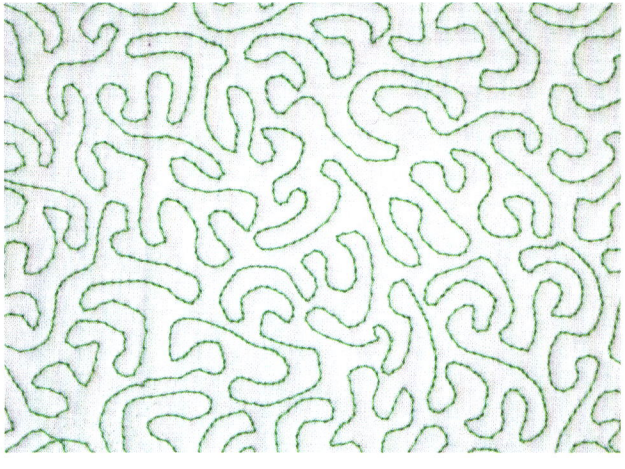

Wenn das einigermaßen klappt, versuchen Sie, diese Linie zu nähen, ohne sie vorher aufzumalen.

Applikationen schmalkantig aufnähen

Applizieren Sie mit der doppelseitigen Vliesofix-Einlage verschiedene Kreise. Führen Sie den Stoff im Kreis, ohne ihn zu drehen, und steppen Sie drei bis vier Mal schmalkantig ab. Üben Sie die Kreise zuerst auf einem Reststoff.

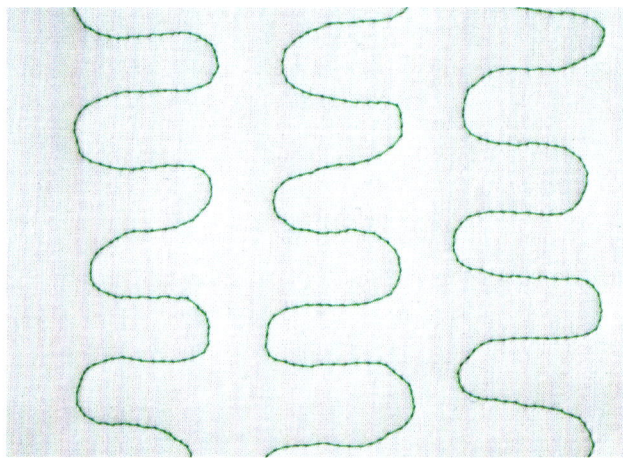

... jetzt variieren Sie die Linie.

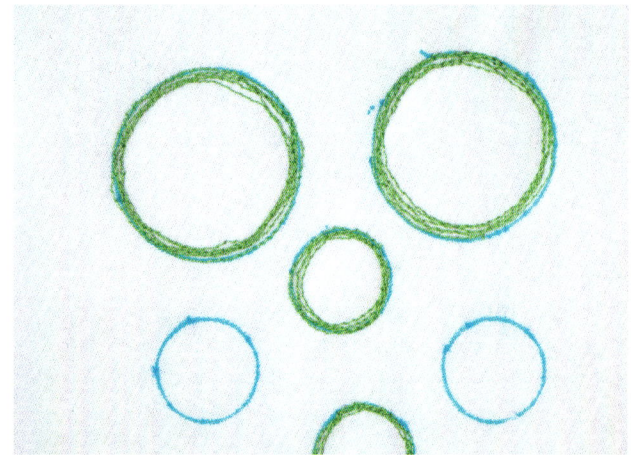

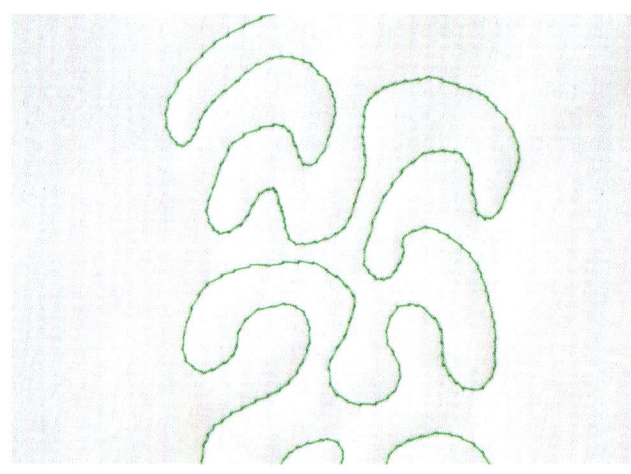

Und mit etwas Übung (na ja, mit etwas viel mehr Übung) können Sie in Quilts eine Fläche stippeln.
Die Profis stippeln über die ganze Fläche ein Labyrinth, ohne dass sich eine Bahn überkreuzt oder Ecken hat!

Freihandsticken

Malen Sie sich eine Blume auf. Viele einfache, schöne Bilder zum Nachnähen finden Sie z.B. in Kindermalbüchern. Oder lassen Sie Ihr Kind oder Ihren Enkel etwas malen.
Nähen Sie die Konturen nach.

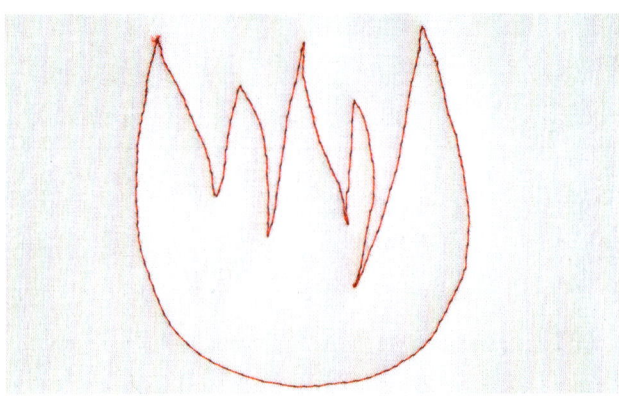

Mit einer weiteren Konturlinie bekommt die Blume ihre eigentliche Form. Der „Strich" wird breiter. Versuchen Sie den Stoff so zu führen, dass eine kontinuierliche Naht entsteht. Wenn möglich, unterbrechen Sie die Naht zwischendurch nicht.

Steppen Sie drei bis fünf Mal die Kontur nach. Und denken Sie daran: Nicht drehen, den Stoff nur nach vorne, nach hinten, nach rechts oder nach links bewegen.

Die Blumen bekommen jetzt noch einen Stiel. Stellen Sie den Zickzack-Stich ein, Stichbreite 2,5 mm. Mit einer langsamen Bewegung des Stoffes wird der Blumenstiel dichter genäht. Beginnen Sie mit dem Nähen am Blumenansatz.

... und natürlich eine Blumenvase. Hier stellen Sie den Geradstich wieder ein. Führen Sie den Stoff gerade nach unten, anschließend nach oben, bis das Gitter die Vase ausfüllt. Für die Kontur der Vase steppen Sie vier bis sechs Mal die Linie nach. Die kleinen Perlen auf die Vase sind auch mit dem Geradstich genäht. Hierzu führen Sie den Stoff im Kreis.

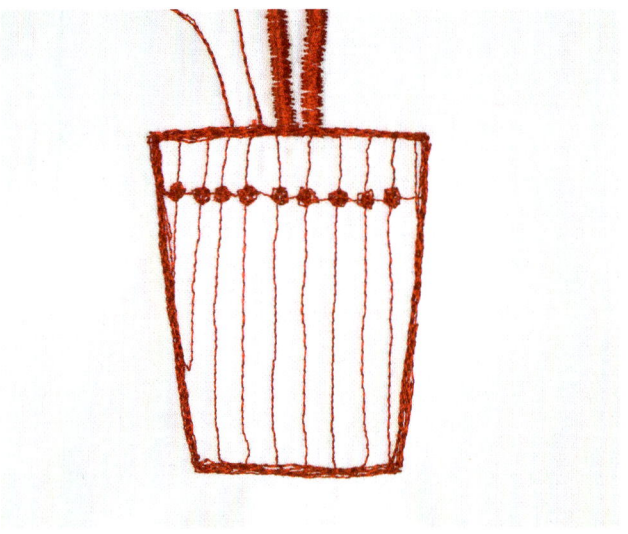

Zickzack-Stich

Mit dem Zickzack-Stich ist es möglich, auch Monogramme zu Nähen. Auch hier gilt: Den Stoff nicht drehen! Nur nach vorne, nach hinten, nach rechts und nach links bewegen.

Mein Logo.

Texte und Monogramme
Geradstich

Mit dem Geradstich haben Sie die Möglichkeit, mit der Nähmaschine zu schreiben. Führen Sie den Stoff so, als ob Sie mit dem Stift auf Papier schreiben würden.

Nähen mit der Zwillingsnadel

Zwillingsnadel anbringen

Die Zwillingsnadel wird genauso eingesetzt wie eine normale Nähmaschinennadel. Beim Anbringen muss die flache Seite der Nadel nach hinten zeigen. Die Nadel bis zum Anschlag nach oben drücken und die Feststellschraube zudrehen.

Nähmaschine einfädeln:

Der Unterfaden wird wie gehabt eingelegt. Oben benötigen Sie zwei Garnrollen. Für die zweite Garnrolle brauchen Sie jetzt den zweiten Garnrollenhalter. Er ist heutzutage bei fast jeder Nähmaschine mit dabei. Je nach Nähmaschine muss er entweder nur nach oben geschwenkt oder eingesetzt werden.

Falls Sie keine zwei Garnrollen in derselben Farbe haben, spulen Sie Faden auf eine Unterfadenspule auf und verwenden diese. Legen Sie die Oberfäden jeweils auf einen Garnrollenhalter. Beide Fäden in die Hand nehmen, so, als ob Sie nur einen hätten. Die Fäden gleichzeitig durch die Fadenführungen legen, bis vor die Oberfadenspannung.

Speziell für die Zwillingsnadel haben die meisten Fabrikate noch eine Teilungsscheibe, um einen besseren Ablauf zu gewährleisten.

Führen Sie die Fäden so durch die Oberfadenspannung, dass ein Faden rechts, der andere Faden links der Teilungsscheibe verläuft. Danach fädeln Sie die Fäden bis vor die Nadel ein. Der eine Faden wird abschließend in die rechte, der andere in die linke Nadel eingefädelt.

Der automatische Nadeleinfädler funktioniert bei der Zwillingsnadel nicht.

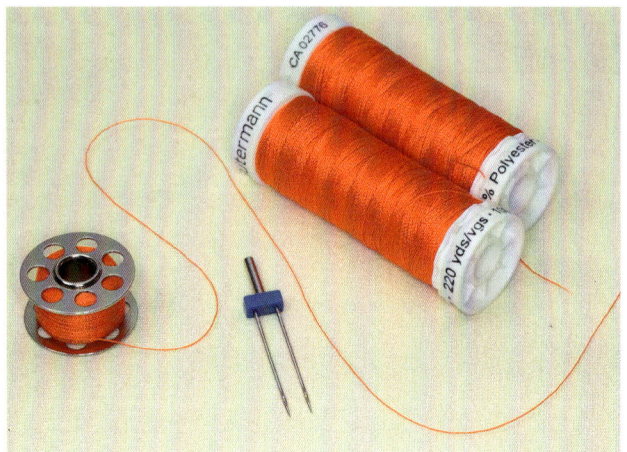

Geradstich und die Zwillingsnadel

Der Geradstich mit der Zwillingsnadel wird doppelt genäht, es sind praktisch zwei Geradstiche, die parallel zueinander verlaufen. Der Abstand der zwei Steppstiche hängt von der Breite der eingesetzten Zwillingsnadel ab.

Der Geradstich in Verbindung mit der Zwillingsnadel wird meistens zum Nähen von Säumen in T-Shirts, elastischen Stoffen und bei Sportkleidung verwendet. Nehmen Sie hierfür eine Stretch-Zwillingsnadel. Diese gibt es mit einem Nadelabstand von 2,5 und 4 mm.

Für Webware gibt es die Zwillingsnadel auch in verschiedenen Abständen und mit unterschiedlichen Spitzen.

Eine Zwillingsnadel mit einem breiten Abstand können Sie für Abstepparbeiten einsetzen.

Mit dem Geradstich und der Zwillingsnadel werden auch Biesen genäht. Es gibt viele Biesenarten und somit auch viele Methoden, Biesen zu nähen.

Am einfachsten ist es, Biesen mit der Zwillingsnadel und dem Biesenfuß zu nähen. Hierfür setzen Sie eine Zwillingsnadel mit der Breite von 1,6 mm oder 2 mm ein. Mehr zu Biesen finden Sie unter „Bluse mit Biesen und Hohlsaumstiche".

Saum nähen mit der Zwillingsnadel

Stellen Sie den Geradstich mit einer Stichlänge von 3,5 – 4 mm ein. Die Nadel muss in der Mitte positioniert werden. Genäht wird von der rechten Stoffseite. Auf der rechten Seite haben Sie zwei Geradstiche, die parallel zueinander verlaufen, auf der linken Stoffseite bildet sich ein Zickzack-Stich. Falls sich der Zickzack-Stich zu sehr zusammenzieht, erhöhen Sie die Oberfadenspannung (wenn z. B. die Spannung auf 4 steht, dann stellen Sie 5 ein). Probenaht nähen, eventuell nachstellen.

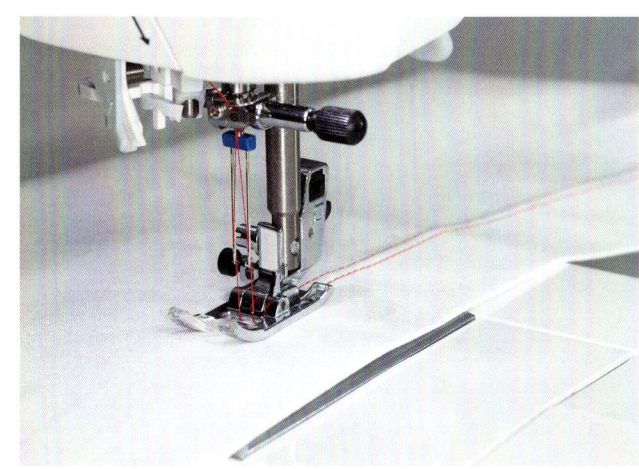

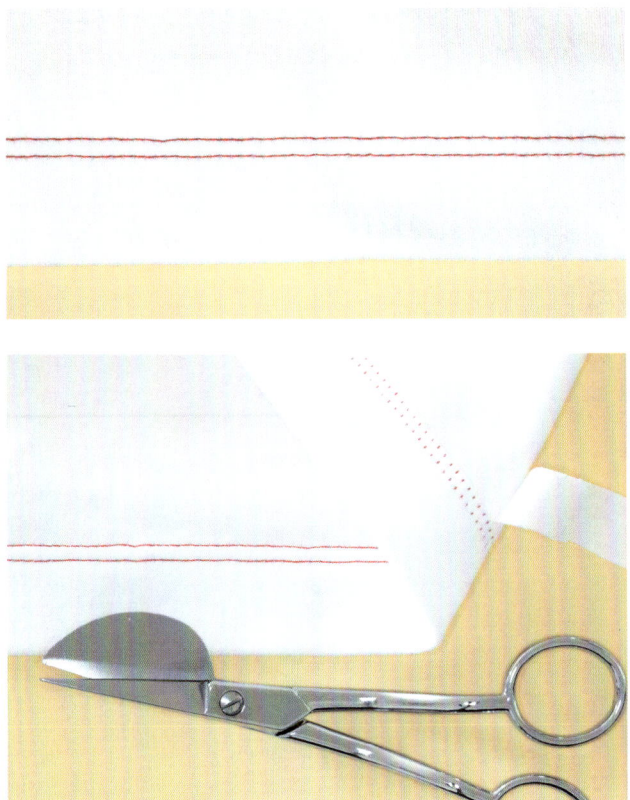

Setzen Sie eine Zwillingsnadel, die nicht breiter als 2,5 mm ist, für Zierstiche ein. Fädeln Sie als Oberfaden Stickgarn ein. Auf die Spule spulen Sie den speziellen Unterfaden zum Sticken auf oder einen dünneren Allzweckfaden. Unterlegen Sie Ihren Stoff mit einem Stickvlies oder einer passenden Einlage.

Falls der Stoff auswellt oder der Stich sich wie eine Wulst zusammenzieht, helfen Stabilisatoren.

Je nach Stoff verwenden Sie die passende Einlage. Speziell für dehnbare Stoffe gibt es aufbügelbare Einlagen, die auch nach dem Bügeln elastisch bleiben. Bügeln Sie diese Einlage auf die Saumzugabe, nähen Sie wie gewohnt den Saum um.

Eine weitere Hilfe ist die wasserlösliche Einlage. Schneiden Sie einen 2 cm breiten Streifen und legen Sie ihn beim Nähen unter den Nähfuß. Nähen Sie den Saum wie gewohnt, danach waschen Sie das Kleidungsstück. Die wasserlösliche Einlage verschwindet rückstandslos. Zurück bleibt ihr genähter Saum, der jetzt wieder elastisch ist.

Bei Strickstoffen und grober Maschenware legen Sie die wasserlösliche Einlage nicht nur oben drüber, Sie schneiden sich einen weiteren Streifen und legen diesen zusätzlich unter den Stoff. Stellen Sie zudem den Nähfußdruck etwas niedriger ein.

Zierstiche mit der Zwillingsnadel

Auch Zierstiche können mit der Zwillingsnadel genäht werden. Ein paar Einstellungen sollten Sie einfach beachten und der Weg für wunderschöne Verzierungen ist Ihnen geöffnet. Natürlich eignen sich nicht alle Stiche und Zierstiche zum Nähen mit der Zwillingsnadel. Es sollten Zierstiche sein, die nicht einseitig in der Breite verändert werden können, sondern symmetrisch von der Mitte heraus. Die meisten Nähmaschinen haben eine Zwillingsnadelfunktion. Beim Anwählen dieser Funktion stellt sich gleich heraus, ob der Stich sich eignet oder nicht.

Weitere Funktionen für die Zwillingsnadel Ihrer Nähmaschine

Bei vielen Nähmaschinen können Sie nicht nur die einfache Zwillingsnadelfunktion anwählen, Sie können sogar die Breite der Zwillingsnadel, die Sie einsetzen, anwählen. Die Maschine passt die Stichbreite dann automatisch der angewählten Zwillingsnadelbreite an. So wird verhindert, dass die Nadel auf die Stichplatte stößt und abbricht. Die Stichveränderung wird angezeigt, Sie können vorab schon sehen, ob Ihnen der Stich gefällt oder Sie doch lieber einen anderen anwählen wollen. Diese Funktion muss nach dem Nähen wieder ausgeschaltet werden.

Reißverschlüsse einnähen

Nahtreißverschluss

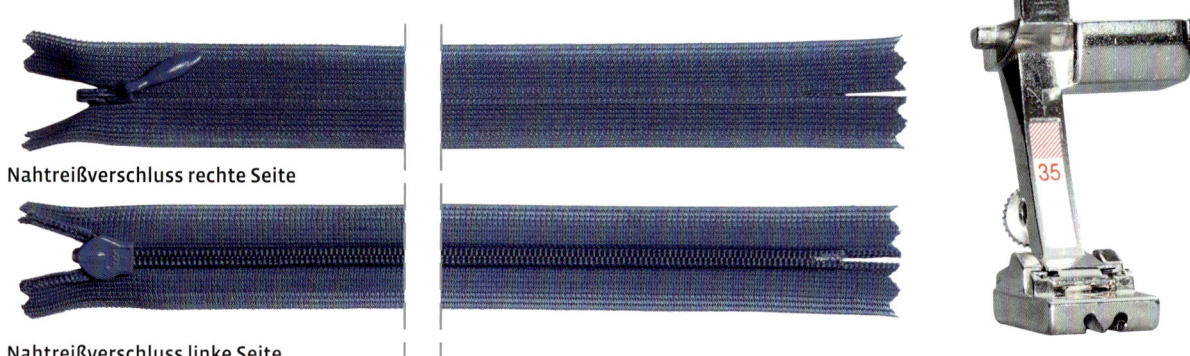

Nahtreißverschluss rechte Seite

Nahtreißverschluss linke Seite

Typisch für Nahtreißverschlüsse ist, dass die Verschlussspirale sich auf der unteren Reißverschlussseite befindet und der Schieber auf der rechten Seite. Nahtreißverschlüsse können Sie in 22 cm, 40 cm oder 60 cm Länge kaufen.

Nahtreißverschlüsse werden hinten oder seitlich in Röcke, Kleider, Kissen, Taschen und in vielen anderen Stücken, bei denen der Reißverschluss nicht zu sehen sein soll, eingenäht. Außer bei Hosen verwende ich persönlich fast nur noch diese Art von Reißverschlüssen. Ich finde, sie lassen sich schneller einnähen und sehen auch schöner aus als die herkömmlichen Reißverschlüsse. Zum Einnähen benötigen Sie den Nahtreißverschlussfuß. Diesen gibt es für fast alle Nähmaschinen. Fragen Sie im Fachgeschäft danach.
Der Nahtreißverschlussfuß sorgt durch die zwei Rillen in der Sohle für eine optimale Führung der Reißverschlussspirale.

Der Nahtreißverschluss wird noch vor dem Zunähen der Naht eingearbeitet. Die Verschlussspirale läuft beim Nähen in die Führung. Gesteppt wird entlang der Reißverschlussspirale. Zuerst eine Seite von oben bis zum Schlitzende, dann die andere.

So wird's gemacht:
Legen Sie den Reißverschluss mit dem Schieber auf die rechte Stoffseite. Die Bandbreite des Reißverschlusses ist 1 cm. Bei einer Nahtzugabe von 1,5 cm heften Sie den Reißverschluss im Abstand von 0,5 cm zur Schnittkante. Reißverschluss öffnen.

Tipp: Damit sich das Reißverschlussband beim Nähen nicht verschiebt und die Nahtzugabe sauber eingehalten werden kann, heften Sie den Reißverschluss ein. Also, steppen Sie zuerst mit dem Galoppstich schmalkantig über das Reißverschlussband.

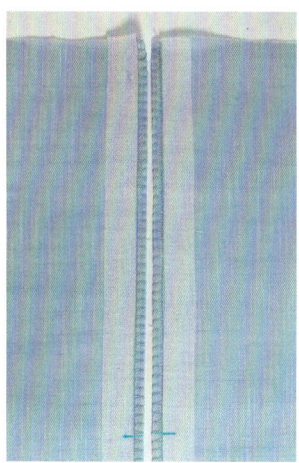

Vorbereitung
Bügeln Sie ein Kantenband, ein Formband oder einen Streifen passender Einlage auf die Nahtzugabe, dort, wo später die Naht gesteppt wird. Die Einlage verhindert das Zusammenziehen der Naht.

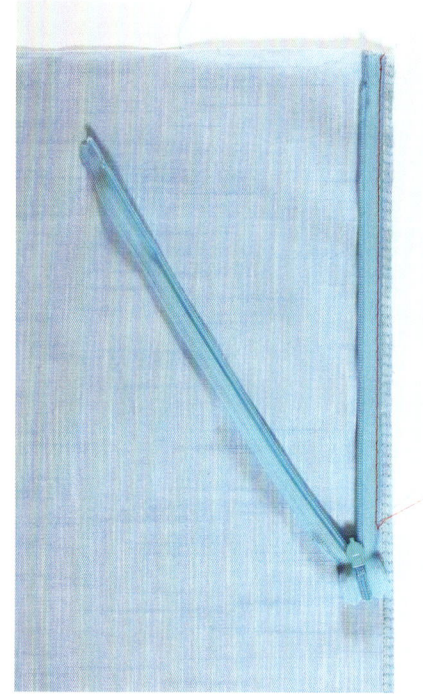

Einstellung der Nähmaschine:
Wählen Sie den **Geradstich** an.
Stichlänge: 3 mm
Nadelposition: Mitte
Nähfuß: Nahtreißverschlussfuß

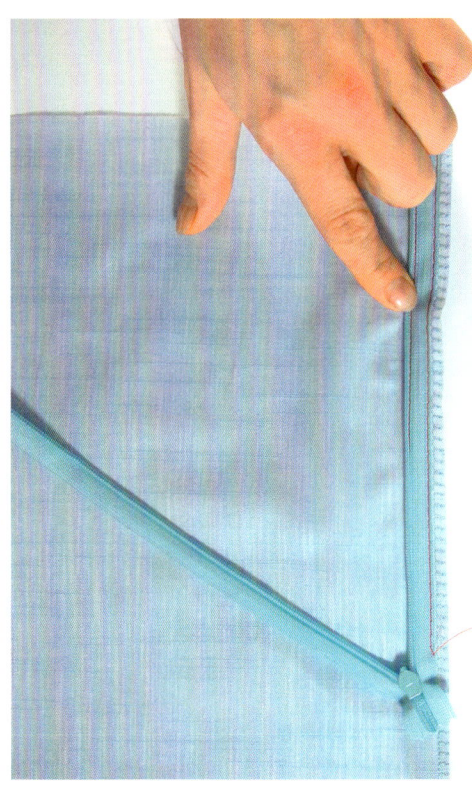

Jetzt muss die Naht noch unterhalb vom Reißverschluss geschlossen werden.

Ich persönlich beginne mit der Naht gerne am Reißverschluss-Ende. Setzen Sie den Standard-Reißverschlussfuß ein und positionieren Sie die Nadel nach rechts.

Das Nähgut liegt unter der Nähmaschine auf der linken Seite. Die Nahtzugabe mit dem Reißverschluss-Ende liegt rechts vom Nähfuß.

Beginnen Sie die Naht so nah wie möglich an der zuvor beendeten Naht. Meistens entsteht ein Abstand von ca. 2 mm. Der kleine Spielraum ist durchaus zu tolerieren. Wird der Abstand zu groß, sollten Sie nachnähen.

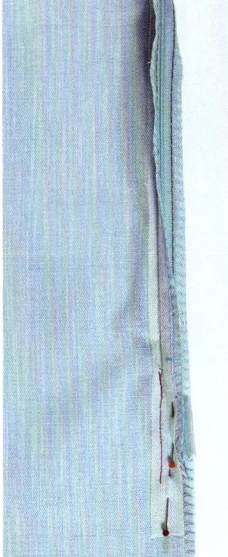

Tipp:
Mit dem Reißverschlussfuß nähe ich nur die ersten 5 cm, danach setze ich erneut den Standardnähfuß ein und nähe die Naht zu Ende. Gerade dünnere Stoffe können so besser transportiert werden.

Nähgut mit Reißverschluss unter den Nähfuß legen. Beim Steppen soll die Reißverschlussspirale in der ersten Fußführung laufen und die Nadel knapp an der Spirale entlang in das Band stechen. Um näher an die Spirale zu kommen, kippen Sie sie dabei etwas auf die Seite. Beginnen Sie die Naht am oberen Reißverschluss-Ende. Steppen Sie bis zur Markierung für das Schlitzende.
Die zweite Seite wird genauso eingenäht wie die erste, dabei läuft die Spirale in der anderen Füßführung.

Am unteren Ende steppen Sie über ca. 5 cm das Reißverschlussband auf die Nahtzugabe. Durch diese Naht bleibt das Ende flacher. Falls Sie den Reißverschluss kürzen müssen, fassen Sie das Ende mit einem Reststück Stoff ein.

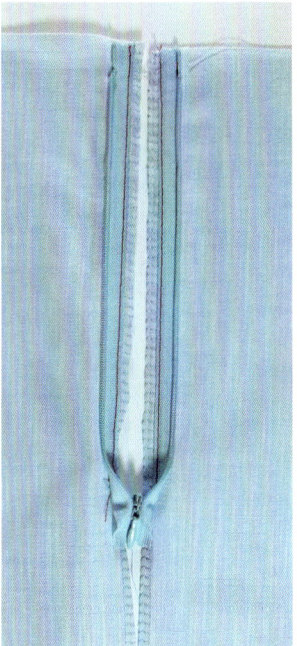

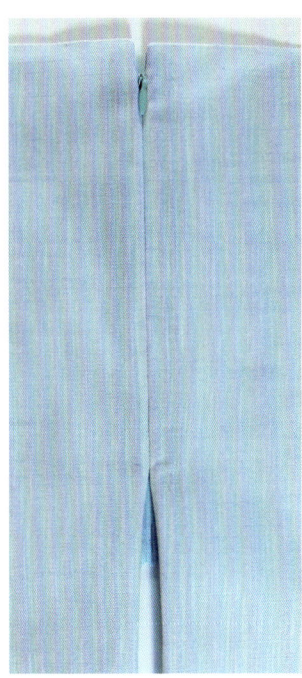

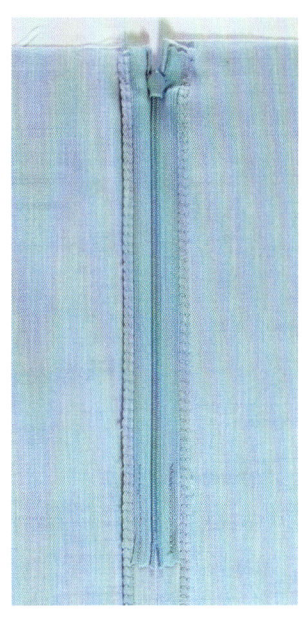

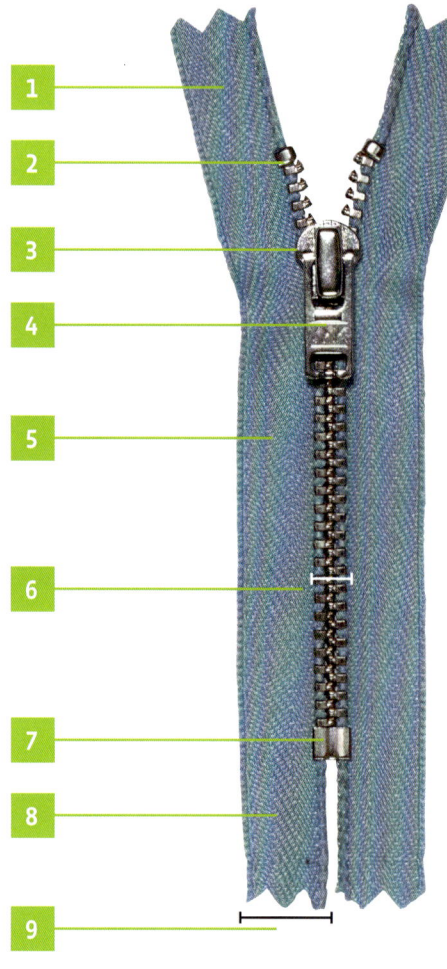

Die einzelnen Teile eines Reißverschlusses

1 Oberes Bandende
2 Anfangsteil
3 Schieber
4 Schiebegriff
5 Band
6 Zähnchen- oder Spiralbreite
7 Endteil
8 Unteres Bandende
9 Einzel-Bandbreite

Reißverschluss für Hosen und Röcke mit Untertritt einnähen

Untertritte werden vorne in Hosen und Röcke eingenäht. Der Untertritt sorgt dafür, dass die Reißverschlusszähnchen nicht an der Wäsche oder den darunter getragenen Kleidungsstücken hängen bleiben.

Bei einer Damenhose ist der Öffnungsschlitz vorne traditionell so angebracht, dass er mit der linken Hand geöffnet wird, also „links". Bei vielen anderen Kleidungsstücken finden Sie ihn zum Öffnen mit der rechten Hand, also „rechts". Bei Herrenhosen ist der Öffnungsschlitz vorne immer mit der rechten Hand zu öffnen. Ich persönlich nähe meine Reißverschlüsse wie bei den Herrenhosen ein, weil ich leichter mit der rechten Hand zum Öffnen greife.

Der Reißverschluss wird mit dem Reißverschlussfuß aus dem Standardzubehör eingenäht. Bringen Sie den Reißverschlussfuß an Ihrer Nähmaschine an und wählen Sie den Geradstich aus. Die Nadel muss auf der Seite positioniert werden.

Ich zeige Ihnen das Einnähen von Reißverschlüssen mit dem Öffnungsschlitz auf der linken Seite. Falls Sie den Reißverschluss „rechts" brauchen, arbeiten Sie genauso nach diesen Schritten – nur spiegelverkehrt.

So wird's gemacht:
Zuerst markieren Sie sich eine Linie auf die vordere Mitte, am besten mit Kreidestift und Lineal.

Steppen Sie jetzt die vordere mittlere Naht bis zum Reißverschlussschlitz.

Schlagen Sie am linken Vorderteil an der vorderen Mitte den Schlitzbesatz nach links um und bügeln Sie eine Kante.

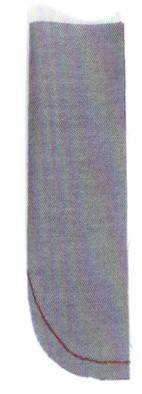

Den Reißverschlussbeleg, auch Untertritt genannt, rechts auf rechts legen und nur den unteren Bogen steppen. Die Nahtzugabe zurückschneiden, dann einschneiden, wenden und bügeln.
Die offene Kante jetzt versäubern.

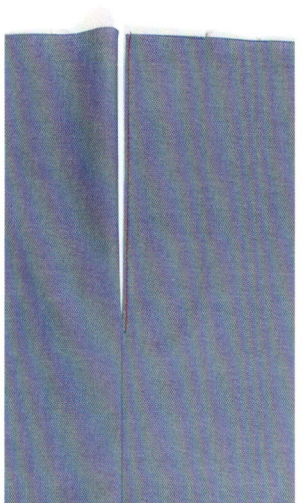

Wenn Sie an dieser Stelle eine Absteppnaht möchten, können Sie sie jetzt nähen. Später kommen Sie nämlich mit der Nähmaschine nicht mehr an die Stelle heran.

Einstellung der Nähmaschine:

Wählen Sie den **Geradstich** an.
Stichlänge: 3 mm
Nadelposition: links
Nähfuß: Reißverschlussfuß

Den Reißverschluss bündig zur Kante stecken. Steppen Sie den Reißverschluss auf den Untertritt. Nähen Sie in der Mitte des Reißverschlussbandes von unten nach oben, also zum Reißverschlussschieber hin.

Jetzt den Reißverschluss in geschlossenem Zustand zusammen mit dem Untertritt an das rechte Vorderteil unter der Bügelkante heften. Halten Sie zwischen den Reißverschlusszähnchen und der Bügelkante einen gleichmäßigen Abstand von 3 mm ein. Steppen Sie schmalkantig von unten nach oben, also Richtung Bund, den Reißverschluss ein.

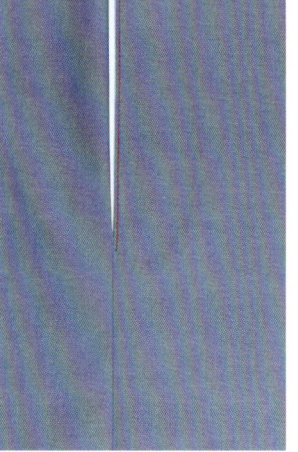

An dem rechten Vorderteil schlagen Sie den Schlitzbesatz 5 mm neben der vorderen Mitte ein. Dann bügeln und heften.

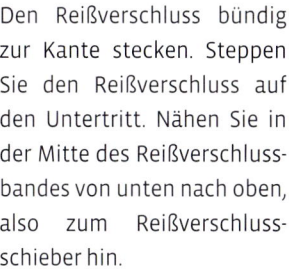
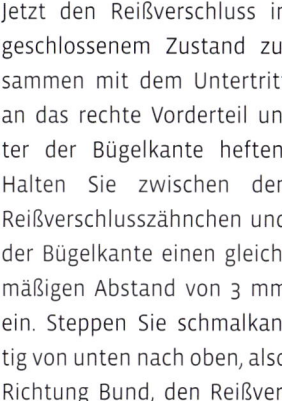

Übertragen Sie die Stepplinie vom Schnittteil auf die rechte Seite des Vorderteils.

Bevor Sie mit dem Abstep-pen anfangen, klappen Sie den Untertritt auf die Seite und stecken Sie ihn mit einer Stecknadel fest.

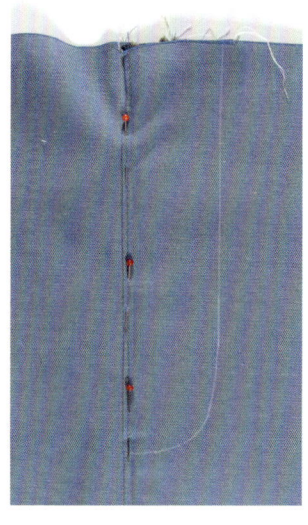

Stecken Sie von der rechten Seite des Reißverschlussschlitzes die Mitte des linken Vorderteils auf die Mitte des rechten Vorderteils.

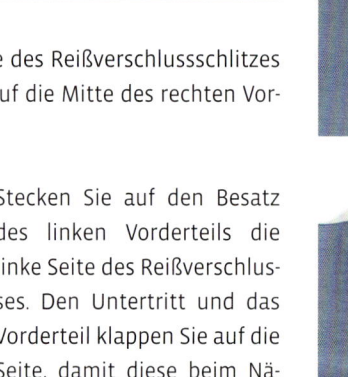

Stecken Sie auf den Besatz des linken Vorderteils die linke Seite des Reißverschlus-ses. Den Untertritt und das Vorderteil klappen Sie auf die Seite, damit diese beim Nä-hen nicht mitgefasst werden. Steppen Sie schmalkantig von unten nach oben, also Richtung Bund, den Reißver-schluss ein. Die Naht verläuft durch die Mitte des Reißver-schlussbandes.

Bringen Sie den Standardnäh-fuß oder den Klarsichtfuß an Ihre Nähmaschine an. Stellen Sie die Nadelposition in die Mitte des Nähfußes.
Den Schlitz von oben über die markierte Linie bis zum Anfang der Rundung steppen. An diese Stelle habe ich eine Stecknadel gesteckt. Danach den Untertritt vorklappen und die Rundung steppen. Der Untertritt wird dabei mit-gefasst.

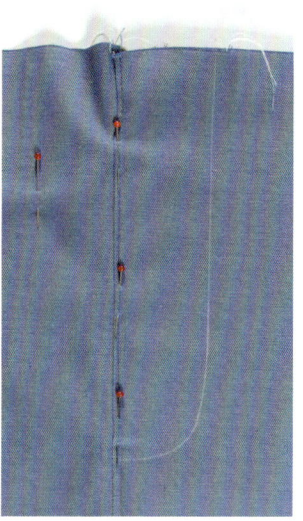

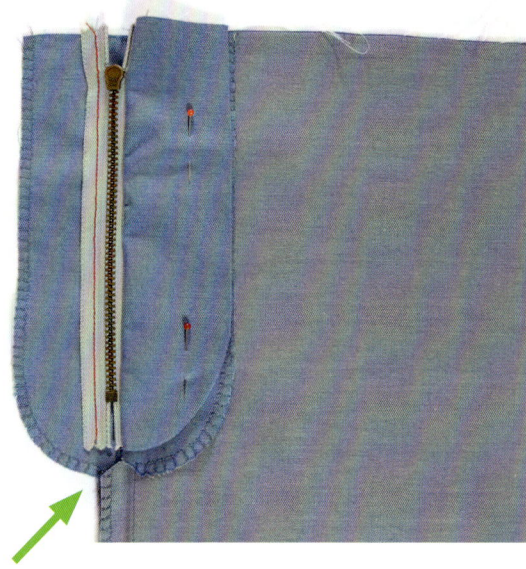

Hier in die rechte Nahtzugabe einschneiden.

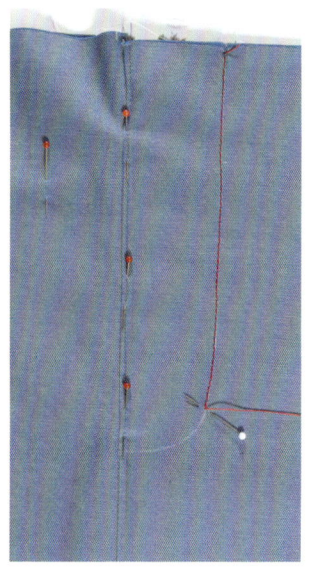

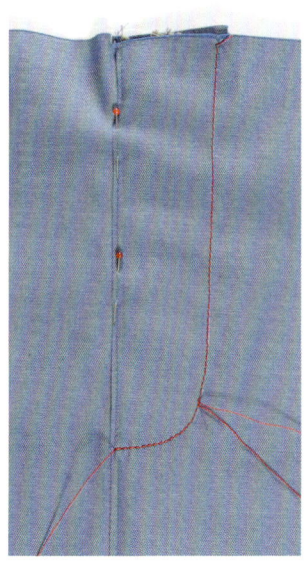

Riegel nähen

Ein Riegel wird genäht, um eine Naht zu verstärken oder um eine beanspruchte Stelle zu stabilisieren.

Es gibt Nähmaschinen mit einem Riegel-Programm. Besitzen Sie eine solche Maschine, wählen Sie natürlich den automatischen Riegel an. Dies ist viel einfacher, weil Sie von Anfang an die Riegel-Länge einstellen können und die Maschine dann vollautomatisch näht. Stellen Sie die gewünschte Länge ein und probieren Sie es aus.

Bei Maschinen, die keinen programmierten Riegelstich haben, wählen Sie den Zickzack-Stich.

Einstellung der Nähmaschine:

Wählen Sie den **Zickzack-Stich** an

Stichlänge: 0,7 mm

Stichbreite: 1,8 mm

Nadelposition: Mitte

Nähfuß: Klarsichtfuß oder Standardnähfuß

Probenaht nähen: Markieren Sie die Länge des Riegels – 8 mm – und nähen Sie einen Proberiegel. Falls Sie eine andere Riegellänge, Stichbreite oder Stichlänge möchten, können Sie diese natürlich ändern.

So wird's gemacht: Nähen Sie den Riegel einmal über die Naht an den Übergang zum Untertritt und zwar dort, wo der Steppstich zum Vorklappen vom Untertritt-Beleg unterbrochen worden ist. Den zweiten Riegel nähen Sie an den Übergang des Reißverschluss-Steppstichs auf die Mittelnaht.

Spezielle Nähfüßchen

Viele Näharbeiten lassen sich mit zusätzlichen Nähfüßchen, die Sie als Sonderzubehör bekommen, leichter erledigen. Es gibt sie für viele Fabrikate, fragen Sie bei Ihrem Fachhändler.

Die Füßchen sind so aufgebaut, dass der Arbeitsschritt schneller, einfacher und leichter zu erledigen ist. Es gibt viele Nähtechniken, die Sie nur mit Spezialnähfüßen ausführen können.

Ich habe hier nur ein paar Nähfüße vorgestellt. Das Angebot ist jedoch noch umfangreicher und es kommen immer neue hinzu.

Schmalkantenfuß

Der Schmalkantenfuß hat eine Führung, die es Ihnen ermöglicht, die Steppnaht in gleichmäßigem Abstand von der Kante zu nähen. Er hilft Ihnen auch beim Steppen im Nahtschatten. Dieser Nähfuß ist sehr vielseitig einsetzbar und meiner Meinung nach ein „Must have"!

Geradstichfuß und Geradstich-Stichplatte

Sehr dünne Stoffe, dicht gewebte und dicke, schwere Stoffe lassen sich am besten mit dem Geradstichfuß und der Geradstich-Stichplatte nähen. Der Nähfuß und die Stichplatte haben beide statt eines Schlitzes ein Loch eingearbeitet. Dadurch wird die Naht exakter gesteppt und der Stoff besser geführt.

Nahtreißverschlussfuß

Mit dem Nahtreißverschlussfuß nähen Sie Nahtreißverschlüsse ein. Wenn Sie sich einmal mit dem Einnähen von Nahtreißverschlüssen vertraut gemacht haben, werden Sie fast nur noch diese Art von Reißverschlüssen einnähen. Es ist schneller und einfacher zu nähen und sieht meiner Meinung nach auch noch besser aus.

Kräuselfuß

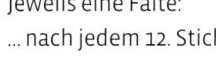

Zum Kräuseln von Stoffbahnen, Rüschen und Volants setzen Sie am besten den Kräuselfuß ein. Der Kräuselfuß kräuselt den Stoffstreifen gleichmäßig. Damit kann sogar in einem Arbeitsgang angenäht und gekräuselt werden.

Jeweils eine Falte:
... nach jedem 12. Stich

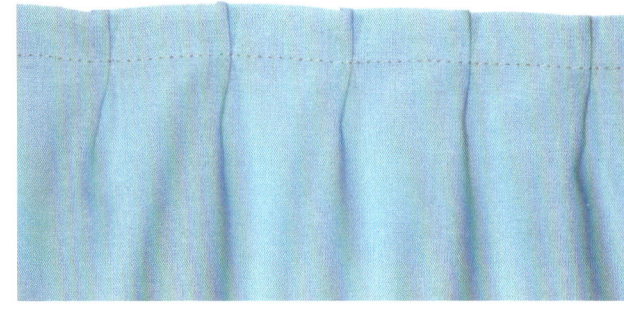

... nach jedem 6. Stich

... nach jedem Stich

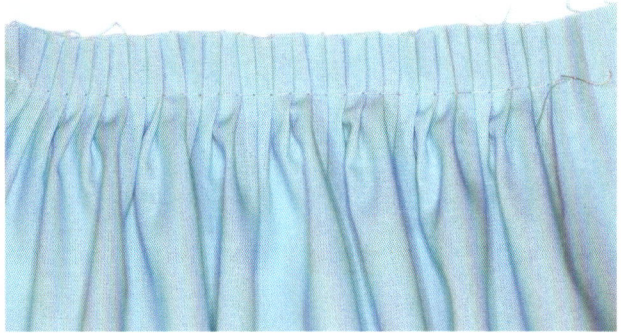

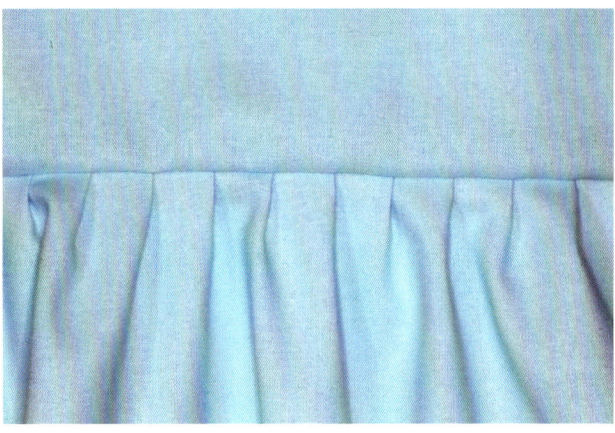

Ruffler

Der Ruffler, auch Mehrstichkräusler oder Faltenleger genannt, legt kleine gleichmäßige Fältchen in den Stoff. Am Ruffler können Sie einstellen, dass der Fuß nach jedem Stich, jedem sechsten oder jedem zwölften eine kleine Falte legen soll. Den Abstand zwischen den Falten können Sie mit der Stichlänge zusätzlich beeinflussen. Wenn Sie die Stichlänge größer einstellen, wird der Abstand ebenfalls größer, eine kleinere Einstellung der Stichlänge bringt die Falten näher zueinander. Die Faltentiefe können Sie mit der dafür vorgesehenen Einstellschraube verändern.

Mit dem Ruffler können Sie gleichzeitig Fältchen legen und das Teil an einen anderen Stoff annähen.

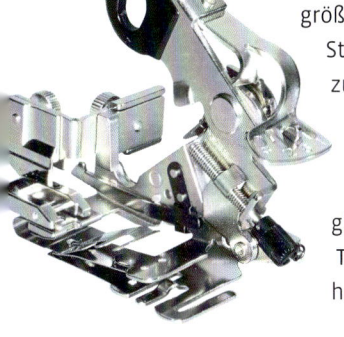

Biesenfuß

Damit werden Biesen gesteppt. Das sind schmale, gerade gesteppte Erhebungen im Stoff.

Die Biesenreihen werden in dünneren Stoffen mit dem Geradstich und einer 1,6 mm breiten Zwillingsnadel gesteppt. Bei dickeren Stoffen darf der Abstand der Nadeln 2 mm oder 2,5 mm sein. Der Biesenfuß schafft durch die Rillen in der Sohle den großen Vorteil, dass die Biesenreihen automatisch gerade, parallel und in gleichmäßigem Abstand mühelos zueinander genäht werden können.

Biesen sehen am schönsten aus, wenn der Faden den gleichen Farbton hat wie der Stoff.

Biesenfuß und Smoken

In den schmalen Rillen an der Sohle des Biesenfußes kann ein Gummifaden sauber geführt werden. Das funktioniert auch zum Steppen von mehreren Gummifaden-Reihen. Die zuerst gesteppte Reihe läuft dann sauber in den Biesenfuß ein, während die zweite Reihe mühelos genäht wird. In diesem Schema nähen Sie Reihe für Reihe. Der Gummifaden wird mit dem Zickzack-Stich übernäht und kann zum Schluss in die gewünschte Länge zum Kräuseln gezogen werden.

Strickwaren- oder Ausgleichsfuß

Der Strickwarenfuß, auch Ausgleichsfuß genannt, ermöglicht ein besseres Nähen von Stoffen, die etwas dicker sind und gleichzeitig Volumen haben, z. B. Strick- und Vliesstoffe, Pelze oder Teddy. Mit diesem Fuß können Sie alle Overlockstiche, die Ihre Nähmaschine bietet, nähen.

Paspelfuß

Der Paspelfuß ermöglicht es, Paspeln herzustellen und in die Stoffkanten einzuarbeiten. Die Paspel läuft dabei in die dafür vorgesehene Fußführung.

Knopfannähfuß

Mit dem Knopfannähfuß können Sie Durchnähknöpfe mit oder ohne Steg annähen. Mit dem Knopfannäh-Programm oder einem Zickzack-Stich wird der Knopf befestigt.

Freihandnähfuß

Für kreative Näharbeiten ist der Freihandnähfuß nicht wegzudenken. Mit dem Freihandnähfuß können Sie stopfen, quilten und sticken. Sie können "sozusagen freihändig" Ornamente und Monogramme erzeugen.

Für diese Nähtechnik wird meistens der Geradstich oder der Zickzack-Stich angewählt. Der Transporteur wird beim Arbeiten mit dem Freihandnähfuß versenkt. Sie übernehmen selbst die Bewegung des Nähgutes nach allen Richtungen.

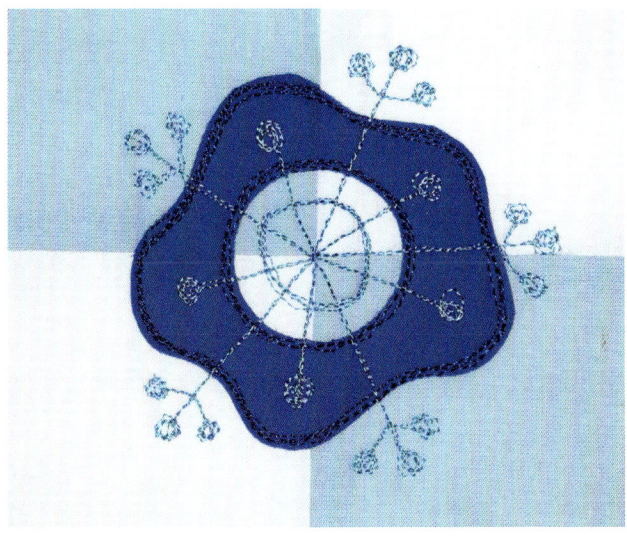

Klarsichtfuß

Um "klar" unter den Nähfuß zu sehen, hilft Ihnen der Klarsichtfuß. Dieser Fuß hat eine transparente Sohle und Sie können, wie mit dem Standardfuß, sämtliche Nähte nähen.

Applikationsfuß

Mit dem Applikationsfuß lassen sich Applikationen aufnähen. Mit diesem Spezialfuß haben Sie eine sehr gute Sicht auf den Stoff und der eng gestellte Zickzack-Stich kann, dank Führung auf der Sohle, besser nach hinten gleiten.

Was es alles gibt!

Nähen –
Stich

für Stich

Schöner Schutz

Patchwork-Buchhülle aus Walk

Allen Unkenrufen, neuen Medien und technischen Errungenschaften zum Trotz hat das Buch seine Bedeutung nicht verloren. Denn Lesen ist – je nach Inhalt des Buches – nicht nur eine Beschäftigung, die genießend erlebt werden soll, sondern auch ein einfacher und schneller Weg, um in eine andere Welt abzutauchen und dabei den Alltag weit hinter sich zu lassen. Das ist durch nichts zu ersetzen und schon gar nicht durchs Internet. Für viele Menschen sind Bücher nach wie vor ein wertvolles, unverzichtbares Hab und Gut. Falls Sie auch ein „Bücherwurm" sind, wird Sie diese ausgefallene Schutzhülle aus strapazierfähigem Walk begeistern. Egal, wo Sie lesen, ob im Bett oder am Kaffeetisch – Buchdeckel und -rücken bleiben sauber und eventuelle Papierumschläge ohne Knicke.

learning by doing

Bei diesem Buchumschlag kommen folgende Verarbeitungs-Schritte vor:

- Schnittkanten bündig aneinander nähen
- Nähen mit dem Universalstich
- Blindstich nicht nur für Säume
- mit dem Blindstich Kanten zusammennähen

DAS BRAUCHEN SIE

Schwierigkeit

Stoffempfehlung
Filz, Walk
Ich habe bei der abgebildeten Buchhülle Walkstoff verarbeitet.

Stoffverbrauch
Sie brauchen 3 verschiede Farben, z. B. rot, weiß, grün.
Je Farbe 10 cm, bei einer Stoffbreite von 110 cm oder 140 cm.

Weitere Zutaten
- 1 Rolle passendes Nähgarn
- Einlage, z. B. Vlieseline G740, 90 cm breit, 30 cm
- Ziergummiband 70 cm

Vorbereitungen

Füßchen für das Projekt

Aus dem Standardzubehör: Standardnähfuß,
Füßchen, die Ihnen das Nähen erleichtern: Klarsichtfuß

Zuschnitt berechnen:

Da die Einbände unterschiedlich groß sind, ist die Karogröße auch unterschiedlich. Messen Sie zuerst Ihr Buch. Notieren Sie die Höhe, Breite und Dicke.

Mein Buch ist z. B. 23 cm hoch, 15 cm breit und 2 cm dick.

Breite: Teilen Sie die Breite durch 3. Für mein Buch teile ich 15 cm durch 3, d. h., meine Karos werden 5 cm groß.

Höhe: In der Höhe passen bei meinem Einband 4 Karos in eine Reihe. 20 cm sind somit abgedeckt. Für die restlichen 3 cm, die noch fehlen, habe ich zum Schluss einen Streifen zugeschnitten. Der Streifen muss so lang sein, dass er auch für den Umschlag passt. Den Streifen der Länge nach in der Mitte nochmals durchschneiden. Daraus werden später der obere und untere Abschluss.

Dicke: Für die Dicke habe ich einen Streifen von 2 cm zugeschnitten. Die Streifenlänge ist 4-mal die Karogröße.

Zuschneiden

Roter Stoff: 13 Karos
1 Streifen für die vordere Kante (Dicke)
1 Streifen für den oberen und unteren Abschluss inkl. Umschlag
Weißer Stoff: 14 Karos
Grüner Stoff: 13 Karos

Einlage

Damit die Karos formstabil bleiben und nicht ausbeulen, habe ich mich für eine Gewebeeinlage entschieden. Sie ist nicht zu dünn, aber auch nicht zu fest.

Bevor Sie die Einlage richtig zuschneiden, verteilen Sie die Karos. Legen Sie am besten die Einlage gleich auf das Bügelbrett, sodass Sie sie gleich aufbügeln können. Die beschichtete Seite der Einlage zeigt nach oben, die Stoffstücke werden mit der linken Seite auf die Einlage gelegt. In die Mitte legen Sie den Streifen, dann rechts und links jeweils fünf Karoreihen. Legen Sie die Schnittkanten bündig aneinander. Jetzt die Stoffstücke aufbügeln.

Stich einstellen zum Zusammennähen:

Wählen Sie den **Universalstich** an.

Stichlänge: 1,5 mm
Stichbreite: 4,5 mm
Nähfuß: Klarsichtfuß oder Standardnähfuß
Oberfaden: Allzweckfaden
Unterfaden: Allzweckfaden
Spannung: 3 – 5
Nadel: 80er Universalnadel

Falls Ihre Nähmaschine den Universalstich nicht hat, wählen Sie den genähten Zickzack-Stich.

Probenaht nähen: Legen Sie zwei Stoffreste auf ein Stück Einlage. Die Kanten sauber aneinanderlegen und festbügeln. Nähen Sie den Stich mittig über die Stoffkanten, sodass beide Stoffstücke gleichmäßig von der Nadel getroffen werden.

So wird's gemacht:

1 | Kanten steppen

Steppen Sie zuerst alle Kanten entlang der langen und dann entlang der breiten Seite. Jetzt schneiden Sie die Einlage bis zur Stoffkante zurück. Danach die langen Streifen oben und unten annähen. Diesen Streifen habe ich nicht verstärkt, damit die Einlage später nicht zu sehen ist.

2 | Umschlag nähen

Für den Umschlag schlagen Sie zwei Karoreihen nach rechts um, d.h., rechts auf rechts. Stellen Sie den Blindstich ein. Die Standardeinstellung der Stichbreite und -länge bleibt. Steppen Sie den Umschlag. Der Blindstich sticht knappkantig in die Stoffkante, der Zacken wird in den Stoff gestochen. Den Umschlag wenden und bügeln.

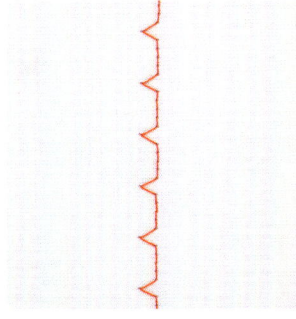

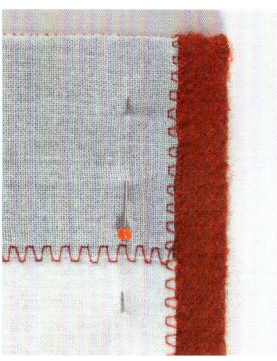

3 | Gummiband annähen

Das Gummiband in der Länge anpassen, sodass noch ein kleiner Zug zum Halten da ist.

Stellen Sie den genähten Zickzack-Stich in Ihrer Nähmaschine ein. Die Stichbreite auf 5,5 mm, die Stichlänge auf 0.

Die Maschine näht praktisch auf der Stelle. Legen Sie die Gummiband-Enden knapp übereinander. Mit dem genähten Zickzack-Stich nähen Sie das Gummiband zusammen. Danach fixieren Sie das Band an einer Stelle im hinteren Bereich der Hülle.

Fertig!

Sie können auch ein Notizbuch in den selbstgenähten Umschlag stecken und schon haben Sie ein tolles, persönliches Geschenk

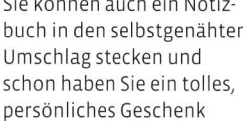

Schmucke Wand-Deko
Patchwork-Quilt mit Applikationen

Dass der Quilt (englischer Begriff für Steppdecke) heute ein begehrtes Deko-Objekt ist, verdanken wir Menschen aus ganz Europa, die im 17. Jahrhundert nach Amerika auswanderten. Mangels neuen Nähmaterials fertigten die Siedlerfrauen aus allen möglichen Stoffresten wärmende Decken. Heute zerschneidet man absichtlich verschiedene Stoffe, um sie anschließend kunstvoll wieder zusammenzusetzen. So entstand aus der Not eine Tugend und nach und nach wurde die Decke immer kunstvoller und aufwendiger gestaltet. Deshalb haben die heutigen Quilts mit dem leicht angestaubten Image von Tagesdecken nichts mehr gemein. Vom wärmenden Gebrauchsgegenstand haben sie sich zum dekorativen Kunstobjekt gemausert.

Unser Modell ist besonders raffiniert – eine Kombination aus Patchwork- und Applikations-Quilt.

learning by doing

Bei diesem Quilt kommen folgende Verarbeitungs-Schritte vor:

- Stoffe exakt zuschneiden
- Stoffquadrate exakt zusammenfügen
- Applikationen freihand aufnähen
- Quilten im Nahtschatten
- Volumenvlies einarbeiten
- Einfassung zusammennähen
- Einfassung um die Ecke nähen

DAS BRAUCHEN SIE

Schwierigkeit

Stoffempfehlung
Patchwork-Stoffe, Baumwollstoffe.
Ich habe für der Top (Oberstoff) Patchwork-Stoffe verarbeitet und für die Rückseite einen Baumwollstoff.

Stoffverbrauch
Oberstoff
15 bis 20 unterschiedliche Stoffe, die farblich von hell nach dunkel aufeinander abgestimmt sind.
Je Stoff
110 cm breit, 20 cm lang

Rückseite
110 cm breit, 70 cm lang

Weiteres Zubehör
- 70 cm aufbügelbare Volumen-Vlieseinlage, H640, 90 cm breit
- 1 Allzweckfaden passend zum Stoff
- 2 Rollen Stickgarn Rayon 40, in hell und dunkel passend zum Stoff
- 40 cm doppelseitige Bügeleinlage Vliesofix, 90 cm breit
- 5 Knöpfe, die auch unterschiedlich in Farbe und Größe sein können

Einführung ins Quilten

Ein Quilt ist üblicherweise aus drei Lagen zusammengesetzt: einer Oberseite, der Füllung und der Unterseite. In vielen Beschreibungen wird die Oberseite eines Quilts auch häufig als „Top" bezeichnet.

Verschiedene Arten von Quilts

Beim *Patchwork-Quilt* ist die Oberseite aus Stoffstücken zusammengenäht. Diese Stoffstücke oder „Patches" können aus vielen verschiedenen Formen, Farben und Kompositionen bestehen.

Bei einem *Applikations-Quilt* ist der Trägerstoff für die Applikationen häufig an einem Stück. Durch das Ausnähen von Applikations-Ornamenten entsteht darauf ein Bild.

Dann gibt es noch den *Wholecloth-Quilt*. Die Oberseite dieses Quilts besteht aus einem durchgehend einfarbigen oder bunten Stück Stoff. Hier werden von Hand oder maschinell die Quiltmuster eingearbeitet.

Sie können ein Patchwork mit Applikationen kombinieren oder eine Oberfläche mit Garnen, Bändern, Knöpfen und Perlen gestalten. Lassen Sie Ihrer Phantasie freien Lauf! Viele Quilts sind so kunstvoll, dass sie sogar einen Namen bekommen.

Einen Quilt können Sie im Heimdekor-Bereich als Decke, Babydecke, Kissen, Tischset oder Wandbehang gestalten. Beliebt sind auch Patchwork-Taschen. Schon mit nur einem Quilt-Element oder einem gequilteten Oberflächenbereich kann eine Tasche bereits ein pfiffiges Aussehen bekommen.

„Perlen perlen auf Quadrate"

Als Beispiel habe ich hier ein sehr einfaches Quilt aus Stoffquadraten zusammengesetzt und mit Applikationen aufgelockert. Um den Quilt herzustellen, brauchen Sie einen Rollschneider, die Schneidematte und das Lineal für den Rollschneider. Somit können Sie die Quadrate exakt schneiden.

Und so ist mein Quilt entstanden:

Für die Farbe des Quilts hatte ich von Anfang an schon eine Idee. Deshalb habe ich zuerst zu Hause meine Stoffe angeschaut. Was habe ich schon, was fehlt mir noch? Vielleicht haben Sie ja auch schon ein kleines Stofflager zu Hause.

Ich bin immer auf der Suche nach neuen, interessanten Stoffen. Wenn ich in einer fremden Stadt bin, sind die Handarbeitsläden wie ein Magnet, da muss ich rein. Oder einen Bummel über einen Stoffmarkt machen. Auch im Urlaub! Gerade im Ausland findet man so viele schöne Stoffe, die es bei uns nicht gibt.

Aber zurück zum Quilt. Nehmen Sie die Stoffe, die Sie schon haben, zum Einkaufen mit. So können Sie am besten sehen, was noch dazu passt. Ich habe hier 20 unterschiedliche Stoffe verarbeitet. Kombinieren Sie einfarbige mit klein gemusterten Stoffen. Die Muster sollten nicht zu groß sein. Sie können aus einem Stoff auch zwei Quadrate zuschneiden, so reduziert sich die Anzahl der unterschiedlichen Stoffe.

Vorbereitungen

Füßchen für das Projekt

Aus dem Standardzubehör: Standardnähfuß

Weitere Füßchen, die Sie brauchen: Freihandquiltfuß. Falls es diesen Nähfuß nicht für Ihre Nähmaschine gibt, setzen Sie den Stopffuß ein.

Füßchen, die Ihnen das Nähen erleichtern: Schmalkantenfuß

Zuschneiden

Schneiden Sie zuerst die 20 Stoffquadrate 17 cm x 17 cm. Die Nahtzugabe von 1 cm ist im Zuschnitt enthalten.

Quadrate anordnen

Für die Querreihen brauchen Sie 4 Quadrate, in der Höhe 5 Quadrate. Ordnen Sie die 20 Quadrate auf Ihrem Arbeitstisch mit einem Farbverlauf von hell nach dunkel an. Wenn Ihnen die Anordnung gefällt, geht es ans Nähen.

Das Top nähen

Einstellung der Nähmaschine:

Wählen Sie den **Geradstich** an.

Stichlänge: 1,6 mm

Nadelposition: Mitte

Nähfuß: Standardnähfuß

Oberfaden: Allzweckfaden

Unterfaden: Allzweckfaden

Nadel: Universal 80er

Spannung: 3 – 5

Nähen Sie eine Probenaht und überprüfen Sie die Einstellungen.

Weitere Hinweise zum Nähen:

Die Stoffstücke liegen beim Zusammennähen rechts auf rechts aufeinander.

Die Stichlänge ist kurz gestellt, deshalb brauchen Sie am Anfang und Ende der Naht nicht zu vernähen.

Kleinere Stoffstücke aus Baumwolle lassen sich gut unter die Nähmaschine legen, ohne sie vorher zu stecken oder zu heften. Es reicht, die Quadrate lediglich mit einer Nadel zu fixieren, damit sie nicht aus Versehen vertauscht werden.

So wird's gemacht:

1 | Querreihen zusammennähen

Nähen Sie zuerst die Querreihen zusammen.
Legen Sie die ersten zwei Quadrate sauber aufeinander. Ohne

vorher zu stecken, platzieren Sie die Stoffstücke unter den Nähfuß und steppen die Naht. Gleich danach nähen Sie die nächsten zwei Stoffstücke zusammen. Legen Sie diese gleich bündig unter den Nähfuß, ohne abzusetzen. Jetzt die zwei Patches zusammennähen. Nähen Sie so alle Querreihen.

2 | Bügeln

Bügeln Sie die Nahtzugabe flach zu einer Seite. Zuerst die erste Reihe. Bei der zweiten Reihe bügeln Sie die Nahtzugabe in die entgegengesetzte Richtung. Bei allen weiteren Reihen achten Sie darauf, dass die Nahtzugabe immer in der entgegengesetzten Richtung zur vorherigen Reihe gebügelt wird.

3 | Querreihen verbinden

Beim Zusammennähen der Reihen treffen die Nähte aufeinander. Dabei zeigt eine Nahtzugabe nach rechts, die andere nach links. Nähen Sie die erste und zweite Reihe zusammen, danach gleich die dritte dazu. Verbinden Sie jetzt die vierte und fünfte Reihe.

Nachdem auch die letzte Naht genäht ist, bügeln Sie die Nahtzugabe der Quernähte in einer Richtung. Bevorzugt wird zu den dunkleren Stoffen hin gebügelt, dadurch ist die Nahtzugabe später auf der rechten Seite weniger sichtbar.

4 | Einlage aufbügeln

Schneiden Sie die Einlage und untere Stofflage 2 cm größer als das Top zu. Bügeln Sie jetzt das Volumenvlies auf das Top. Beginnen Sie mit dem Bügeln in der Mitte und arbeiten Sie zum Rand hin. Achten Sie darauf, dass das Bügeleisen nicht auf das Vlies kommt.

Wenn Sie schon beim Bügeln sind, glätten Sie auch gleich die untere Lage, die Sie für das Quilt vorgesehen haben. Breiten Sie danach die untere Lage mit der rechten Seite nach unten auf dem Arbeitstisch aus. Legen Sie das Top mit dem Vlies oben drüber. Die rechte Seite zeigt nach oben. Stecken Sie die drei Lagen am besten mit langen Stecknadeln zusammen.

5 | Quilten im Nahtschatten

Quilten im Nahtschatten bedeutet, in die zuvor genähte Naht zu steppen. Falls Sie den Schmalkantenfuß haben, setzen Sie ihn ein. Ändern Sie die Stichlänge auf 3 und fädeln Sie das Rayon Stickgarn oben in die Nähmaschine ein. Steppen Sie über die hellen Stoffe mit dem hellen Faden, über die dunkleren Stoffe mit dem dunkleren Faden.

Generell werden die Stofflagen von der Mitte nach außen gequiltet. Beginnen Sie mit dem Quilten in der mittleren Reihe und arbeiten Sie nach außen hin.

Zuerst die Querreihen, danach die Längsreihen. Die Führung des Schmalkantenfußes läuft in der zuvor genähten Naht.

6 | Die Streifenwelle

Für die Welle habe ich einen helleren und dunkleren Stoff verwendet. Schneiden Sie jeweils einen Streifen von 10 cm Breite. Einen längeren Streifen, der fast 4 Quadrate abdeckt, und einen kürzeren. Nähen Sie die Stoffstreifen zusammen und unterbügeln Sie diese mit einer doppelseitigen Vliesofix-Einlage. Auf der Rückseite der Streifen malen Sie auf dem Papier des Vliesofix leichte Wellen auf und schneiden die Welle dann ca. 5 cm breit aus.

7 | Perlen-Applikation

Für die Größe der Perlen habe ich verschiedene Garnrollenspulen als Schablone verwendet.
Zuerst wählen Sie die Stoffe aus, die Sie applizieren wollen. Ich habe drei dunklere und den bunten Stoff genommen.

Auf die Stoffrückseiten bügeln Sie Vliesofix mit der Papierseite nach oben. Wählen Sie die Stücke ausreichend groß für die Anzahl der Perlen, die Sie später ausschneiden wollen. Lieber ein paar Stücke mehr vorbereiten. Sie brauchen auch Perlen, um Probenähte zu machen.
Malen Sie jetzt die Kreise mit einem Bleistift auf das Vliesofix und schneiden Sie sie mit der Handschere aus.
Ich habe dunklere Stoffe für die drei großen Kreise, die fünf mittelgroßen und die sechs mittelkleinen Perlen verwendet. Aus dem bunten Stoff habe ich elf kleine Perlen geschnitten.

8 | Applikationen aufnähen
... zuerst die Welle

Ziehen Sie jetzt die Papierschicht von der Welle ab und platzieren Sie sie längs über die ersten Quadrate. Bei den Perlen ziehen Sie auch die Papierschicht ab und verteilen Sie diese auf dem helleren Stoffbereich. Lassen Sie Ihrer Phantasie freien Lauf. Machen Sie es so, wie es Ihnen am besten gefällt. Wenn die Platzierung passt, bügeln Sie die Applikationen auf.

Einstellung der Nähmaschine:

Wählen Sie den **Geradstich** an
Stichlänge: 3 mm
Nadelposition: zwischen Mitte und links
Nähfuß: Schmalkantenfuß
Oberfaden: Zum Absteppen fädeln Sie als Oberfaden das passende Stickgarn ein.
Unterfaden: Allzweckfaden bleibt
Spannung: 3 – 5

Probenaht nähen: Nähen Sie die Probenaht genauso, wie es nachher beim Steppen vorkommt. Das heißt, auch hier schmalkantig über einen Stoffstreifen steppen, dabei die Nadelposition überprüfen und evtl. nachstellen. Beim Nähen läuft die Fußführung an der rechten Streifenkante entlang und die Nadel ist so versetzt, dass sie im Abstand von 1 – 2 mm von der Kante entfernt auf den Streifen steppt. Für den zweiten Steppstich versetzen Sie die Nadel nach links und nähen nochmals eine Naht. Gesteppt wird hier immer in die gleiche Richtung.
Für die linke Seite des Streifens positionieren Sie die Nadel zuerst zwischen Mitte und rechts. Steppen Sie die erste Reihe. Danach die Nadel weiter nach rechts positionieren und die zweite Reihe steppen.

So wird's gemacht: Wie bei der Probenaht steppen Sie zuerst die rechte Kante und danach die linke Kante ab.

9 | ... dann die Perlen
Nach den Streifen werden die Perlen appliziert.

Einstellung der Nähmaschine:
Wählen Sie den **Geradstich** an.

Stichlänge: bleibt wie angewählt

Nadelposition: Mitte

Nähfuß: Freihandquiltfuß

Oberfaden: Zum Absteppen fädeln Sie als Oberfaden das passende Stickgarn ein.

Unterfaden: Allzweckfaden bleibt

Spannung: Stellen Sie die Oberfadenspannung zwischen 2 und 3 ein. Bei Nähmaschinen mit CB-Greifer fädeln Sie den Faden durch den Spulenkapselfinger.

Transporteur: Versenken Sie den Untertransporteur. Falls Sie eine Nähmaschine mit einem Obertransporteur haben, schalten Sie auch diesen aus.

Weil der Transporteur jetzt außer Betrieb ist, ist die Einstellung der Stichlänge auch unwichtig. Die Stichlänge bestimmen Sie beim Führen des Stoffes.

Probenaht nähen: Nähen Sie eine oder mehrere Probeperlen an. Führen Sie den Stoff im Kreis, ohne ihn zu drehen und steppen Sie drei bis vier Mal schmalkantig ab. Sehen Sie hierzu auch im Kapitel „Gewusst wie: Freihandquilten" nach.

So wird's gemacht: Nachdem Sie sich mit dem Freihandnähen von Kreisen vertraut gemacht haben, nähen Sie die Perlen auf dem Quilt auf.

Schneiden Sie jetzt das überstehende Volumenvlies und den Rückstoff bis zu der Kante des Tops zurück.

10 | Schlaufen nähen
Schneiden Sie aus verschiedenen Stoffen 5 Streifen 10 cm x 18 cm zu. Die Nahtzugabe 1 cm ist im Zuschnitt enthalten. Nähen Sie zuerst die Längsseite zu und bügeln Sie die Nahtzugabe auseinander. Legen Sie die Nahtzugabe in die Mitte des Streifens und steppen Sie die Querseite. An den Ecken den Stoff zurückschneiden, danach verstürzen und nochmals bügeln.

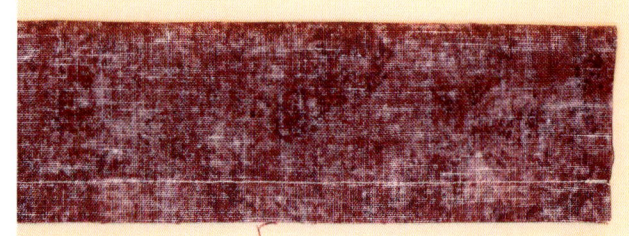

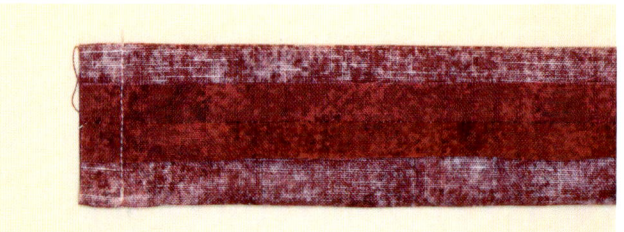

Verteilen Sie die Schlaufen auf dem Quilt: eine in die Mitte, jeweils eine rechts und links außen im Abstand von 3 cm zur Kante. Die restlichen dazwischen gleichmäßig verteilen. Fixieren Sie mit ein paar Stichen die Schlaufen auf der linken Quiltseite. Die rechte Schlaufenseite zeigt dabei zur Quiltrückseite, die offene Schlaufenkante liegt auf der Quiltkante.

11 | Binding vorbereiten

Die Einfassung des Quilts wird Binding genannt. Es wird fast so wie das Schrägband genäht.

Hierfür brauchen Sie vier Streifen, die im geraden Fadenlauf zugeschnitten sind. Suchen Sie sich drei bis vier Farben aus. Bügeln Sie die Stoffe glatt und schneiden Sie mit dem Rollschneider und Lineal jeweils die Streifen 7 cm breit zu.

Zuerst werden die Bänder zu einem langen Streifen aneinandergenäht. Legen Sie dafür die Enden des Bandes rechts auf rechts im Winkel von 90° aufeinander. Es entsteht ein Quadrat. Markieren Sie die Diagonale des Quadrats mit Lineal und Stift. Heften Sie entlang der Diagonalen mit Stecknadeln. Prüfen Sie, ob sich das Band richtig legt. Dazu klappen Sie das Band einfach auf. Steppen Sie über die Diagonale dieses Quadrats.

Verfahren Sie so weiter, bis alle Bänder aneinander genäht sind. Falten Sie jetzt den Streifen in der Mitte der Länge nach, Kante auf Kante. Die rechte Stoffseite ist dabei außen. Streifen bügeln.

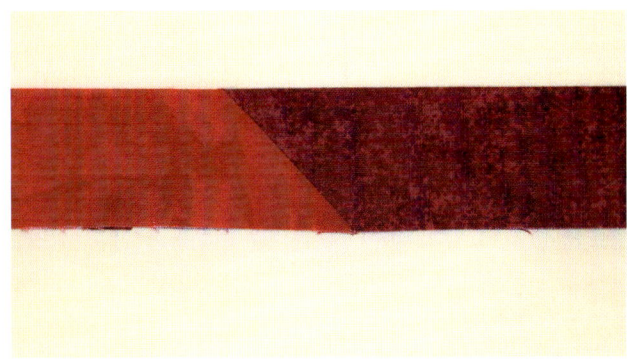

Schneiden Sie die überstehenden Dreieckszipfel bis auf 1 cm zurück und bügeln Sie die Nahtzugabe auseinander.

12 | Binding nähen

Legen Sie das Band Kante auf Kante auf den Quilt. Fangen Sie mit dem Nähen nicht an einer Ecke an, sondern auf der Mitte einer Seite. Lassen Sie zunächst ca. 10 cm des Bandes ungenäht. Ihre Nahtzugabe ist hier 1 cm. Steppen Sie die Naht im Abstand von 1 cm zur Quiltkante. Auch hier müssen Sie nicht stecken. Richten Sie immer wieder das Band Kante auf Kante und nähen Sie kürzere Strecken.

Markieren Sie den Eckpunkt. Er liegt genau im Abstand von 1 cm zur Stoffkante. Nähen Sie bis zu diesem Eckpunkt das Band fest.

Jetzt das Band um die Ecke falten. Schlagen Sie es dazu über die genähte Kante nach links um. Es entsteht eine Schräge von 45°. Das Band liegt jetzt in der geraden Verlängerung der nächsten Kante.

Falten Sie das Band zurück und legen Sie es bündig rechts auf rechts mit der nächsten Kante. Nähen Sie das Band ab dem Eckpunkt weiter an.

Verfahren Sie so weiter, bis alle Ecken genäht sind.

Wenn alle Seiten und Ecken gesteppt sind, muss das Band zusammengenäht werden. Achtung! Das Band darf am Anfang und am Ende über ca. 10 cm nicht am Stoff festgenäht sein.
Legen Sie Anfang und Ende des Bandes übereinander. Die Überlappung muss genauso groß sein wie die Breite des Bandes, nämlich 7 cm. Schneiden Sie die überstehende Länge zurück.
Nähen Sie nun Anfang und Ende des Bandes zusammen und zwar genauso, wie Sie bereits vorhin das Band zusammengenäht haben.

Schneiden Sie die überstehenden Dreieckszipfel bis auf 1 cm zurück und bügeln Sie den Rest auseinander.
Nähen Sie jetzt das Band vollends an Ihrem Quilt fest.
Das Band jetzt auf die linke Seite umschlagen und mit Stecknadeln fixieren.

An den Ecken das Band so falten, dass eine saubere Diagonale entsteht. Das Band legt sich jetzt fast schon automatisch. Heften Sie mit Stecknadeln von der rechten Stoffseite her so, dass die Bandkante auf der linken Seite schmalkantig mitgefasst wird.

Jetzt wird das Binding ringsherum von der rechten Seite im Nahtschatten gesteppt.

Am Anfang und Ende mit Rückstichen vernähen.

13 | Schlaufen festnähen

Schlagen Sie die Schlaufen auf die rechte Seite und nähen Sie sie mit jeweils einem Knopf fest.

Fertig!

Trendstarker Begleiter
Tasche mit austauschbarer Taschenklappe

Kaum eine Frau würde jemals ohne sie vor die Tür gehen: die Handtasche. Warum, ist für den Mann wohl eines der größten Mysterien überhaupt. Fast genauso unergründlich wie die Frage, warum Frauen so gerne mit der Freundin shoppen gehen. Ein Modell der hier gezeigten Größe ist für den Job und unterwegs unentbehrlich. Hier geht nämlich alles rein, was FRAU im Laufe des Tages so braucht – Schlüsselbund, Geldbörse, Schminktäschchen... und wenn's sein muss, auch noch ein paar Arbeitsunterlagen. Und wer keine Lust hat, seine Handtasche regelmäßig zu wechseln, tauscht einfach beliebig die Klappe aus! Das ist eben der Vorteil vom Selbernähen.

learning by doing

Bei dieser Tasche kommen folgende Verarbeitungs-Schritte vor:

- Applikationen mit dem Zickzack-Stich nähen
- Applikationen mit dem Geradstich und einem dickeren Faden nähen
- Oberfläche mit Bändern gestalten
- Reißverschluss einnähen
- Ecken punktgenau nähen

DAS BRAUCHEN SIE

Schwierigkeit

Stoffempfehlung
Mittelschwere bis schwere Stoffe aus Baumwolle, Denim, Köper, Leinen oder Kord. Als Futterstoff eignen sich sehr gut ein Baumwoll- oder Patchworkstoff.
Ich habe für die abgebildete Tasche einen mittelschweren Jeansstoff verarbeitet. und als Futter einen Baumwollstoff verwendet.

Stoffverbrauch

Tasche	140 cm breit,	40 cm lang
	110 cm breit,	80 cm lang
Futter	140 cm breit,	40 cm lang
	110 cm breit,	80 cm lang

Weiteres Zubehör
- 180 cm Gurtband 3 cm breit
- 1 Garnrolle passend zum Stoff
- 1 Garnrolle passend zum Futterstoff
- 35 cm Gewebeeinlage, Vlieseline G700, 90 cm breit
- 10 cm feste Gewebeeinlage für den Boden, S320
- 35 cm aufbügelbare, dünne Volumen-Vlieseinlage, H630, 90cm breit
- 2 Karabinerhaken für Taschengurt mit Öse
- 1 Versteller für den Träger 3 cm breit
- 1 Teilbarer Reißverschluss 30 cm

Vorbereitungen

Füßchen für das Projekt

Aus dem Standardzubehör: Standardnähfuß, Reißverschlussfuß. Weitere Füßchen, die Ihnen das Nähen erleichtern: Applikationsfuß, Schmalkantenfuß, Klarsichtfuß.

Weitere Hinweise zum Nähen:

Nahtanfang und -ende mit ein paar Rückstichen vernähen. Wenn nichts anderes empfohlen wird, liegen die Stoffteile beim Zusammennähen rechts auf rechts aufeinander.

Zuschneiden

Die Nahtzugabe 1,5 cm ist im Zuschnitt enthalten.

Stoff

2 Rechtecke 35 cm x 28 cm für die Taschenteile
2 Streifen 28 cm x 11 cm für die Seitenteile
1 Streifen 35 cm x 11 cm für den Boden

Futter

2 Rechtecke 35 cm x 28 cm für die Taschenteile
2 Streifen 28 cm x 11 cm für die Seitenteile
1 Rechteck 35 cm x 30 cm für die Innentasche
1 Streifen 35 cm x 11 cm für den Boden

Einlage

Für die Tasche

2 Rechtecke 35 cm x 28 cm für die Taschenteile
2 Streifen 28 cm x 11 cm für die Seitenteile
1 Streifen 35 cm x 11 cm für den Boden

Einlage für den Boden

1 Streifen 32 cm x 8 cm für den Boden

Volumenvlies

2 Rechtecke 32 cm x 25 cm für die Taschenteile
2 Streifen 25 cm x 8 cm für die Seitenteile
1 Streifen 32 cm x 8 cm für den Boden

Einlage aufbügeln

Unterbügeln Sie alle Stoffteile der Tasche mit der Einlage. Auf den Boden mittig zusätzlich die festere Einlage aufbügeln. Bügeln Sie das Volumenvlies auf den Futterstoff. Die Nahtzugabe ist hier ausgespart. Somit tragen die Nähte nicht auf und lassen sich glatter ausbügeln.

Tasche zusammennähen

Einstellung der Nähmaschine:

Wählen Sie den **Geradstich** an.
Stichlänge: 3 mm
Nadelposition: Mitte
Nähfuß: Standardnähfuß oder Klarsichtfuß
Oberfaden: Allzweckfaden
Unterfaden: Allzweckfaden
Spannung: 3 – 5
Nähen Sie eine Probenaht und überprüfen Sie die Einstellungen.

1 | **Zuerst der Halbring**

Zuerst wird der Halbring der Karabinerhaken auf das Seitenteil aufgenäht. Dafür schneiden Sie zwei Stücke à 10 cm aus dem Taschengurtband ab. Karabinerhaken aus dem Halbring aushängen. Den Halbring auf das abgeschnittene Band aufziehen. Die Enden treffen sich in der Mitte bündig auf der unteren Seite. Fixieren Sie die Bandschlaufen mittig, 5 cm von der oberen Kante. Mit dem Steppstich festnähen.

2 | **Träger**

Bei dem Gurtband, das ich verwendet habe, lassen sich die Enden mit einem Feuerzeug verschmelzen. Damit können Sie die Enden vor dem Ausfransen schützen. Falls dies mit Ihrem Gurtband nicht möglich ist, schlagen Sie einfach die Kante vor dem Annähen 1 cm nach innen ein. Zuerst ein Ende des Gurtbands durch den Steg des Verstellteils einfädeln und festnähen. Jetzt einen Karabinerhaken durchziehen, danach das Gurtband durch den Versteller fädeln. An dem anderen Ende des Bandes wird der zweite Karabinerhaken angenäht.

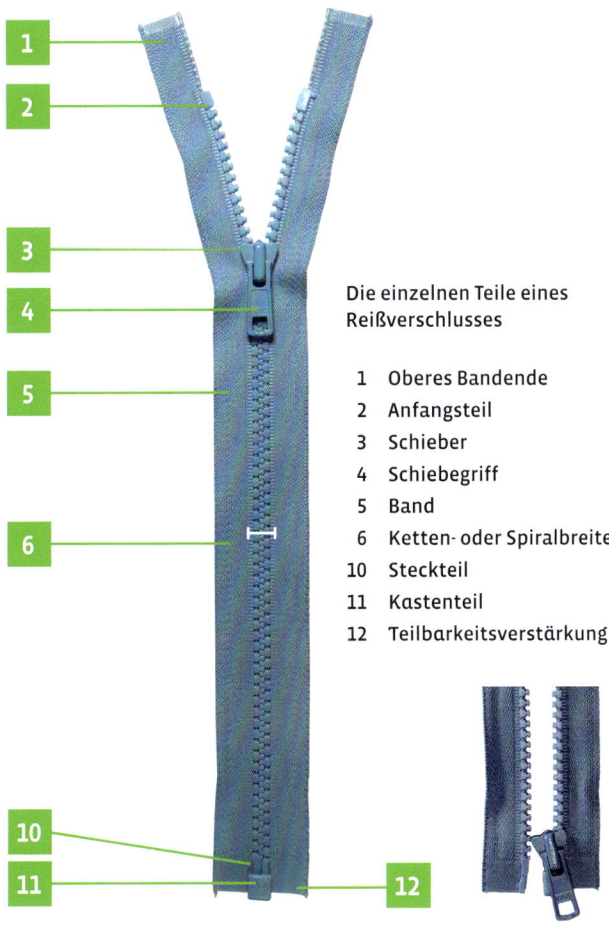

Die einzelnen Teile eines Reißverschlusses

1 Oberes Bandende
2 Anfangsteil
3 Schieber
4 Schiebegriff
5 Band
6 Ketten- oder Spiralbreite
10 Steckteil
11 Kastenteil
12 Teilbarkeitsverstärkung

Einstellung der Nähmaschine:

Wählen Sie den **Geradstich** an.
Stichlänge: 3 mm
Nadelposition: links
Nähfuß: Reißverschlussfuß

Das Ende das Reißverschlussbandes zurückschlagen und ebenfalls fixieren. Das Band zuerst schmalkantig steppen. Beginnen Sie dabei unten am Steckteil. Die zweite Naht parallel zu der ersten im Abstand von 3 mm zu den Zähnchen steppen.

3 | Reißverschluss aufnähen

Legen Sie den Reißverschluss der Länge nach mittig auf die rechte Seite des Taschenrückteils. Von oben nach unten 7 cm abmessen. Die untere Reißverschlussseite mit Stecknadeln fixieren. Den Reißverschluss öffnen.

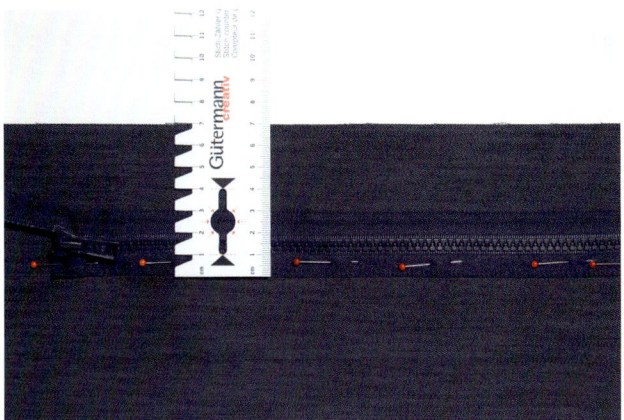

4 | Seitenteile

Setzen Sie jetzt den Klarsichtfuß ein. Falls Sie keinen Klarsichtfuß haben, verwenden Sie den Standardnähfuß. Die Einstellung des Geradstichs bleibt, nur die Nadel jetzt in die Nähfußmitte positionieren. Als Erstes werden die Seitenteile an die Taschenteile angenäht. Markieren Sie sich die Nahtlinien. Diese sind 1,5 cm von der Schnittkante entfernt. An der unteren Kante, wo später der Taschenboden eingesetzt wird, hört die Nahtlinie bei 1,5 cm auf. An dieser Stelle wird nur bis zur Nahtzugabe gesteppt. Keinen Stich weiter! Nicht in die Nahtzugabe nähen. Das ist wichtig, damit der Boden später sauber eingesetzt werden kann und beim Wenden die Ecken auch eckig werden. Steppen Sie beide Seitenteile und bügeln Sie die Nahtzugabe auseinander.

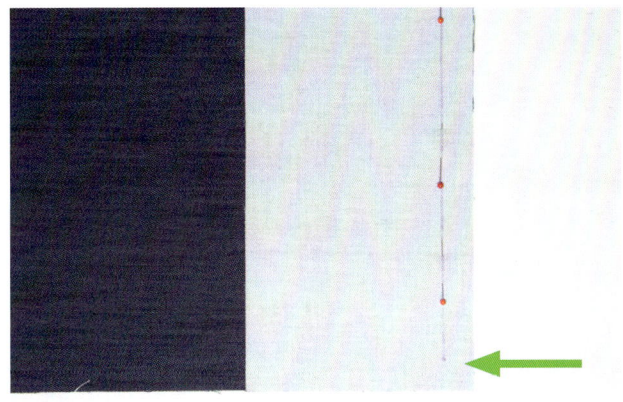

5 | Boden einsetzen

Markieren Sie die Nahtlinien. Stecken Sie zuerst eine lange Seite des Bodens an dem Taschenteil an. Der Nahtanfang beginnt genau dort, wo die Seitennaht aufhört. Steppen Sie die Naht genau bis zur nächsten Seitennaht, also bis zur Nahtzugabe. Keinen Stich weiter, nicht über die Nahtzugabe nähen! Die zweite lange Seite genauso steppen.

Die Naht für die kurze Seite des Bodens beginnt und endet genau an der Nahtzugabe. An den Ecken die Nahtzugabe zurückschneiden, dann bügeln.

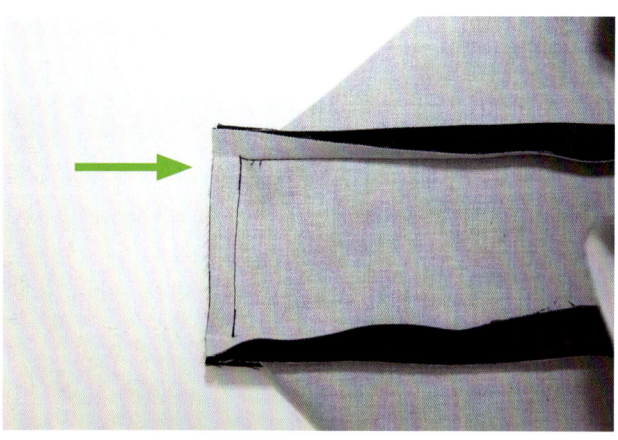

6 | Futter zusammennähen
Innentasche

An dem Rechteck für die Innentasche schlagen Sie die Eingriffskante einmal 0,7 cm ein und nochmals 1 cm um. Mit dem Geradstich füßchenbreit steppen.

Die Innentasche nun auf ein Rechteck platzieren, sodass die Schnittkanten aufeinander treffen. Diese Kanten mit dem Galoppstich fixieren.
Teilen Sie die Stecktasche mit einer Naht. Eine kleinere für Ihr Handy und eine breitere für den Geldbeutel. Steppen Sie hierfür eine Naht im Abstand von 12 cm von der rechten Kante.

7 | Futterteile zusammennähen

Das Volumenvlies ist ohne Nahtzugabe zugeschnitten und aufgebügelt. Dadurch haben Sie automatisch die Nahtlinie. Die Nähte verlaufen am Volumenvlies entlang.
Zusammengenäht wird das Futter genauso wie die Außentasche, bis auf den Boden. Am Boden lassen Sie eine Naht von ca. 15 cm mittig an einer langen Seite offen. Durch den Schlitz wird die Tasche verstürzt.
Futter wenden, die rechte Seite zeigt jetzt nach außen, danach bügeln.

8 | Tasche mit Futter verbinden

Das Futter in die Tasche rechts auf rechts hineinlegen. Heften Sie die obere Kante der Tasche mit Stecknadeln. Die Seitennähte treffen dabei aufeinander. Steppen Sie die Naht, danach bügeln und durch den Schlitz die Tasche wenden. Den Schlitz mit Stecknadeln heften und schmalkantig zunähen.

Die Naht von der rechten Seite nochmals bügeln, mit Stecknadeln fixieren und schmalkantig absteppen.

Taschenklappen

Taschenklappe mit Applikationen

Zutaten

- 35 cm Stoff, ich habe hierfür den Taschenstoff verwendet
- 35 cm Futterstoff, das ist gleichzeitig auch der Applikationsstoff
- 10 cm Vliesofix
- 10 mm Stickvlies
- 1 Rolle passendes Nähgarn
- 1 Rolle Stickgarn, Rayon 40 hellblau, passend zum Applikationsstoff
- 1 Rolle Stickgarn, Rayon 40 weiß, für den Ziersteppstich
- 1 Rolle Bobbins, Unterfaden zum Sticken
- 35 cm Gewebeeinlage, z. B. Vlieseline G700, 90 cm breit
- 2 Druckknopf-Verschlüsse

Zuschneiden

Die Nahtzugabe von 1,5 cm ist im Zuschnitt enthalten.

Stoff	1 Quadrat 33 cm x 33 cm
Futter	1 Quadrat 33 cm x 33 cm
Einlage	2 Quadrate 33 cm x 33 cm

Unterbügeln Sie den Stoff und das Futter mit der Einlage.

1 | Applikation vorbereiten

Schneiden Sie aus dem Applikationsstoff ein Rechteck von 25 cm X 10 cm und aus dem Vliesofix ein Rechteck von 22 cm x 8 cm zu. Bügeln Sie das Vliesofix auf die linke Seite des Stoffes. Schneiden Sie daraus 3 Quadrate von je 6,5 x 6,5 cm.

Auf dem Stoff ziehen Sie mit dem Kreidestift eine Linie 10 cm parallel zu der unteren Kante und eine Senkrechte in der Mitte.

Das Vliesofix-Papier von der Rückseite der Quadrate ziehen Sie jetzt ab. Platzieren Sie zuerst das mittlere Quadrat so auf dem Stoff, dass die Ecken genau die markierten Linien treffen, dann bügeln.

Jetzt rechts und links in der Verlängerung der Diagonalen jeweils ein Quadrat aufbügeln. Der Abstand zwischen den Spitzen ist 0,5 cm. Stecken Sie ein größeres Stück Stickvlies unter die Quadrate.

2 | Applikation aufnähen

Einstellung der Nähmaschine:
Wählen Sie den **Zickzack-Stich** an.
Stichlänge: 0,4 – 0,5
Stichbreite: 3
Nadelposition: Mitte
Nähfuß: Applikationsfuß
Oberfaden: Stickgarn Rayon 40, hellblau
Unterfaden: Bobbins
Spannung: Stellen Sie die Oberfadenspannung zwischen 2 und 3 ein, bei Nähmaschinen mit CB-Greifer fädeln Sie den Faden durch die Spulenkapselfinger.

Nähen Sie mit dem Zickzack-Stich über die Kante der Applikation. Beim Nähen befindet sich die Applikation auf der linken Seite unter dem Nähfuß. Fangen Sie an einer Ecke an. Die Nadel sticht dabei abwechselnd einmal in die Applikation und einmal in den Stoff. An der Ecke lassen Sie die Nadel auf der rechten Sei-

te unten positioniert, drehen den Stoff 90° und nähen die nächste Kante. Am Ende den Faden etwas länger abschneiden, auf die untere Stoffseite bringen und mit dem Unterfaden anknoten. Steppen Sie so alle drei Quadrate auf. Das Stickvlies von der linken Seite lässt sich jetzt mühelos wegreißen.

Mit Lineal und Kreidestift zeichnen Sie durch die Quadratmitte Linien. Die Linien schneiden sich und bilden weitere Quadrate. Um dünne Linien zu ziehen, habe ich den Kreideminenstift verwendet.

3 | Ziersteppstich

Einstellung der Nähmaschine:
Wählen Sie den **Dreifach-Geradstich** an.
Stichlänge: 4,5 mm
Nadelposition: Mitte
Nähfuß: Klarsichtfuß
Oberfaden: Stickgarn Rayon 40, weiß
Unterfaden: Bobbins
Spannung: wie gehabt

Steppen Sie genau über die markierte Linie.

Stellen Sie Ihre Nähmaschine wieder auf den Geradstich um, fädeln Sie den Allzweckfaden ein und stellen Sie die Fadenspannung zurück.

Legen Sie den Stoff und das Futter rechts auf rechts und steppen Sie die rechte, die untere und die linke Kante. Oben lassen Sie offen. Dort wird der Reißverschluss eingenäht. Die Ecken zurückschneiden, bügeln und wenden.

4 | Reißverschluss einnähen

Bringen Sie den Reißverschlussfuß an. Positionieren Sie die Nadel auf die linke Seite.

Stecken Sie die zweite Seite vom Reißverschluss an der oberen Kante der Taschenklappe auf den Stoff. Das Futter und die Nahtzugabe dabei nicht mitfassen, nur den Stoff.

Der Reißverschluss liegt mit der rechten Seite auf dem Stoff. Um sicher zu gehen, dass der Reißverschluss richtig angebracht ist, schließen Sie ihn.

Wenn alles passt, beginnen Sie mit dem Nähen am Kastenteil. Steppen Sie durch die Mitte vom Reißverschlussband. Nicht in die Nahtzugabe nähen und das Futter auch nicht mitfassen.

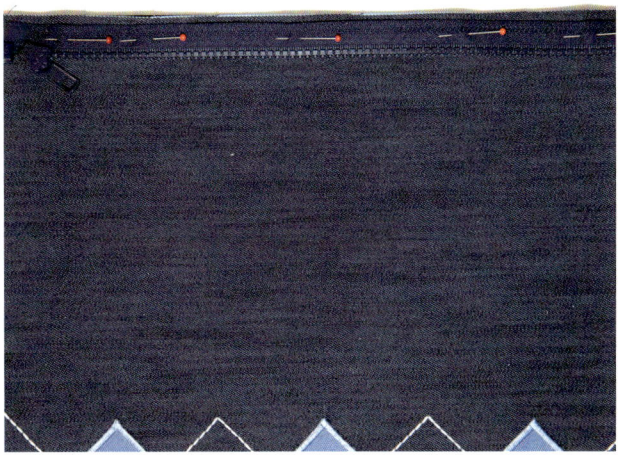

Reißverschlussband und Nahtzugabe der oberen Kante nach innen legen und stecken.

Bügeln Sie die Nahtzugabe vom Futter auf der linken Seite nach innen um. Heften Sie die eingeschlagene Kante knapp unterhalb der Ansatznaht.

Steppen Sie von der rechten Seite schmalkantig 2 mm von der Ansatznaht die Kante fest.

Das geht auch am besten mit dem Reißverschlussfuß. Die Nadel positionieren Sie hierfür auf der rechten Seite des Fußes.

5 | Verschlüsse annähen

Markieren Sie sich die Stelle, an der die Verschlüsse angebracht werden sollen. Ich habe 5 cm von der unteren Seite und von der seitlichen Kante gemessen.

Mit Handstichen nähen Sie die Verschlüsse an, das Futter dabei nicht annähen.

Auf der vorderen Seite der Tasche die Stelle markieren, an der die Gegenseiten der Verschlüsse aufgenäht werden sollen. Nähen Sie die Gegenseiten auch mit Handstichen so an, dass sie das Futter nicht mitfassen.

Taschenklappe mit Bändern

Zutaten

Hierfür brauchen Sie viele Bänder in verschiedenen Farben zueinander passend. Wie viele Bänder Sie brauchen, können Sie so feststellen: Legen Sie die Bänder bündig nebeneinander und messen Sie die Breite, die hierbei entstanden ist. Sind es ca. 29 cm, haben Sie genügend Bänder.

Sie brauchen je Band 80 cm Länge.

- 35 cm Stoff, 140 cm breit
- 1 Rolle passendes Nähgarn
- 35 cm Gewebeeinlage, z. B. Vlieseline G700, 90 cm breit
- 1 teilbarer Reißverschluss 30 cm lang, passend zu den Bändern
- 2 Druckknopf-Verschlüsse

Zuschneiden

Die Nahtzugabe 1,5 cm ist im Zuschnitt enthalten.

Stoff   2 Quadrate 33 cm x 33 cm
Einlage   2 Quadrate 33 cm x 33 cm

Bügeln Sie die Einlage auf die Rückseite des Stoffes.

1 | Bänder „weben"

Schneiden Sie die Bänder in der Mitte durch. Sie haben jetzt zwei gleich lange Streifen. Ordnen Sie die Bänder auf die rechte Seite eines Stoffquadrats: Schnittkante vom Band auf die Schnittkante vom Stoff. Nahtzugabe nicht belegen.

Zuerst die Bänder längs Reihe für Reihe legen, dann in der gleichen Reihenfolge die Bänder quer legen. Bänder an einer Seite mit Geradstich auf der Nahtzugabe festnähen. Jetzt die Bänder überkreuzt legen. Dadurch sieht es aus wie gewebt.

Wenn Sie mit dem Weben fertig sind, nähen Sie die zweite Seite der Bänder auf der Nahtzugabe fest.

2 | Weiterverarbeitung

Die weiteren Schritte – Zusammennähen, Reißverschluss einnähen, Fertigstellen und Verschlüsse aufnähen – werden genauso gemacht wie bei der ersten Taschenklappe.

2 **Weiterverarbeitung**

Nähen Sie zuerst zum Probieren ein Stück Lederimitat auf einen Reststückstoff und überprüfen Sie die Einstellungen.

Wenn alles passt, nähen Sie alle Konturen schmalkantig auf. Die Fäden am Anfang und Ende diesmal nicht vernähen, sondern auf der linken Stoffseite nach hinten ziehen und zusammenknoten.

Mit der Fertigstellung verfahren Sie wie bei der ersten Taschenklappe.

Taschenklappe mit Applikationen

Zutaten
- 35 cm Baumwollstoff in Hellblau
- 35 cm Futterstoff, dafür habe ich den Taschenstoff verwendet
- 35 cm Lederimitat für die Applikationen in Rot
- 1 Rolle passendes Nähgarn
- 1 Rolle Knopflochgarn aus Seide, passend zu der Applikation
- 35 cm Gewebeeinlage, z. B. Vlieseline G700, 90 cm breit
- 1 teilbarer Reißverschluss 30 cm lang
- 2 Druckknopf-Verschlüsse

Zuschneiden
Die Nahtzugabe 1,5 cm ist im Zuschnitt enthalten.

Stoff   1 Quadrat 33 cm x 33 cm
Futter   1 Quadrat 33 cm x 33 cm
Einlage   2 Quadrate 33 cm x 33 cm

Bügeln Sie die Einlage auf die Rückseite von Stoff und Futter.

1 Applikation vorbereiten

Schneiden Sie sich eine Musterschablone von Ihrem Lieblingsmotiv. Legen Sie die Schablonen spiegelverkehrt auf die Rückseite vom Applikationsstoff und zeichnen Sie die Konturen ab. Applikation ohne Zugabe ausschneiden, auf der Taschenklappe verteilen und fixieren.

Einstellung der Nähmaschine:
Wählen Sie den **Geradstich** an.

Stichlänge: 4,0 mm
Nadelposition: zwischen Mitte und links
Nähfuß: Schmalkantenfuß
Oberfaden: Knopflochgarn aus Seide
Unterfaden: Allzweckfaden
Spannung: Stellen Sie die Oberfadenspannung zwischen 4 und 6 ein.

Leuchtender Hingucker
Walk-Jacke mit Zierstichen und offenen Kanten

Mit ihrer schönen, filzartigen Struktur ist gekochte Walkwolle grundsätzlich etwas Schönes und Besonderes. Doch darüber hinaus ist der Stoff fest und dicht und verfügt über gute Wärme- und Isoliereigenschaften. Somit ist er genau das Richtige für diese Übergangsjacke im klassisch-zeitlosen Blazerstil. Durch die leuchtende Farbe peppt sie schlichte, unifarbene Outfits in Schwarz, Braun, Marineblau oder Grau auf. Modemutige tragen sie auch zu Violett oder Orange. Das Besondere an der Jacke außer der Farbe ist der Stoff – ein Doubleface-Strickwalk. Der Vorteil: Er kann beidseitig verarbeitet werden, da er keine linke, sondern zwei rechte Seiten hat. Der Zierstich kommt durch einen dicken, flauschigen Wollfaden besonders ausdrucksvoll zur Geltung.

learning by doing

Bei dieser Jacke kommen folgende Verarbeitungs-Schritte vor:

- Stoffe offenkantig verarbeiten
- Verarbeitung von dicken, voluminösen Stoffe
- Kragen nähen
- Ärmel einnähen
- aufgesetzte Taschen
- Blindstich nähen
- Zierstiche mit Wollfaden nähen

DAS BRAUCHEN SIE

Schwierigkeit

Größe 34 – 48

Stoffempfehlung
Walk, Strickwalk, Sweatshirtstoff, Stoffe, die wenig ausfransen

Stoffverbrauch
Größe 34 – 40   140 cm breit, 160 cm lang
Größe 42 – 48   140 cm breit, 180 cm lang

Weitere Zutaten
- 1 Rolle passendes Nähgarn
- 1 Rolle passendes Lana-Wollstickgarn
- Lana-Nähmaschinennadeln, speziell für das Lana-Wollstickgarn
- Heftfaden
- Einlage: Vlieseline H785 0,7 m, 90 cm breit und Stickvlies 40 cm, 90 cm breit
- 3 Zier-Druckknöpfe

Zuschneideplan für Größe 34 – 40

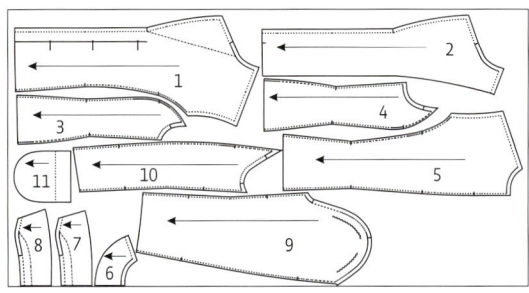

Zuschneideplan für Größe 42 – 48

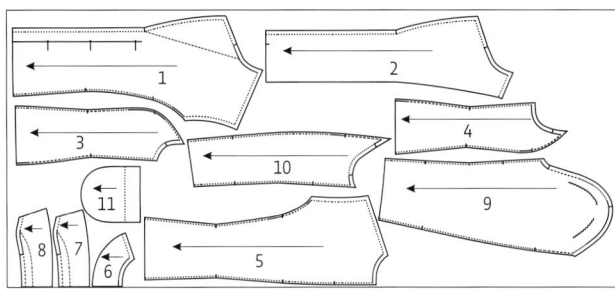

Tipp:

Am besten lässt sich der Strickwalk bei dieser Art der Verarbeitung mit dem Rollschneider zuschneiden.

Falls Sie einen Sweatshirt-Stoff oder einen dünneren Wollstoff verarbeiten, geben Sie für den Saum und Ärmelsaum eine Zugabe von 4 cm. Diese Kanten nähen Sie bei solchen Stoffe am besten später um.

Vorbereitungen

Füßchen für das Projekt

Aus dem Standardzubehör: Standardnähfuß, Blindstichfuß
Weitere Nähfüße, die Ihnen das Nähen erleichtern: Klarsichtfuß, Schmalkantenfuß.

Schnittteile

Nummer 1 bis 11 entsprechend der Schnittvorlage (Schnitt-Nr. 1) vorbereiten.
Übertragen Sie auf den Zuschnitt alle Passzeichen und Markierungen. Beschriften Sie die Schnitteile, so kann rechts mit links, Vorderteil mit Rückenteil oder oben mit unten nicht aus Versehen vertauscht werden.

Nahtzugabe

Die Nahtzugabe ist im Schnittmuster nicht enthalten.
Bei Walk oder Strickwalk geben Sie eine Nahtzugabe von 0,5 cm für die Überlappungsnähte. Eine Zugabe für den Saum, Ärmelsaum, die vordere Kante und die Kragenkanten ist nicht notwendig, denn diese Schnittkanten sind gleich den Jackenkanten.

Stoff zuschneiden

1. Vorderteil 2 x
2. seitliches Vorderteil 2 x
3. Rückenteil 2 x
4. seitliches Rückenteil 2 x
5. Oberärmel 2 x
6. Unterärmel 2 x
7. vorderer Beleg 2 x
8. Taschen 2 x
9. Oberkragen 1 x
10. Unterkragen 1 x
11. Rückwärtiger Beleg 1 x

Einlage

Die Einlage brauchen Sie zum Verstärken der vorderen Belege. Schneiden Sie die Einlage ringsherum ohne Nahtzugabe zu. Die Einlage soll etwas kleiner zugeschnitten werden, damit sie an den offenen Schnittkanten später nicht zu sehen ist. Bügeln Sie die Einlage auf die vorderen Belege auf.

Passzeichen, Ansatzzeichen und Markierungen

In den meisten Fällen knipse ich mit der Schere knapp ein oder ich verwende einen Markierstift, um die Passzeichen zu übertragen. Bei einem Strickwalk, bei dem die Schnittkanten offen verarbeitet werden, ist Einknipsen keine gute Idee! Markierstifte machen eher eine dickere undefinierte Linie. Das gefällt mir persönlich auch nicht. In solch einem Fall nehme und empfehle ich also, altbewährt Nadel und Faden zu benutzen.

Nehmen Sie eine Nadel mit Heftfaden in die Hand und markieren Sie damit alle Passzeichen und Ansatzzeichen.

Nähmaschine vorbereiten

Nadel: Für den Strickwalk habe ich eine universal 80er Nähnadel eingesetzt.

Faden: Zum Nähen fädeln Sie oben und unten den Allzweckfaden ein.

Spannung: Stellen Sie die Oberfadenspannung auf die Grundeinstellung ein.

Nähfußdruck: Bei vielen Haushalts-Nähmaschinen kann der Nähfußdruck angepasst werden. Reduzieren Sie ihn bei dem dicken Strickwalk. Der Stoff wird somit besser transportiert und die Nähte werden gleichmäßiger und schöner.

Hinweis: Die Vorgehensweise beim Nähen ist folgende: Die Schnittkanten werden 1 cm überlappend übereinandergelegt, die Stofflagen mit der rechten Stoffseite nach oben gelegt, geheftet und dann gesteppt.

Bei meinem Doubleface-Stoff bezeichne ich als rechte Seite einfach die Seite, die später oben liegt und zu sehen ist. Nahtanfang und -ende mit ein paar Rückstichen vernähen.

Tipps zum Stecken

Am besten lässt sich ein dickerer Stoff mit größeren Stecknadeln stecken. Kleine Stecknadeln oder Stecknadeln ohne Glaskopf „verschwinden" leicht im Stoff und können nicht so leicht wieder entfernt werden. Stecknadeln quer stecken und drüber steppen geht bei dieser Art der Verarbeitung nicht. Stecken Sie Stecknadeln längs ein, oder heften Sie von Hand mit einem Heftfaden. Das Heften mit der Nähmaschine habe ich unten beschrieben.

Schnittteile stecken: Stecken Sie zuerst die Passzeichen aufeinander. Danach stecken Sie eine Stecknadel unten an die Saumkante. Mit weiteren Stecknadeln fixieren Sie die dazwischenliegende Schnittkante.

Jetzt stecken Sie die obere Kante, danach die dazwischenliegende Schnittkante. Es kann sein, dass Sie hier eine Mehrweite verteilen müssen, z. B. für die Brustpartie. Diese Mehrweite lässt sich beim Strickwalk sehr gut verteilen.

Heften zur Anprobe

Bestimmte Kleidungsstücken wie diese Jacke z. B., bei denen es auf eine genaue Passform ankommt, sollten unbedingt geheftet werden, damit Sie sie anprobieren können. Bei dieser Jacke geht das maschinell mit dem „Galoppstich". Dazu stellen Sie die Stichlänge Ihrer Nähmaschine auf mindestens 5 mm ein. Zum Heften fädeln Sie einen Kontrastfaden zum Stoff ein. Das hilft Ihnen, den Heftfaden besser zu finden, wenn Sie ihn später wieder entfernen.

Nähen Sie die Jacke komplett zusammen. Folgen Sie den Schritten wie in der Anleitung. Beginnen Sie mit der rückwärtigen Mittelnaht, danach steppen Sie die rückwärtigen Seitenteile. An dem Vorderteil das seitliche Vorderteil annähen. Danach mit dem Rückenteil verbinden, schließlich die Seitennaht und die Schulternaht nähen.

Jetzt können Sie schon sehen, ob die Weite passt. Also anprobieren und evtl. Änderungen durchführen.

Wenn die Weite passt, nähen Sie den Ärmel zusammen, also den Unterarm an den Oberarm. Danach steppen Sie den Ärmel ein. Zur Anprobe reicht es, wenn nur ein Ärmel eingenäht ist. Trennen Sie den Ärmel nach der Anprobe wieder auf, bevor Sie mit dem Zusammennähen der Jacke beginnen.

Einstellung der Nähmaschine zum Heften:

Wählen Sie den **Geradstich/Galoppstich** an.
Stichlänge: 5–6 mm
Nadelposition: in der Mitte des Nähfußes
Nähfuß: Klarsichtfuß oder Standardnähfuß
Faden: Zum Heften fädeln Sie oben und unten einen Allzweckfaden in einer Kontrastfarbe ein.

Probenaht nähen: Nähen Sie auf einem Stück Reststoff eine Naht. Sie können so die Einstellung prüfen und ob die Maschine richtig eingefädelt ist.

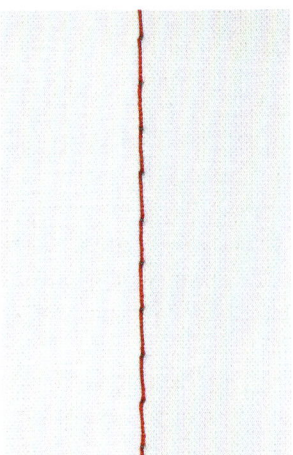

So wird's gemacht: Die Stoffkanten liegen beim Heften 1 cm überlappend übereinander. Führen Sie den Nähfuß beim Heften knapp füßchenbreit an der Schnittkante entlang, sodass die untere Stofflage auch miterfasst wird.

Welche Schnittkante liegt oben und welche unten?

Rückenteil: Bei der hinteren, mittleren Naht ist es nicht so wichtig, welche der Schnittkanten oben liegt. Also entscheiden Sie selbst, welche Ihnen besser gefällt. Wenn Sie das seitliche Rückenteil an das mittlere Rückenteil annähen, soll die Schnittkante des mittleren Rückenteils sichtbar sein.
Vorderteil: Hier liegt die Schnittkante des Vorderteils über dem seitlichen Vorderteil.
Seitennaht: An der Seitennaht liegt das seitliche Vorderteil über dem seitlichen Rückenteil, d. h. die Schnittkante des seitlichen Vorderteils ist hier zu sehen.
Schulternaht: Bei der Schulternaht steppen Sie so, dass das Vorderteil über dem Rückenteil liegt.
Ärmelnaht: Der Oberarm liegt hier beim Nähen über dem Unterarm. Die Schnittkante vom Oberarm ist somit sichtbar. Alles klar?

Tipp zum Steppen: Weil der Stoff so viel Volumen hat und die Schnittkanten beim Steppen übereinanderliegen, kann es sein, dass die Schnittkante nach wenigen Zentimetern vom Nähfuß weggeschoben und somit nicht sauber unter den Nähfuß geführt wird.
Nehmen Sie deshalb den Pfeiltrenner zur Hilfe in die Hand. Beim Steppen drücken Sie direkt vor dem Nähfuß mit dem Pfeiltrenner den Stoff nach unten. Somit reduzieren Sie das Volumen und der Stoff läuft kontrolliert unter den Nähfuß. Nähen Sie dabei etwas langsamer, also mit weniger Geschwindigkeit.

1 | Jacke zusammennähen

Nachdem die Jacke angepasst ist, kann endgültig zusammengenäht werden. Zum Zusammennähen habe ich einen elastischen Geradstich angewählt.
Warum? Weil Nähte, die mit dem elastischen Geradstich gemacht wurden, höher beansprucht werden können. Sie sind

dehnbar, geben nach, und wenn Sie möchten, können Sie die Jacke auch etwas enger anliegend anpassen.

Der elastische Geradstich wird nicht kerzengerade gesteppt. Hier wechseln sich ein schräg gesteppter Vorwärts-Stich mit einem kleineren und kürzeren Rückwärts-Stich ab.

Einstellung der Nähmaschine:

Wählen Sie den **elastischen Geradstich** an.

Stichlänge: 5 mm

Stichbreite: 1,3 mm

Nadelposition: in der Mitte vom Nähfuß

Nähfuß: Klarsichtfuß oder Standardnähfuß

Probenaht nähen: Nähen Sie die Probenaht genauso, wie die Naht nachher beim Steppen vorkommt. Das heißt, auch bei der Probenaht legen Sie die Stoffkanten so übereinander, wie es im Projekt vorgesehen ist. Machen Sie sich vertraut mit dem Stoff und mit der Verarbeitung von dickem Strickwalk. Lieber jetzt eine Probenaht mehr steppen und die Naht üben, als nachher das Kleidungsstück wieder auftrennen zu müssen!

So wird's gemacht: Steppen Sie in die Mitte der Überlappung. Die Naht verläuft am Heftstich entlang. Nach dem Steppen entfernen Sie den Heftfaden. Helfen Sie sich beim Steppen mit dem Pfeiltrenner, drücken Sie direkt vor dem Nähfuß das Volumen vom Strickwalk nach unten. So können Sie die Stoffführung und die Kontrolle über den Stoff besser steuern.

2 | Rückenteil zusammennähen

An dem Rückenteil beginnen Sie mit der hinteren mittleren Naht. Danach steppen Sie die seitliche Rückenteile an. Die Schnittkante des mittleren Rückenteils liegt dabei oben.

3 | Vorderteile zusammennähen

Legen Sie die Schnittkante des Vorderteils über die Schnittkante vom seitlichen Vorderteil. Beim Stecken achten Sie auf die Passzeichen. Auf dem Vorderteil ist im Brustbereich Mehrweite vorgesehen. Diese Mehrweite lässt sich bei dem Strickwalk sehr gut verteilen. Stecken Sie zuerst die Passzeichen aufeinander. Nachdem die untere und obere Kante gesteckt sind, fixieren Sie die dazwischenliegenden Schnittkanten. Steppen Sie die Naht.

4 | Seitennaht und Schulternaht nähen

Beginnen Sie mit der Seitennaht. Heften Sie die Seitenteile so, dass die Schnittkante vom Vorderteil über der Kante des seitlichen Rückenteils liegt. Naht steppen.

Beim Steppen der Schulternaht liegt auch hier die Kante vom Vorderteil über der Kante vom Rückenteil.

5 | Unterkragen annähen

Der Unterkragen hat ebenfalls Passzeichen. Diese Zeichen passen auf die Schulternaht. Die Kragenspitze passt auf die Markierung im Vorderteil. Heften Sie den Unterkragen auf die Jacke, die Schnittkante vom Kragen liegt dabei über dem Halsausschnitt. Kragen steppen.

6 | Belege und Oberkragen

Steppen Sie den rückwärtigen Beleg auf den vorderen Beleg, dann steppen Sie den Oberkragen auf den Beleg. Auch hier, wie beim Unterkragen, auf die Passzeichen achten.

7 | Ziernähte

Für den Zierstich habe ich das Wollgarn Lana gewählt. Weil dieser Wollfaden etwas dicker, flauschiger und fülliger ist als ein herkömmliches Stickgarn, sollten am besten Stiche angewählt werden, die etwas länger sind, also Stiche, bei der die Maschine nicht so oft einstechen muss. Das Einsetzen der speziellen Lana-Nadel ist besonders wichtig. Das große Nadelöhr unterstützt das Nähen mit dem Wollfaden und vermeidet Fehlstiche und Reißen des Fadens.

Auch Nutzstiche können als Zierstich verwendet werden. Nehmen Sie z. B. den Dreifach-Geradstich mit einer Stichlänge von 6 mm, oder den Dreifach-Zickzack-Stich mit einer Stichlänge von 4 mm und einer Stichbreite von 5 mm. Beide Stiche eignen sich sehr gut zum Nähen mit dem Wollfaden. Wenn Sie einen Nutzstich als Zierstich verwenden, ändern Sie auch hierfür die Oberfadenspannung.

Probieren Sie selbst ein paar Zierstiche aus dem Repertoire Ihrer Maschine aus. Spielen Sie mit der Stichlänge und Stichbreite, denn auch diese Einstellungen verändern die Optik eines Stiches und Sie bekommen überraschend schöne Ergebnisse.

Hier ein paar Beispiele:

Ich habe mich für ein grafisches Muster entschieden.

Einstellung der Nähmaschine:
Wählen Sie den **Zierstich** an.
Stichlänge: ausprobieren
Stichbreite: 5–6 mm
Nähfuß: Zierstichfuß oder Klarsichtfuß
Spannung: 3–6, am besten ausprobieren
Oberfaden: Wollfaden Lana
Unterfaden: Allzweckfaden
Nadel: Lana-Nadel

Probenaht nähen: Hierfür brauchen Sie 2 cm breite Stickvliesstreifen.
Der Strickwalk ist eine Maschenware. Deshalb ist der Stoff dehnbar und beweglich. Auch das Volumen, die Struktur und die Oberfläche dieses Stoffes führen zu Ungenauigkeiten beim Stofftransport. Der Stoff wird zusätzlich unter dem Nähfuß platt gedrückt, und das Stickgarn verschwindet beim Nähen praktisch im Stoff. Zierstiche werden dadurch ungenau und verlieren an Form und Schönheit, aber mit ein wenig Hilfe und geringem Aufwand, also mit Stickvlies, werden diese kleinen Nachteile behoben.
Denn diese Stoffe sind einfach zu schön, um sie wegen ein paar kleinen Schwierigkeiten links liegen zu lassen!

Das Stickvlies unterstützt den Stofftransport und vermeidet das Zusammenziehen des Stoffes. Genau aus diesem Grund legen Sie einen Streifen Stickvlies über den Stoff. Falls nötig, legen Sie auch einen darunter. Probieren Sie aus, wie sich Ihre Nähmaschine beim Transportieren verhält. Bei meiner Nähmaschine habe ich das Stickvlies oben drüber gelegt. Nach dem Nähen reißen Sie das Stickvlies vorsichtig weg, bei den Zierstichen mit langen Stichen lässt sich das sehr gut machen.

Schneiden Sie die Stickvliesstreifen am besten mit dem Rollschneider, so haben Sie eine genaue Kante. Legen Sie die Stickvlieskante genau auf die Schnittkante des Stoffes. Das hilft Ihnen auch beim Geradeführen des Stoffes.
Legen Sie zur Probe den Stickvliesstreifen auf die Stoffkante und nähen Sie den Zierstich.
Der Abstand zwischen Zierstich und Stoffkante ist 7 – 8 mm. Um den Abstand besser einzuhalten, können Sie sich an den Linien auf der Stichplatte orientieren. Eine weitere Hilfe ist das Führungslineal an der Maschine. Damit haben Sie einen Anschlag für die Stoffkante und somit eine bessere Führung.

Tipp:
Bei Stoffen, die sich waschen lassen, können Sie anstatt Stickvlies auch eine wasserlösliche Einlage verwenden. Nach dem Nähen muss das Kleidungsstück gewaschen werden. Die wasserlösliche Einlage verschwindet.

So wird's gemacht:
Nachdem die Probenaht stimmt, nähen Sie den Zierstich an die vordere Kante des Vorderteils bis hoch zur Spitze. Am Beleg wird nicht nur die vordere Kante verziert, hier nähen Sie ringsherum auch über den Oberkragen. Am Ärmel messen Sie auf der langen Seite vom Oberarm 11 cm ab dem Saum nach oben. Markieren Sie diese Stelle und verzieren Sie auch diese Kante. Entfernen Sie das Stickvlies. Nachdem Sie die Verzierung genäht haben, wählen Sie den elastischen Geradstich mit der gleichen Einstellung von zuvor wieder an. Setzen Sie die andere Nadel und den Nähfuß, den Sie zuvor benutzt haben, wieder ein. Fädeln Sie den Allzweckfaden ein.

8 | Ärmel nähen

Am Ärmel steppen Sie zuerst die lange Naht. Die Schnittkante des Oberärmels liegt hierfür über der Kante vom Unterärmel.

Probenaht nähen: Der Geradstich aus dem Blindstich fasst knapp die Schnittkante. Der Zickzack-Stich sticht nach links in den Stoff ein.

So wird's gemacht: Beim Steppen führen Sie die Stoffkante so, dass der Geradstich die Schnittkante knapp fasst und der Zickzack über den Stoff sticht. Der Stoff liegt hierfür rechts auf rechts. Die linke Ärmelseite zeigt nach außen. Nach dem Nähen den Ärmel wenden und über die Naht bügeln.

Die zweite Naht kann nicht überlappend zusammengefügt werden. Diese Naht lässt sich daher am besten mit dem Blindstich nähen.

Warum Blindstich? Weil mit dem Blindstich in den Strickwalk eine Naht genäht werden kann, die nicht aufträgt, weich und flach ist und durch den eingearbeiteten Zickzack-Stich dehnbar ist. Der Blindstich ist auf der rechten Stoffseite als Leiterstich sichtbar.

Einstellung der Nähmaschine für den Blindstich, Ärmel zusammennähen:

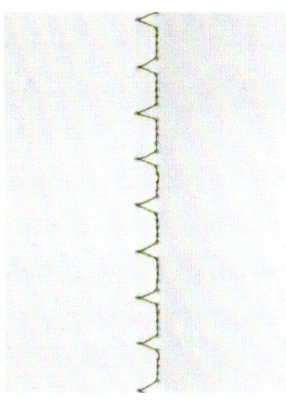

Wählen Sie den **Blindstich** an.
Stichlänge: 1,3 mm
Stichbreite: 4 mm
Nadelposition: wird von der Maschine automatisch eingestellt
Nähfuß: Klarsichtfuß oder Standardnähfuß
Spannung: 3 – 5

9 | Ärmel einsetzen

Auf dem Schnitt ist der Bereich markiert, an dem die Armkugel eingehalten werden muss. Steppen Sie mit dem Geradstich, Stichlänge 5 mm, eine Steppnaht, die knapp 2 mm an der Nahtlinie links verläuft. Den Faden am Anfang und Ende der Naht etwas länger hängen lassen und nicht vernähen.

Diesen Faden brauchen Sie nachher, um die Armkugelweite einzuhalten und den Ärmel in den Armausschnitt anzupassen.

Heften Sie den Ärmel so ein, dass die Schnittkante vom Armausschnitt über den Ärmel geht.

Zuerst die Passzeichen von Armausschnitt und Ärmel aufeinanderstecken. Danach fixieren Sie den Ärmel im unteren Bereich. Die Ärmelnaht trifft nicht auf die Seitennaht, für die Seitennaht haben Sie hier ein Ansatzzeichen.

Im oberen Bereich ist das Passzeichen der Armkugel auf die Schulternaht gesteckt. Ziehen Sie den Unterfaden der Steppnaht so weit an, bis die Weite der Armkugel dem Armausschnitt angepasst ist. Verteilen Sie die Weite gleichmäßig und heften Sie gleichzeitig.

Beginnen Sie mit dem Steppen an der Ärmelnaht und nähen Sie rund um den Ärmel ein. Nehmen Sie sich wieder den Pfeiltrenner zur Hilfe. Drücken Sie beim Steppen den Stoff direkt vor dem Nähfuß mit dem Pfeiltrenner nach unten und nähen Sie dabei lieber etwas langsamer.

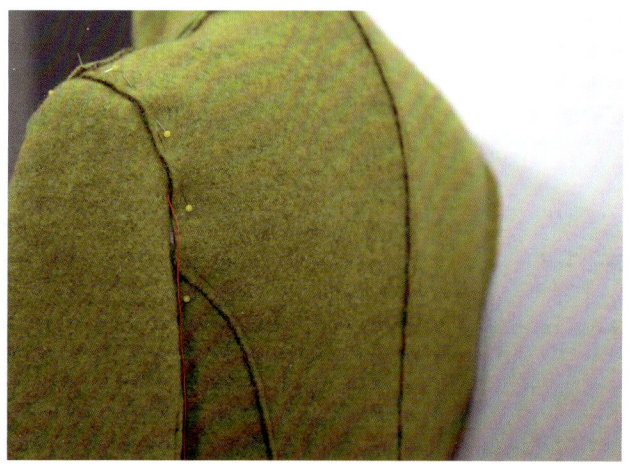

10 | Taschen aufnähen

Bevor eine Tasche aufgenäht wird, muss zuerst der Umschlag angenäht werden. Bügeln Sie dazu den Umschlag 4 cm um. Mit dem Blindstich und dem Blindstichfuß nähen Sie den Umschlag an.

Warum Blindstich? Weil mit dem Blindstich beim Strickwalk ein Saum oder Umbruch so genäht wird, dass auf der rechten Stoffseite der Stich nicht sichtbar ist.

Einstellung der Nähmaschine

Wählen Sie den **Blindstich** an.

Stichlänge: 1,5 mm

Stichbreite: 4 mm

Nadelposition: wird von der Maschine automatisch eingestellt

Nähfuß: Blindstichfuß

Spannung: 3 – 5

Probenaht nähen: Nähen Sie die Probenaht genauso, wie es nachher beim Steppen vorkommt. Das heißt, auch hier falten Sie einen Umschlag so, wie er bei der Tasche vorgesehen ist. Überprüfen Sie den Stich auf der rechten Stoffseite. Der Stich soll nicht zu sehen sein. Am Umschlag wird nur ein Gewebefaden von der Nadel gefasst.

Siehe hierzu auch im Kapitel „Blindstich nähen" nach.

So wird's gemacht: Der Umschlag muss zum Nähen des Blindstichs richtig gefaltet werden. Nehmen Sie die Tasche so in die Hand, dass Sie auf den gebügelten Umschlag, auf der linken Stoffseite schauen. Nun klappen Sie den Umschlag auf die Vorderseite so zurück, dass noch 1 cm von der Kante zu sehen ist. Legen Sie die Tasche mit dem Umschlag unter den Nähfuß. Die Bruchkante legen Sie an die Fußführung an, führen sie beim Steppen an dieser Führung entlang. Steppen Sie den Umschlag. Danach bügeln.

- - - - - - - - - - - - - - - - - - -

11 | Tasche aufnähen

Nachdem der Umschlag angenäht ist, setzen Sie den Schmalkantenfuß ein. Warum Schmalkantenfuß? Weil er eine Führung hat. Mit dem Geradstich und der linken Nadelposition kann die Stoffkante an dieser Führung entlang geführt werden und die Tasche lässt sich sehr einfach gleichmäßig aufsteppen.

Falls Sie den Schmalkantenfuß nicht haben, setzen Sie den Standardnähfuß ein. Platzieren und heften Sie die Tasche auf das Vorderteil. Mit dem Geradstich steppen Sie die Tasche schmalkantig auf.

A. Tasche mit Geradstich und dem Schmalkantenfuß aufnähen

Einstellung der Nähmaschine:
Wählen Sie den **Geradstich** an.
Stichlänge: 3,5–4 mm
Nadelposition: links
Nähfuß: Schmalkantenfuß
Spannung: 3–5

Probenaht nähen: Nähen Sie die Probenaht genauso, wie es nachher beim Steppen vorkommt. Das heißt, auch hier schmalkantig ein Stoffstück steppen, dabei die Position der Nadel überprüfen und evtl. nachstellen.

So wird's gemacht: Nachdem die Tasche auf das Vorderteil geheftet ist, steppen Sie sie schmalkantig ab. Die Fußführung läuft dabei direkt an der Schnittkante der Tasche. Die Nadel sticht links ein, die Naht wird im gleichmäßigen Abstand zur Kante genäht.

B. Tasche mit Geradstich und Standardfuß aufnähen

Einstellung der Nähmaschine
Wählen Sie den **Geradstich** an.
Stichlänge: 3,5–4 mm
Nadelposition: Mitte bis links
Nähfuß: Standardnähfuß
Spannung: 3–5

Probenaht nähen: Nähen Sie die Probenaht genauso, wie es nachher beim Steppen vorkommt. Beim Steppen schauen Sie auf den Nähfuß, die Stoffkante läuft dabei an der rechte Seite vom Nähfußschlitz.

So wird's gemacht: Nachdem die Tasche auf das Vorderteil geheftet ist, steppen Sie sie schmalkantig ab. Führen Sie die Stoffkante konsequent an der rechten Seite vom Nähfußschlitz und Sie erhalten eine gleichmäßige Naht mit einem gleichmäßigen Abstand zur Stoffkante.

Probenaht nähen: Bei der Probenaht steppen Sie über das Stickvlies und achten auf die Stichführung. Beim Dreifach-Geradstich steppt die Maschine für jeden Stich vorwärts, rückwärts und wieder vorwärts.

Achten Sie an der Ecke darauf, dass Sie den Stich zu Ende steppen und erst dann drehen! Lassen Sie dabei die Nadel an der Ecke unten im Stoff positioniert.

So wird's gemacht: Dreieck aus Stoff und Stickvlies ausschneiden, 6 cm breit und 6 cm hoch.
Platzieren Sie das Dreieck auf dem Rücken im oberen Bereich, in einem Abstand von 6 cm zum Kragen. Legen Sie das Stickvlies oben drüber.
Heften Sie das Dreieck an. Danach ringsherum steppen.

12 | Dreieck-Verzierung

Einstellung der Nähmaschine
Wählen Sie den **Dreifach-Geradstich** an.

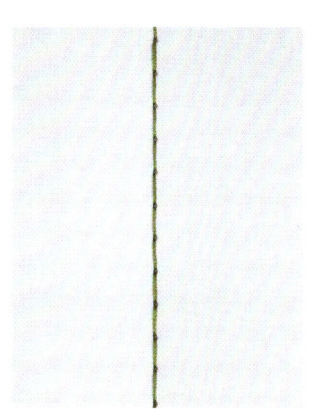

Stichlänge: Stellen Sie die maximale Stichlänge ein, ich habe sie an meiner Maschine auf 6 mm eingestellt.
Nadelposition: in der Mitte vom Nähfuß
Nähfuß: Klarsichtfuß oder Standardnähfuß
Spannung: 3 – 5

13 | Vordere Kante mit Kragen Beleg annähen

Einstellung der Nähmaschine:

Wählen Sie den **Geradstich** an.
Stichlänge: 3,5–4 mm
Nadelposition: in der Mitte vom Nähfuß
Nähfuß: Klarsichtfuß oder Standardnähfuß
Spannung: 3 – 5

Probenaht nähen.

So wird's gemacht: Den Beleg mit Kragen an die vordere Kante links auf links heften. Steppen Sie mit dem Geradstich die vordere Kante, Beleg und Kragen zusammen. Der Steppstich läuft am Zierstich im Abstand von 3 – 4 mm von der Stoffkante entfernt entlang.

14 | Beleg fixieren

Der Beleg lässt sich auf der linken Stoffseite am besten mit dem Blindstich fixieren. Die Vorgehensweise ist hier wie beim Umbruch der Tasche.
Fixieren Sie den vorderen Beleg bis zur Stelle, an der der Kragen anfängt.

15 | Druckknöpfe annähen

Ich habe mich hier für Druckknöpfe als Verschluss entschieden. Übertragen Sie vom Schnitt die Position für den Verschluss. Die Druckknöpfe nähen Sie von Hand an.

16 | Der letzte Schliff

Für den letzten Schliff brauchen Sie eine eingefädelte Handnähnadel. Fixieren Sie den Oberkragen mit dem Unterkragen mit ein paar locker genähten Handstichen. Auch die Schulternähte vom Stoff und Beleg von der linken Stoffseite her mit wenigen Handstichen fixieren.

Fertig!

Basic mit Glamour-Faktor

Bluse mit Biesen und Hohlsaumstichen

Von wegen langweilig! Als konservative „Nummer sicher" im Kleiderschrank verschrien, galt die weiße Bluse lange als Kleidungsstück ohne modischen Pfiff. Ein großer Irrtum, wenn man davon ausgeht, dass kaum eine aktuelle Kollektion der angesagten Designer von Dior bis Dolce & Gabbana ohne dieses Multitalent auskommt. Vielleicht liegt es daran, dass weiße Blusen so viel Raum für Phantasie lassen, dass sie immer wieder in eine Schublade gesteckt werden, in die sie gar nicht hineingehören. Denn sie passen zu allen Lebenslagen und Stilrichtungen. Es kommt nur auf den Schnitt und die Details an. Bei dieser Bluse ist es zum einen die Überlänge, die sie zum lässigen Darübertragen prädestiniert. Zum anderen verleihen ihr Biesen und Hohlsaumstiche eine besondere Wertigkeit und eine jugendliche Ausstrahlung.

learning by doing

Bei dieser Bluse kommen folgende Verarbeitungs-Schritte vor:

- Biesen nähen mit dem Biesenfuß oder mit dem Biesenzierstichfuß
- Hohlsaumstiche nähen
- Stehkragen-Verarbeitung
- Knopflochleiste bei Blusen
- Ärmel einnähen
- Kräuseln mit dem Galoppstich
- Knopfloch mit dem Knopflochfuß

DAS BRAUCHEN SIE

Schwierigkeit

Größe 34 – 48

Stoffempfehlung
Blusenleinen, Batist, dünnere Baumwollstoffe oder Popeline. Ich habe für die abgebildete Bluse einen dünneren Leinenstoff verarbeitet.

Stoffverbrauch
Größe 34 – 42   140 cm breit, 160 cm lang
Größe 44 – 48   140 cm breit, 190 cm lang

Weiteres Zubehör
- 1 Rolle passendes Nähgarn
- 2 Rollen passendes Stickgarn, Rayon 40
- 1 Rolle Bobbins, das ist ein spezieller Unterfaden zum Sticken
- 1 dünnere Einlage, z. B. Vlieseline G785, 90 cm breit, 80 cm lang
- 1 wasserlösliche Einlage, Soluvlies 90 cm breit, 40 cm lang
- 6 Knöpfe, ca. 16 mm Durchmesser
- 1 Zwillingsnadel 1,6 mm
- 1 Hohlsaumnadel

Zuschneideplan für Größe 34 – 42

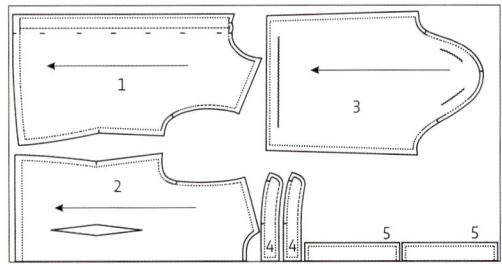

Zuschneideplan für Größe 44 – 48

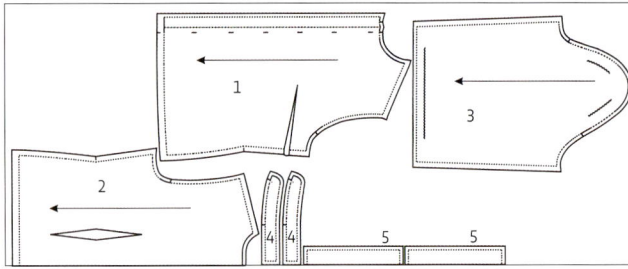

Vorbereitungen

Füßchen für das Projekt

Aus dem Standardzubehör: Standardnähfuß, Knopflochfuß, Overlockfuß

Weitere Nähfüße: Biesenfuß oder Biesenzierstichfuß

Füßchen, die Ihnen das Nähen erleichtern: Knopfannähfuß, Schmalkantenfuß, Klarsichtfuß

Schnittteile

Nummer 1 bis 5 entsprechend der Schnittvorlage (Schnitt-Nr. 2) vorbereiten.

Übertragen Sie auf den Zuschnitt alle Passzeichen, Markierungen, Abnäher und beschriften Sie die Schnittteile.

Nahtzugabe

Die Nahtzugabe ist im Schnittmuster nicht enthalten. Naht- und Saumzugabe von je 1,5 cm zugeben.

Stoff zuschneiden

1. Vorderteil 2 x gesondert zuschneiden, siehe Anleitungstext weiter unten
2. Rückenteil 1 x im Stoffbruch
3. Ärmel 2 x
4. Stehkragen 2 x
5. Ärmelbündchen-Streifen 2 x

Vorderteil für die Verzierung vorbereiten

Für das Vorderteil schneiden Sie ein Rechteck im Fadenlauf, das 10 cm breiter und 10 cm höher ist als das Schnittmuster in Ihrer Größe. Markieren Sie mit dem Lineal eine Linie im Fadenlauf im Abstand von 15 cm zur vorderen Kante.

Biesen nähen

Was ist überhaupt eine Biese?

Biesen sind schmale, gerade gesteppte Erhebungen im Stoff. Je nach Verarbeitung sehen sie erhaben oder wie eine kleine Stofffalte aus. Mit Biesen werden Blusen, festliche Herrenhemden, Heimtextilien, Dessous und Kleider verziert. Sie werden meist gerade und parallel zueinander genäht. Es gibt viele Biesenarten und somit auch viele Methoden, diese zu nähen.

Ich möchte Ihnen die einfachste vorstellen: Biesen mit der Zwillingsnadel und dem Biesenfuß nähen. Der Biesenfuß sorgt durch die Rillen in der Sohle dafür, dass die Biesenreihen automatisch gerade, parallel und in gleichmäßigem Abstand mühelos zueinander genäht werden können.

Biesen sehen am schönsten aus, wenn der Faden den gleichen Farbton hat wie der Stoff. Gesteppt werden die Biesen auf der rechten Stoffseite.

Einstellung der Nähmaschine:

Wählen Sie den **Geradstich** an.

Stichlänge: 2,5–3 mm

Nadelposition: Mitte

Nähfuß: Biesenfuß oder Biesenzierstichfuß

Oberfaden: Stickgarn Rayon 40

Unterfaden: Bobbins

Nadel: Zwillingsnadel 1,6 mm

Spannung: Stellen Sie die Oberfadenspannung zwischen 2 und 3 ein. Bei Nähmaschinen mit CB-Greifer fädeln Sie den Faden durch den Spulenkapselfinger.

Hinweis: Der automatische Nadeleinfädler funktioniert bei der Zwillingsnadel nicht. Fädeln Sie den Faden manuell ein.

Probenaht nähen: Nähen Sie eine Probebiese auf ein Stück Reststoff und überprüfen Sie damit die Einstellung der Maschine. Bei Bedarf nachstellen.

Hinweis: Steppen Sie immer alle Biesen in die gleiche Richtung, z.B. von oben nach unten.

So wird's gemacht:
Nachdem alles vorbereitet ist, steppen Sie die erste Biese genau über der markierten Linie.

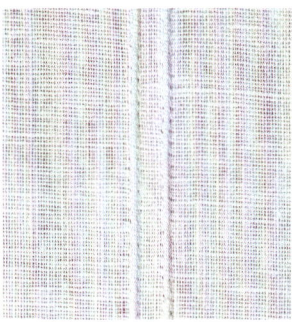

Für die zweite Biese halten Sie einen größeren Abstand ein. Mit dem Biesenzierstichfuß ist es möglich, einen genauen Abstand so zu steppen, dass Sie nachher mit dem gleichen Fuß einen Zierstich zwischen die Biesen nähen können.

Falls Sie diesen Fuß nicht haben, steppen Sie die zweite Reihe im Abstand von 2 cm zur ersten Biese. So können Sie später sehr einfach mit dem Zierstichfuß zwischen den Reihen den Hohlsaumstich nähen.

Für die dritte Biese versetzen Sie den Nähfuß so, dass Sie einen Abstand von 6 mm zur zweiten Biese haben. Die zweite Biese läuft unter dem Nähfuß in der Biesenfuß-Rille und die dritte Biese wird dadurch sauber geführt und gesteppt. Die vierte Biese auf die gegenübeliegende Seite genauso wie die dritte nähen.

Zu den vier Biesen habe ich noch rechts und links jeweils eine weitere im Abstand von 2 cm gesteppt.

Hohlsaumstich nähen

Warum Hohlsaumstiche?

Ich habe mich für Hohlsaumstiche entschieden, weil auf Stoffen mit einer leinenbindigen Struktur der Hohlsaumstich sehr gut zur Geltung kommt. Falls Ihre Nähmaschine keine Hohlsaumstiche hat, wählen Sie Ihren Lieblings-Dekorstich oder einen Zickzack-Stich.

Hohlsaumstiche werden mit der Wingnadel genäht. Die Nadel ist breit, sieht aus wie ein Schwert oder als ob sie kleine Flügel hätte. Diese Flügel drücken die Stoffgewebe auf die Seite, schaffen einen Hohlplatz und somit den Locheffekt. Hohlsaumstiche sehen am schönsten aus, wenn der Faden den gleichen Farbton wie der Stoff hat.

Einstellung der Nähmaschine:

Wählen Sie den **Hohlsaumstich** an, der Ihnen am besten gefällt. Wenn Sie sich noch nicht entschieden haben, probieren Sie einfach die Stiche Ihrer Maschine einmal durch. Falls Sie mit einer mechanischen Maschine arbeiten, schauen Sie für die Einstellung in der Bedienungsanleitung nach.

Stichlänge: wird automatisch eingestellt
Stichbreite: wird automatisch eingestellt
Nadelposition: wird automatisch eingestellt
Nähfuß: Biesenzierstichfuß oder Zierstichfuß
Oberfaden: Stickgarn Rayon 40
Unterfaden: Bobbins
Nadel: Wingnadel
Spannung: Stellen Sie die Oberfadenspannung zwischen 2 und 3 ein. Bei Nähmaschinen mit CB-Greifer fädeln Sie den Faden durch den Spulenkapselfinger.

Hinweis: Der automatische Nadeleinfädler funktioniert bei der Hohlsaumnadel nicht. Fädeln Sie den Faden manuell ein.

Probenaht nähen: Unterlegen Sie den Stoff mit der wasserlöslichen Einlage. Nähen Sie einen Hohlsaumstich auf ein Stück Reststoff und überprüfen Sie die Einstellung der Maschine. Bei Bedarf nachstellen.

So wird's gemacht: Schneiden Sie einen 10 cm breiten Streifen aus der wasserlöslichen Einlage und legen Sie diesen auf die Rückseite vom Stoff unter die Biesen. Steppen Sie den ausgewählten Hohlsaumstich zwischen die breiteren Biesenreihen.

Vorderteil zuschneiden

Legen Sie die Vorderteile so rechts auf rechts und Biese auf Biese, dass die Verzierung aufeinander passt.

Das Schnittmuster, Schnittteil 1 auf den Stoff stecken. Achten Sie darauf, dass die erste Biese 10 cm von der vorderen Stoffkante entfernt ist und gerade verläuft. Schneiden Sie mit der vorgesehenen Nahtzugabe die Vorderteile aus.

Einlage aufbügeln

Die Einlage wird auf die linke Stoffseite gebügelt. Bügeln Sie die Einlage auf beiden Seiten des Stehkragens auf die Knopflochleiste und längs auf die Hälfte des Streifens vom Ärmelbündchen.

Nähmaschine vorbereiten

Nadel: Für den Leinenstoff habe ich eine universal 80er Nähnadel eingesetzt.
Oberfaden: Allzweckfaden
Unterfaden: Allzweckfaden
Spannung: 3 – 5

1 **Stich einstellen zum Versäubern:**
Zum Versäubern der Stoffkante eignet sich am besten ein Overlockstich. Für den Leinenstoff habe ich mich für einen geschlossenen Overlockstich entschieden.
Warum? Weil mit dem geschlossenen Overlockstich auch stark fransende Materialien sauber versäubert werden können.

Einstellung der Nähmaschine:

Wählen Sie den geschlossenen **Overlockstich** an.
Stichlänge: 2,5 mm
Stichbreite: 5 mm
Nadelposition: wenn möglich rechts, sonst wird die Nadel automatisch beim Anwählen des Stichs positioniert.
Nähfuß: Overlockfuß
Falls Ihre Nähmaschine den Stich nicht hat, wählen Sie den genähten Zickzack-Stich und setzen Sie den Standardnähfuß ein.

Probenaht nähen: Bevor Sie mit dem geschlossenen Overlockstich anfangen zu nähen, drehen Sie am Handrad und prüfen Sie den Einstich der Nadel. Die Nadel soll sauber rechts an dem Fußstift vorbei stechen. Dann passt die Einstellung, denn auf keinen Fall darf die Nadel den Stift treffen.
Nähen Sie eine Probenaht, um festzustellen, welcher Stich am besten zu Ihrem Stoff passt.
Beim Versäubern zeigt die rechte Stoffseite nach oben.

So wird's gemacht: Führen Sie die Stoffkante an die Overlockfußkante. Der eingebaute Stift an dem Overlockfuß verhindert das Zusammenziehen der Stoffkante.

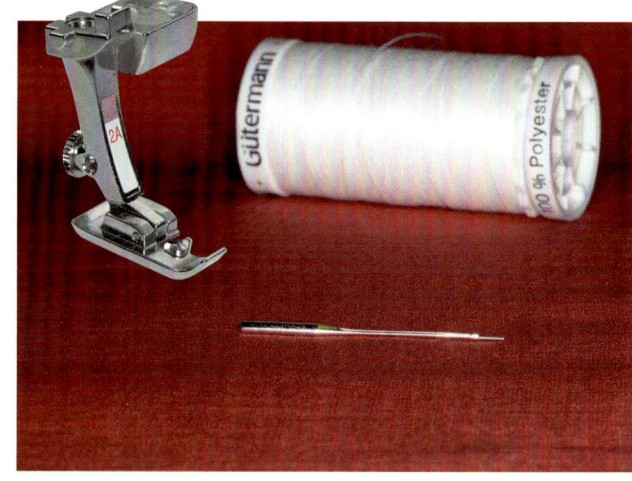

2 **Stoffkanten versäubern**
Vorderteile, Schnittteil 1: Versäubern Sie die Stoffkanten der Schulter und die rechte und linke Seite. Die vordere Kante wird nachher umgeschlagen und die obere Kante am Halsausschnitt in den Kragen eingenäht. Die Armausschnittkante wird nach dem Einsetzen des Ärmels versäubert. Deshalb müssen Sie die vordere Kante und die obere Ausschnittkante vorab nicht versäubern.
Rückenteil, Schnittteil 2: An dem Rückenteil wird der Ausschnitt nicht versäubert, der Armausschnitt wird nach dem Einsetzen der Ärmel versäubert. Versäubern Sie hier lediglich die Schulter- und Seitenkanten.

Ärmel, Schnittteil 3: An den Ärmeln rechts und links die Kante versäubern. Die untere Kante brauchen Sie nicht zu versäubern. Die Armkugel wird nach dem Einsetzen des Ärmels versäubert.
Ärmelabschluss-Streifen und Stehkragen, Schnittteile 4, 5: Diese Schnittkanten müssen nicht versäubert werden.

Stich einstellen zum Nähen:

Wählen Sie den **Geradstich** an.

Stichlänge: 3 mm

Nadelposition: Mitte

Nähfuß: Standardnähfuß oder Klarsichtfuß

Weitere Hinweise zum Nähen: Nahtanfang und -ende mit ein paar Rückstichen vernähen. Zum Zusammennähen liegen die Stoffteile rechts auf rechts aufeinander.

Probenaht nähen: Nähen Sie eine Probenaht und überprüfen Sie die Stich- und Maschineneinstellung.

- - - - - - - - - - - - - - - - - - -

3 | Abnäher nähen

Abnäher im Rückenteil zuerst heften und danach steppen.

- - - - - - - - - - - - - - - - - - -

4 | Schulternaht schließen

Legen Sie die Vorderteile auf das Rückenteil und heften Sie diese zusammen. Die Schulternaht steppen und danach die Nahtzugabe zum Rückenteil hin bügeln. Jetzt schmalkantig absteppen. Am besten geht das mit dem Schmalkantenfuß.

Schmalkantig mit dem Schmalkantenfuß absteppen:
Einstellung der Nähmaschine:

Wählen Sie den **Geradstich** an.

Stichlänge: 3 mm

Nadelposition: links

Nähfuß: Schmalkantenfuß

Probenaht nähen: Nähen Sie die Probenaht genauso, wie es nachher beim Steppen vorkommt. Das heißt, auch hier schmalkantig ein Stoffstück steppen und dabei die Nadelposition überprüfen, evtl. nachstellen. Beim Nähen läuft die Führung an der Naht entlang. Die Nadel ist so versetzt, dass sie 2 mm von der Naht auf die Nahtzugabe einsticht.

So wird's gemacht: Legen Sie die Fußführung über die Naht und steppen Sie über die Nahtzugabe der Schulternaht schmalkantig ab.

- - - - - - - - - - - - - - - - - - -

5 | Seitennaht

Stecken Sie die Stoffkanten aufeinander. Danach steppen und die Nahtzugabe auseinander bügeln.

6 | Ärmel einsetzen

Auf dem Schnitt ist der Bereich markiert, der für die Armkugel eingehalten werden muss. Steppen Sie mit dem Geradstich, Stichlänge 5 mm, Oberfadenspannung 2, zwei Reihen, die rechts und links der Nahtlinie verlaufen. Den Faden am Anfang und Ende der Naht etwas länger hängen lassen und nicht vernähen. Diese Fäden brauchen Sie nachher, um die Armkugelweite einzuhalten und den Ärmel in den Armausschnitt anzupassen.

Stellen Sie die Stichlänge und Oberfadenspannung auf die Normalstellung zurück und steppen Sie die Ärmelnaht. Die Nahtzugabe auseinander bügeln.

Heften Sie den Ärmel rechts auf rechts in den Armausschnitt. Die linke Seite der Bluse zeigt nach außen. Gesteckt und gesteppt wird ein Ärmel immer von der Ärmelseite her.

Zuerst die Passzeichen vom Armausschnitt und Ärmel aufeinanderstecken. Danach fixieren Sie den Ärmel im unteren Bereich, sodass die Ärmelnaht hier auf die Seitennaht trifft. Im oberen Bereich ist das Passzeichen der Armkugel auf die Schulternaht gesteckt. Ziehen Sie die Unterfäden der Steppnähte so weit an, bis die Weite der Armkugel dem Armausschnitt angepasst ist. Verteilen Sie die Weite gleichmäßig ohne Fältchen. Stecken Sie dabei die Stecknadeln quer ein.

Beginnen Sie mit dem Steppen an der Ärmelnaht. Wenn möglich, nicht über die Steppnähte nähen, sondern dicht daneben. So lassen sich die Fäden danach leichter entfernen. Damit Sie Fältchen vermeiden, glätten Sie die Weite. Das geht am besten mit beiden Händen, wenn Sie sie seitlich nach rechts und links zur Schnittkante und zum Ärmel ziehen.

Bügeln Sie über die Nahtzugabe. Danach schneiden Sie die Nahtzugabe bis auf 1 cm zurück. Die Kante der Armkugel und des Armausschnitts mit demselben Versäuberungsstich und denselben Einstellungen versäubern.

Hinweis: Gesteckt und gesteppt wird ein Ärmel immer von der Ärmelseite her, nicht vom Kleidungsstück.

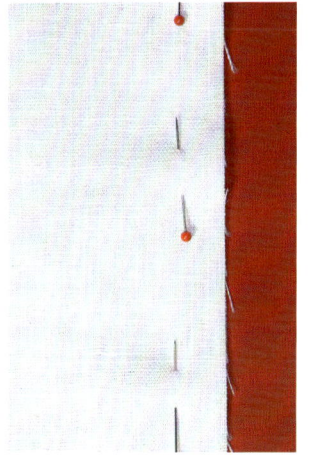 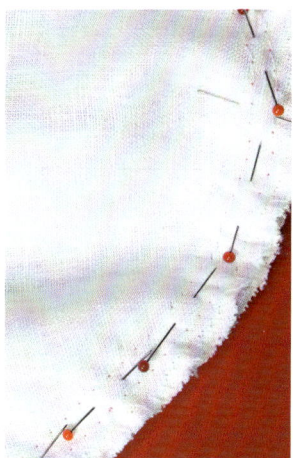

- - - - - - - - - - - - - - - - - - -

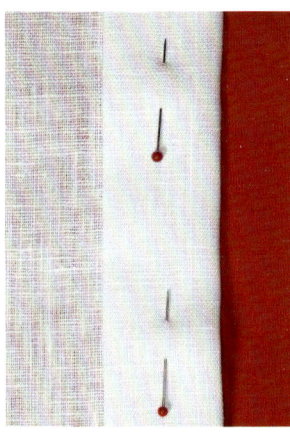

7 | Vordere Kante, Knopflochleiste vorbereiten

Bügeln Sie die vordere Kante 1,5 cm um, dann nochmals 3 cm und fixieren Sie die Kante mit Stecknadeln.

8 | Saum nähen

„Gut gebügelt ist halb genäht!"
Also zuerst den Saum durchgehend 1 cm nach links umschlagen, bügeln und mit Stecknadeln fixieren. Stecken Sie die Stecknadeln auf die rechte Stoffseite.
An der vorderen Kante den Umschlag zurückklappen, stecken und gleich steppen.

Die Nahtzugabe an der Ecke etwas zurückschneiden. Danach wenden und bügeln.
Von der rechten Seite nun den Saum füßchenbreit steppen.

9 | Knopflochleiste steppen

Die Knopflochleiste zuerst schmalkantig absteppen, danach nochmals im Abstand von 2,8 cm.
Die Nähte sehen einfach schöner aus, wenn Sie von der rechten Stoffseite gesteppt werden. Für die zweite Absteppnaht nehmen Sie die Kantenführung zur Hilfe.
Bringen Sie die Kantenführung an Ihrer Maschine an und stellen Sie den Abstand von der Stoffkante bis zur Naht auf 2,8 cm ein. Die Kante läuft beim Nähen an der Führung entlang und das Ergebnis ist eine gerade Naht in gleichmäßigem Abstand.

10 | Stehkragen nähen

Stehkragen rechts auf rechts aufeinanderlegen und heften. Steppen Sie entlang der Stehkragen-Außenkante. Die Naht beginnt und endet jeweils an der Nahtlinie der Ansatzkante. Die Nahtzugabe zurückschneiden, einschneiden, auseinanderbügeln, wenden und nochmals bügeln.

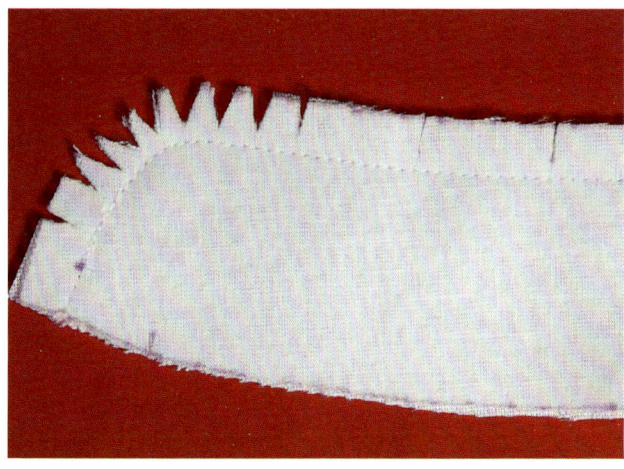

Den äußeren Stehkragen an den Halsausschnitt steppen. Die Nahtzugabe zurückschneiden und zum Kragen hin bügeln.

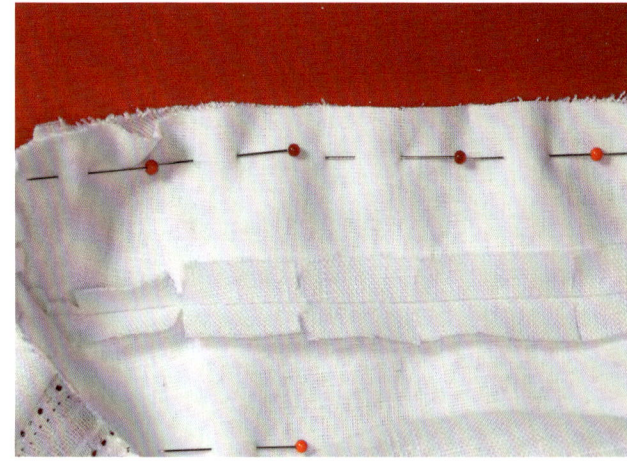

Bügeln Sie die Nahtzugabe vom inneren Steg auf der linken Seite nach innen um.

Heften Sie die eingeschlagene Kragenkante knapp unterhalb der Ansatznaht.

Steppen Sie von der rechten Seite direkt in der Ansatznaht den Kragen fest. Das geht auch am besten mit dem Schmalkantenfuß. Die Nadel bleibt dabei in der Mitte positioniert.

11 | ### Ärmelbündchen nähen
Bündchen an der schmalen Kante zusammennähen.

Bevor das Bündchen angenäht wird, muss die untere Ärmelkante auf die Weite des Bündchens gekräuselt werden. Stellen Sie die Stichlänge des Geradstichs auf 5 mm und die Oberfadenspannung auf 2. Steppen Sie zwei Reihen füßchenbreit zueinander im Abstand von 1 cm von der Kante entfernt. Den Anfangs- und Endfaden etwas länger lassen und nicht vernähen.

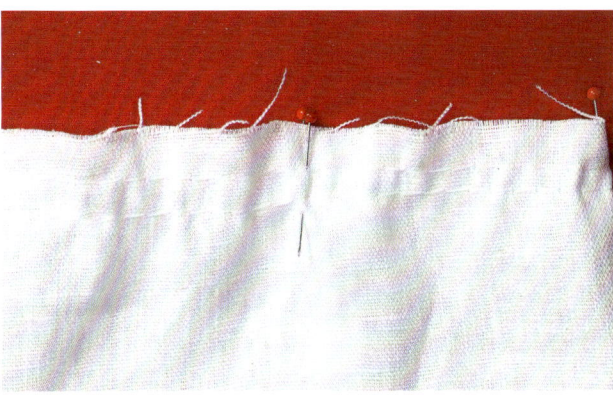

Ziehen Sie vorsichtig den Faden und kräuseln Sie dadurch den Stoff auf die Breite des Ärmelbündchens.

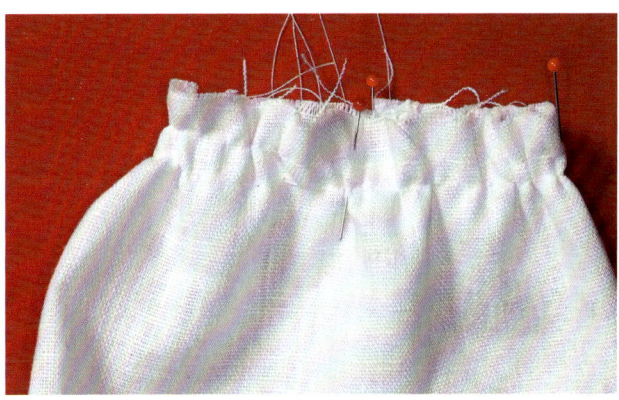

Stellen Sie die Stichlänge und die Spannung auf den Ursprung zurück.

Die mit der Einlage verstärkte Bündchenkante an die gekräuselte Ärmelkante heften und dann steppen. Die Nahtzugabe bügeln Sie zum Bündchen hin. Das Bündchen zur Hälfte falten und dann bügeln.

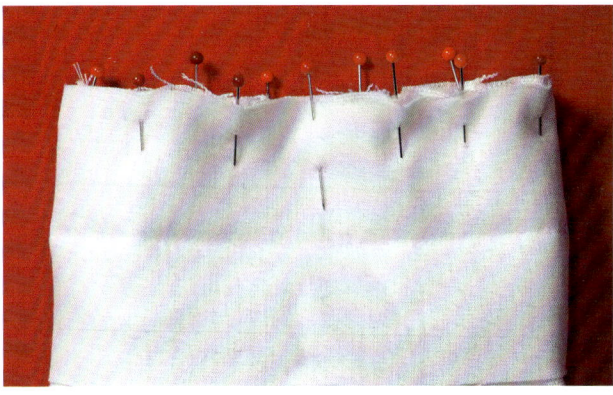

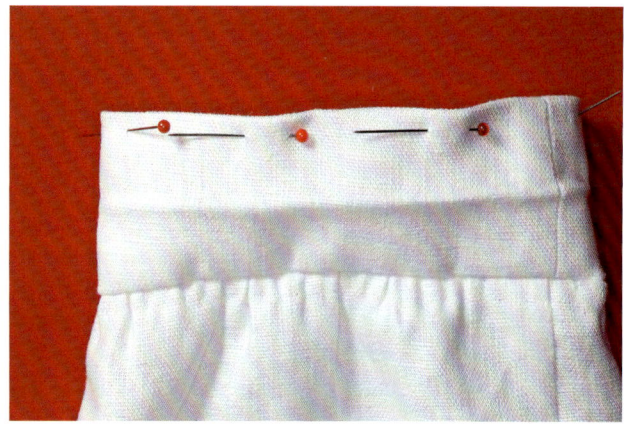

Ähnlich wie beim Kragen, bügeln Sie die Nahtzugabe vom inneren Bündchen auf der linken Seite nach innen um. Heften Sie die eingeschlagene Kante knapp unterhalb der Ansatznaht. Steppen Sie von der rechten Seite direkt in die Ansatznaht das Bündchen fest. Das geht auch am besten mit dem Schmalkantenfuß. Die Nadel bleibt dabei in der Mitte positioniert.

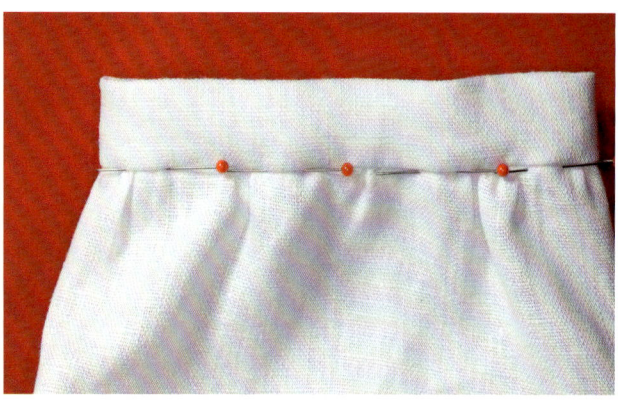

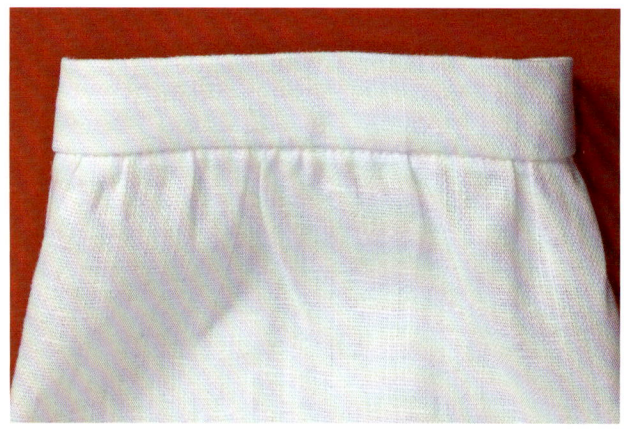

12 | Knopflöcher nähen

Übertragen Sie die Platzierung der Knopflöcher vom Schnittteil 1 auf die rechte Leiste.

Einstellung der Nähmaschine:

Wählen Sie den **Knopfloch-Stich** an. Falls Sie mit einer mechanischen Maschine arbeiten, schauen Sie für die Einstellung in der Bedienungsanleitung nach.
Stichlänge: wird automatisch eingestellt
Stichbreite: wird automatisch eingestellt
Nadelposition: wird automatisch eingestellt
Nähfuß: Knopflochfuß
Spannung: Stellen Sie die Oberfadenspannung zwischen 2 und 3 ein. Bei Nähmaschinen mit CB-Greifer fädeln Sie den Faden durch den Spulenkapselfinger.

Probeknopfloch nähen: Nähen Sie zuerst ein Probeknopfloch. Schaffen Sie für das Probeknopfloch dieselben Voraussetzungen, wie Sie sie nachher auch bei Ihrer Knopflochleiste haben. Überprüfen Sie die Einstellung der Stichlänge und Stichbreite. Eventuell nachstellen.
So wird's gemacht: Knopflöcher auf die Leiste und den Kragensteg nähen. Danach mit dem Nahttrenner oder einer spitzen Schere vorsichtig aufschneiden.

13 | Knöpfe annähen

Die Knöpfe können mit dem Knopfannäh-Programm Ihrer Nähmaschine oder mit dem Zickzack-Stich angenäht werden. Wählen Sie das aus, was Ihre Maschine kann. In der unteren Beschreibung habe ich den Knopf mit dem Knopfannäh-Programm eingenäht. Wenn Sie den Knopf mit dem Zickzack-Stich annähen wollen, schauen Sie im Kapitel „Knöpfe annähen" nach.

Einstellung der Nähmaschine:

Wählen Sie das **Knopfannäh-Programm** an.
Stichlänge: wird automatisch eingestellt
Stichbreite: wird automatisch eingestellt
Nadelposition: wird automatisch eingestellt
Nähfuß: Knopfannähfuß
Spannung: Stellen Sie die Oberfadenspannung zwischen 2 und 3 ein. Bei Nähmaschinen mit CB-Greifer fädeln Sie den Faden durch den Spulenkapselfinger.

Probeknopf annähen: Stellen Sie den Knopfannähfuß so ein, dass der Knopf mit Steg angenäht wird. Bevor Sie mit dem Nähen starten, drehen Sie vorsichtig am Handrad und überprüfen, ob die Nadel das Annähloch trifft. Der Abstand der Annählöcher ist bei den meisten Knöpfen gleich. Die Einstellung der Nähmaschine passt daher in der Regel. Falls Sie doch einen Sonderknopf haben, passen Sie die Stichbreite an.

So wird's gemacht: Platzieren Sie den Knopf mit dem Knopfannähfuß an der markierten Stelle. Lassen Sie die Maschine den Knopf annähen. Die Anfangs- und Endfäden ca. 10 cm überstehen lassen. Ziehen Sie diese Fäden zwischen Knopf und Stoff heraus. Zwei davon im Uhrzeigersinn um den Steg wickeln, zwei davon entgegen dem Uhrzeigersinn. Fäden anknoten und zurückschneiden.

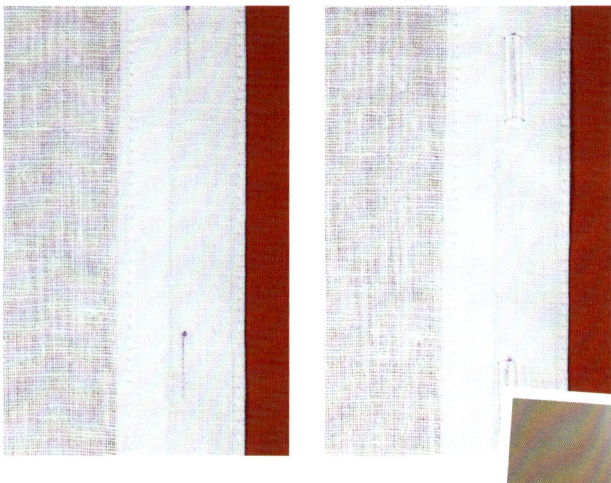

Fertig!

Tolles Team

Rock mit Bundfalten und Steppstichen

Ob frech und sportlich oder elegant und damenhaft – mit der Wahl des Stoffes, der Farbe und vielleicht kleinen, raffinierten Details bestimmen Sie selbst die Wirkung Ihres Rocks. Das sehen Sie an unserem Beispiel. Beide Modelle haben denselben Schnitt, nur unterschiedliche Stoffe. Links ein klassisches, strapazierfähiges Denim-Material in Dunkelblau, das den Mini zum absoluten Freizeit-Hit macht. Rechts ein matt glänzender Popeline in edel wirkendem Graublau und schon ist der Rock fit für den Abend.

learning by doing

Bei diesem Rock kommen folgende Verarbeitungs-Schritte vor:

- die Hüftpassentasche und ihre Verarbeitung
- das Einnähen von Reißverschluss mit Untertritt und dem Reißverschlussfuß
- Formbundverarbeitung
- Gürtelschlaufen nähen
- Knopfloch mit dem Knopflochfuß
- Absteppnähte mit dem Schmalkantenfuß
- Riegel nähen

Diese Verarbeitungsmethoden haben Sie nicht nur bei einem Rock, sondern auch bei einer Hose.

DAS BRAUCHEN SIE

Schwierigkeit

Größe 34 – 48

Stoffempfehlung

Gut dafür geeignet sind Jeansstoffe, Leinen, Popeline, Baumwoll- oder Patchworkstoffe. Die Stoffe dürfen auch einen geringen Elastananteil enthalten.

Für den links abgebildeten Rock habe ich einen Jeansstoff mit Elastananteil verarbeitet. Für diesen Stoff habe ich mich deshalb entschieden, weil in den folgenden Darstellungen die rechte Seite von der linken Seite gut zu unterscheiden ist. Mit dem verwendeten Kontrastfaden sind auch die Nähte für Sie besser zu sehen.

Stoffverbrauch

Größe 34 – 42   140 cm breit, 130 cm lang
Größe 44 – 48   140 cm breit, 150 cm lang

Weitere Zutaten

1 Rolle passendes Nähgarn
1 Rolle passendes Baumwollstickgarn
Einlage: Vlieseline H710 0,5m, 90 cm breit
1 Reißverschluss 10 cm für alle Größen
2 Knöpfe, ca. 18 mm

Zuschneideplan für Größe 34 – 42

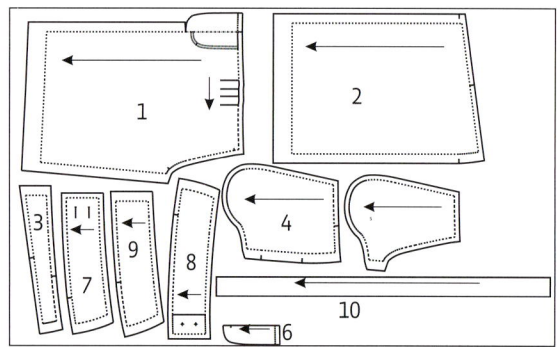

Zuschneideplan für Größe 44 – 48

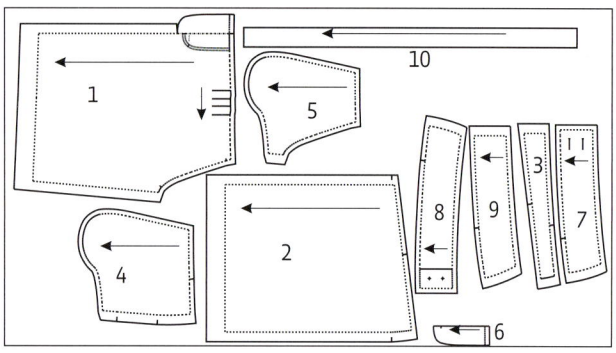

Stoff zuschneiden

1. Vorderteil 2 x
2. Rückenteil 2 x
3. Rückwärtige Passe 2 x
4. Hüftpasse 2 x
5. Taschenbeutel 2 x
6. Reißverschluss-Beleg Untertritt im Stoffbruch 1 x
7. linker vorderer Bund 2 x
8. rechter vorderer Bund 2 x
9. rückwärtiger Rockbund 4 x
10. Gürtelschlaufen für alle Größen 1 x

Anleitung Step by Step:

1 **Einlage aufbügeln**
Mit dieser dünnen Einlage werden alle Bundteile verstärkt. Zusätzlich brauchen Sie noch einen Streifen, 2 cm breit, 60 cm lang, um die Eingriffskante der Taschenbeutel zu verstärken.

Vorbereitungen

Füßchen für das Projekt

Aus dem Standardzubehör: Standardnähfuß, Overlockfuß, Reißverschlussfuß, Knopflochfuß.
Weitere Nähfüße, die Ihnen das Nähen erleichtern: Schmalkantenfuß, Klarsichtfuß, Knopfannähfuß.

Schnittteile

Nummer 1 bis 10 entsprechend der Schnittvorlage (Schnitt-Nr. 3) vorbereiten.
Übertragen Sie auf den Zuschnitt alle Passzeichen und Markierungen. Beschriften Sie die Schnittteile, damit nicht rechts mit links, Vorderteil mit Rückenteil oder oben mit unten aus Versehen vertauscht werden kann.

Nahtzugabe

Die Nahtzugabe ist im Schnittmuster nicht enthalten. Nahtzugabe 1,5 cm, Saumzugabe 4 cm zugeben.

Mein ganz persönlicher Tipp:

Schnittteile, die mit Vlieseline belegt werden müssen, schneide ich gesondert zu. Bei diesem Rock sind das die Bundteile.
Zuerst schneide ich ein größeres Stück Stoff ab, ausreichend für alle Schnittteile, danach die Einlage. Die Einlage darf ringsherum ruhig 1 cm kleiner als das Stoffstück sein, damit sie beim Bügeln nicht auf dem Bügelbrett festklebt. Nachdem die Einlage aufgebügelt ist, schneide ich die Schnittteile zu. Der Vorteil dabei ist, dass die Schnittteile beim Aufbügeln der Einlage nicht aus der Form geraten und die Schnittkanten sauber sind und nicht sofort ausfransen.

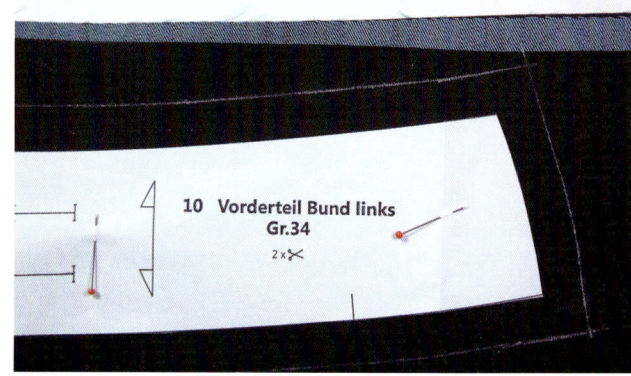

Weitere Hinweise zum Nähen:

Nahtanfang und -ende mit ein paar Rückstichen vernähen. Zum Zusammennähen liegen die Stoffteile rechts auf rechts aufeinander.

Nähmaschine vorbereiten

Nadel: Für den dünnen Jeansstoff habe ich eine universal 80er Nähnadel eingesetzt.
Oberfaden: Allzweckfaden
Unterfaden: Allzweckfaden
Spannung: 3–5

Stich einstellen zum Versäubern:

Zum Versäubern der Stoffkante eignet sich am besten ein Overlockstich. Für den dünnen Jeansstoff habe ich mich für den offenen Overlockstich entschieden.

Warum? Weil der offene Overlockstich auf der rechten Seite offen ist. Das ist ideal zum Versäubern von Stoffen, die nicht stark ausfransen.

Einstellung der Nähmaschine:

Wählen Sie den **offenen Overlockstich** an.
Stichlänge: 2,5 mm
Stichbreite: 5 mm
Nähfuß: Overlockfuß

Probenaht nähen: Bevor Sie mit dem Nähen anfangen, drehen Sie am Handrad und prüfen Sie den Einstich der Nadel. Die Nadel soll sauber an der Fußführung rechts vorbei stechen. Falls Ihre Nähmaschine den Stich nicht hat, wählen Sie den genähten Zickzack-Stich und setzen Sie den Normalnähfuß ein.

Nähen Sie eine Probenaht, um festzustellen, welcher Stich am besten zu Ihrem Stoff passt.

Nähen Sie die Probenaht so, wie Sie die Naht an Ihrem Rock später haben wollen. Das heißt, auch hier führen Sie die Stoffkante an der Nähfußkante entlang. Prüfen Sie die Position und stellen evtl. nach.

So wird's gemacht: Führen Sie die Stoffkante an die Overlockfußkante. Der eingebaute Stift an dem Overlockfuß verhindert das Zusammenziehen der Stoffkante.

2 Stoffkanten versäubern

Vorderteile, Schnittteile 1: Versäubern Sie alle Stoffkanten bis auf die Taschen-Eingriffskante und die obere Kante. Die Eingriffskante wird mit dem unteren Taschenbeutel verstürzt und die obere Kante wird in den Bund eingenäht. Somit können Sie sich hier das Versäubern sparen.

Rückenteile, Schnittteile 2: An den Rückenteilen versäubern Sie alle Kanten.

Passe, Schnittteile 3: An der Passe können Sie sich das Versäubern der oberen Kante sparen, weil sie später in den Bund eingenäht wird.

Hüftpasse, Schnittteile 4: An der Hüftpasse versäubern Sie alles bis auf die obere Kante. Diese wird später auch in den Bund eingenäht.

Taschenbeutel, Schnittteile 5: Hier versäubern Sie die Rundung und die gerade Kante. Die Taschen-Eingriffskante und die obere Kante brauchen Sie nicht zu versäubern.

Bund, Schnittteile 7, 8, 9: Die Schnittkanten vom Bund werden nicht versäubert.

Reißverschluss-Beleg Untertritt, Schnittteil 6: Hier noch nichts versäubern!

Gürtelschlaufe, Schnittteil 10: Nur eine Längsseite versäubern.

Stich einstellen zum Zusammennähen:

Wählen Sie den **Geradstich** an.
Stichlänge: 3 mm
Nadelposition: Mitte
Nähfuß: Standardnähfuß

3 | Tascheneingriff

Den Taschenbeutel (Schnittteil 5) rechts auf rechts auf die Eingriffskante des Vorderteils heften, danach steppen.

Nahtzugabe zurückschneiden und einschneiden. Im unteren Bereich der Eingriffskante die Nahtzugabe öfter einschneiden, damit sich die gebogene Kante beim Wenden besser in Form legt.

Die Nahtzugabe zuerst auseinanderbügeln, dann zum Taschenbeutel hin bügeln. Wenden Sie den Taschenbeutel nach innen und bügeln Sie nochmals über die Eingriffskante.

4 | Schmalkantig absteppen!

Steppen Sie die Eingriffskante von der rechten Seite her schmalkantig, im Abstand von 2 mm von der Kante. Setzen Sie hierfür am besten den Schmalkantenfuß ein.
Warum Schmalkantenfuß?
Weil der Schmalkantenfuß eine Führung hat. Mit dem Geradstich und der Nadelposition nach links kann die Stoffkante an dieser Führung entlang geführt werden und die Eingriffskante lässt sich sehr einfach gleichmäßig steppen.
Nachdem die Nahtzugabe auf eine Seite gebügelt ist, wird schmalkantig gesteppt. Dieser Steppstich sorgt dafür, dass die Nahtzugabe flacher bleibt und er stabilisiert die Naht. Dadurch erzielen Sie eine schönere Optik.

A. Schmalkantig mit dem Schmalkantenfuß steppen

Einstellung der Nähmaschine:

Wählen Sie den **Dreifach-Geradstich** an
Stichlänge: 3,5 – 4 mm
Nadelposition: links
Nähfuß: Schmalkantenfuß
Oberfaden: Zum Steppen fädeln Sie als Oberfaden ein Baumwollstickgarn ein.
Unterfaden: Allzweckfaden bleibt
Spannung: 3 – 5

Probenaht nähen: Nähen Sie die Probenaht so, wie Sie nachher steppen möchten. Das heißt, auch hier schmalkantig ein Stoffstück steppen, dabei die Nadelposition überprüfen, evtl. nachstellen. Beim Nähen läuft die Führung an der Stoffkante entlang und die Nadel ist so versetzt, dass sie 2 mm vor der Kante einsticht.
So wird's gemacht: Legen Sie die Stoffkante an die Fußführung an und steppen Sie die Eingriffskante der Tasche schmalkantig.

B. Schmalkantig mit dem Standardfuß steppen

Einstellung der Nähmaschine:

Wählen Sie den **Dreifach-Geradstich** an.
Stichlänge: 3,5 – 4 mm
Nadelposition: Mitte bis links
Nähfuß: Standardnähfuß
Oberfaden: Zum Steppen fädeln Sie als Oberfaden ein Baumwollstickgarn ein.
Unterfaden: Allzweckfaden bleibt
Spannung: 3 – 5

Probenaht nähen: Nähen Sie die Probenaht wieder so, wie sie nachher beim Steppen aussehen soll. Beim Steppen schauen Sie auf dem Nähfuß. Die Stoffkante läuft dabei an der rechten Seite vom Nähfußschlitz.

So wird's gemacht: Nachdem die Tasche auf das Vorderteil geheftet ist, steppen Sie die Tasche schmalkantig. Führen Sie die Stoffkante konsequent an der rechten Seite vom Nähfußschlitz. Sie erhalten so eine gleichmäßige Naht mit einem gleichmäßigen Abstand zur Stoffkante.

5 | Taschenbeutel

Einstellung der Nähmaschine:

Wählen Sie den **Geradstich** an.
Stichlänge: 3 mm
Nadelposition: Mitte
Nähfuß: Standardnähfuß
Oberfaden: Allzweckfaden
Unterfaden: Allzweckfaden

Heften Sie jetzt die Hüftpasse (Schnittteil 4) auf den Taschenbeutel. Achten Sie auf die Passzeichen und steppen Sie nur außen um den Taschenbeutel.

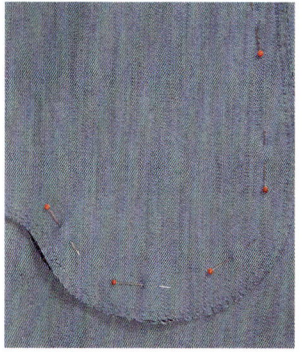 

Damit die Tasche oben am Bund und an der Seitennaht nicht verrutscht, fixieren Sie die Kanten. Steppen Sie füßchenbreit die Tasche auf die Nahtzugabe. Für diese Naht kann der Steppstich bis zu 6 mm verlängert werden.

6 | Falten nähen

Übertragen Sie die Faltenlinien auf den Stoff. Die Faltenlinien rechts auf rechts aufeinanderlegen, mit Nadeln fixieren und über die markierte Linie steppen.

Von der rechten Stoffseite die Falten in eine Richtung legen (siehe hierzu auch die Pfeilrichtung im Schnitt). Damit die Falten einseitig liegen bleiben, heften Sie diese in der oberen Nahtzugabe. Hierfür kann der Steppstich auf 6 mm verlängert werden.

7 | Rückwärtige Passe

Die rückwärtigen Passen (Schnittteile 3) an das jeweilige Rückenteil (Schnittteil 2) steppen. Auch hier achten Sie auf die Passzeichen, damit die Passen nicht versehentlich vertauscht oder verdreht werden.
Die Nahtzugabe erst auseinander, dann nach oben zur Passe hin bügeln.
Jetzt im selben Abstand wie beim Taschenbeutel von der rechten Stoffseite her auf die Nahtzugabe schmalkantig mit dem Schmalkantenfuß steppen. Die Einstellungen für diese Naht sind dieselben wie beim Steppen der Eingriffstasche.

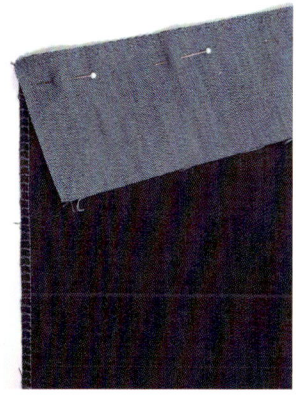 

8 | Rückenteil

Die Rückenteile rechts auf rechts heften und die Mittelnaht steppen.

Tipp: Beim Nähen der Naht, am Übergang zur Passe, treffen Sie auf eine Stelle, wo Sie plötzlich von zwei auf sechs Stofflagen kommen.

Damit die Quernähte der Passe aufeinandertreffen, fixieren Sie zuerst diesen Übergang nur mit Stecknadeln und danach mit der Nähmaschine.

Damit die Stiche auch gleichmäßig genäht werden und Sie einen Ausgleich für die sechs Lagen, die sich hier treffen, schaffen, legen Sie die Ausgleichsplatte hinten unter den Nähfuß.

Falls Sie keine Ausgleichsplatte haben, falten Sie ein Reststoffstück vierfach und legen es hinten unter den Nähfuß.

Die Nahtzugabe erst auseinander, dann auf der Seite nach links bügeln und schmalkantig, wie bei der Eingriffskante der Taschenbeutel, von der rechten Seite mit dem Schmalkantenfuß steppen. Auch die Einstellungen der Nähmaschine und des Garns sind dieselben wie bei der Tasche.

9 | Vorderer Rock

Die vordere mittlere Naht bis zum Reißverschlussschlitz steppen.

10 | Reißverschluss einnähen

Jetzt wird der Reißverschluss eingenäht. Das Einnähen habe ich im Kapitel „Reißverschlüsse einnähen" ausführlich beschrieben.

11 | Seitennaht schließen

Geradstich anwählen.

Die vorderen und hinteren Rockteile rechts auf rechts heften und die Seitennähte schließen. Bügeln Sie die Nahtzugaben zuerst auseinander, dann zum Rückenteil hin.

Mit dem Schmalkantenfuß, dem Dreifach-Geradstich und dem Baumwollgarn schmalkantig die Seitennaht steppen.

12 | Gürtelschlaufen vorbereiten

Den Streifen für die Gürtelschlaufen der Länge nach falten. Zuerst die nicht versäuberte Seite 1 cm nach innen falten und bügeln. Danach die versäuberte Seite bis kurz vor die umgefaltete Kante umschlagen, bügeln und mit Stecknadeln fixieren.

Rechts und links den Streifen schmalkantig absteppen, so dass die umgeschlagene Kante mitgefasst wird.

Schneiden Sie den Streifen in 8 gleiche Teile, 9 cm lang. Verteilen Sie die Gürtelschlaufen auf dem Rock: vorne rechts und links jeweils zwei, hinten in der Mitte zwei und rechts und links jeweils eine. Schauen Sie hier auf die Markierungen im Schnitt. Heften Sie die Gürtelschlaufen an.

13 | Bund

Äußerer Bund: Als Erstes an dem hinteren Bund die hintere mittlere Naht steppen, danach die Seitennähte. Die seitliche Nahtzugabe einschneiden, evtl. zurückschneiden. Bügeln Sie die Nahtzugaben erst auseinander. Danach die Nahtzugaben der Vorderteile nach hinten, die hintere Nahtzugabe in derselben Richtung wie die hintere mittlere Naht des Rückenteils bügeln.

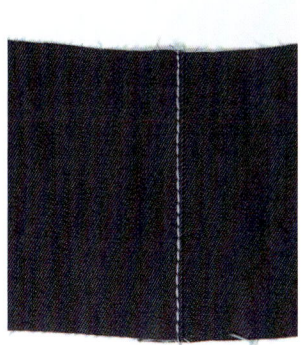

Die Nähte mit dem Schmalkantenfuß, dem dreifachen Geradstich und dem Baumwollgarn schmalkantig steppen.

Ziersteppstich: Mit dem Dreifach-Geradstich bei gleicher Einstellung und Klarsicht- oder Standardfuß steppen Sie eine Naht durch die Mitte des Bundes. Die zweite Reihe parallel und füßchenbreit oberhalb der ersten Reihe steppen.

Bund annähen: Wählen Sie wie gehabt den Geradstich an und fädeln Sie den Allzweckfaden oben ein.

Steppen Sie den äußeren Bund rechts auf rechts an die obere Rockkante. Die Nahtzugaben einschneiden, evtl. zurückschneiden, dann nach oben zum Bund hin bügeln.

Innerer Bund: Auch hier steppen Sie zuerst die hintere mittlere Naht, danach die Seitennähte. Bügeln Sie die Nahtzugaben genau in die entgegengesetzte Richtung wie vom äußeren Bund. Das heißt, die Nahtzugabe der Seitennaht nach vorne bügeln, die hintere Nahtzugabe auf die andere Seite.

Heften Sie den inneren Bund rechts auf rechts auf den äußeren Bund. Steppen Sie die obere Kante. Die Nahtzugabe einschneiden und dann auseinander bügeln.

Die vordere Bundkante heften, danach steppen. Achten Sie darauf, dass die Nahtzugabe nicht mitgefasst wird.

Schneiden Sie die Nahtzugabe schräg an den Ecken zurück und wenden Sie den Bund.

Schlagen Sie die Nahtzugabe vom unteren Bund auf der linken Seite nach innen um und bügeln Sie sie flach. Heften Sie die eingeschlagene Bundinnenkante knapp unterhalb der Bundansatznaht.

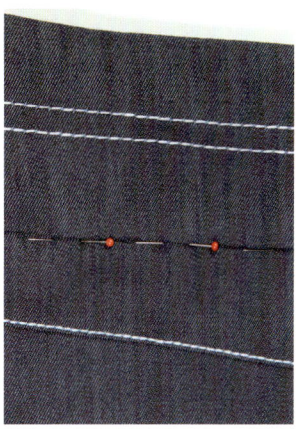

Steppen Sie von der rechten Seite direkt in die Ansatznaht den Bund fest. Dabei soll der Innenbund mitgefasst werden.

Das geht auch am besten mit dem Schmalkantenfuß. Die Nadel bleibt dabei in der Mitte positioniert. Für diese Steppnaht lassen Sie den Allzweckfaden eingefädelt.

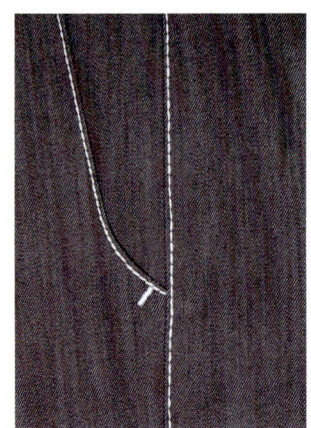
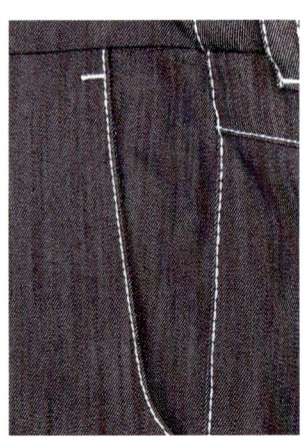

14 | Gürtelschlaufen annähen

Die Gürtelschlaufen unterhalb vom Bund füßchenbreit steppen und gut vernähen.

Fädeln Sie den Baumwollfaden oben in Ihre Nähmaschine ein.

Gürtelschlaufenende 1 cm einschlagen und auf den Bund heften. Gürtelschlaufe mit dem Riegel, wie beim Reißverschluss, zwischen den Steppnähten festnähen.

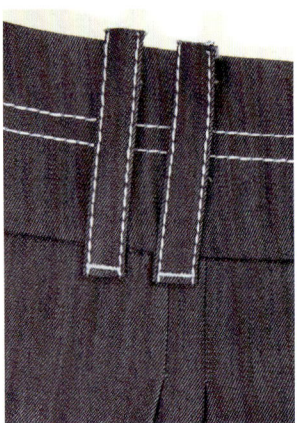
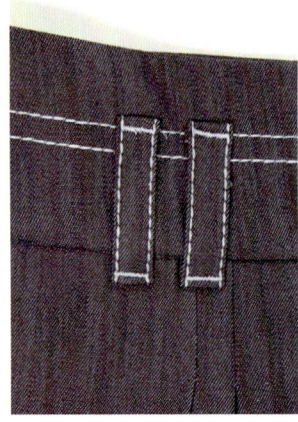

Fixieren Sie mit dem Riegel auch die Eingriffskante der Tasche. Übertragen Sie die Markierung für den Riegel vom Schnittmuster, Schnittteil 2.

15 | Saum

Bügeln Sie den Saum 4 cm nach innen um und heften Sie ihn. Von der rechten Seite steppen Sie den Saum im Abstand von 3,5 cm von der Kante. Um den Abstand besser einhalten zu können, orientieren Sie sich an den Linien der Stichplatte, oder setzen Sie den Abstandshalter aus dem Zubehör ein. Die zweite Naht habe ich parallel und füßchenbreit zur ersten Naht gesteppt.

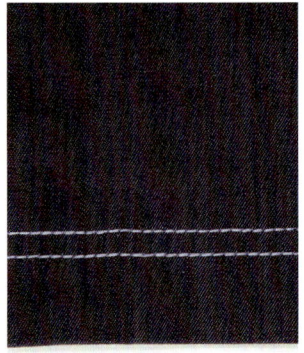

16 | Knopflöcher

Übertragen Sie die Platzierung der Knopflöcher.

Einstellung der Nähmaschine:

Wählen Sie den **Knopfloch-Stich** an. Falls Sie mit einer mechanischen Maschine arbeiten, schauen Sie für die Einstellung in der Bedienungsanleitung nach.

Stichlänge: wird automatisch eingestellt

Stichbreite: wird automatisch eingestellt

Nähfuß: Knopflochfuß

Oberfaden: Baumwollstickgarn

Unterfaden: Allzweckfaden

Spannung: Stellen Sie die Oberfadenspannung zwischen 2 und 3 ein. Bei Nähmaschinen mit CB-Greifer fädeln Sie den Faden durch die Spulenkapselfinger.

Probeknopfloch nähen: Nähen Sie zuerst ein Probeknopfloch. Schaffen Sie für das Probeknopfloch dieselben Voraussetzungen, wie Sie sie nachher auch bei Ihrem Bund haben. Überprüfen Sie die Einstellung der Stichlänge und Stichbreite. Stellen Sie die Dichte nicht zu hoch ein. Das kann dazu führen, dass der Stoff nicht richtig transportiert wird und die Maschine hängen bleibt oder auf der Stelle näht.

So wird's gemacht: Fangen Sie mit dem Knopflochnähen an der Quermarkierung an. Nähen Sie die Knopflöcher, danach mit dem Nahttrenner oder einer spitzen Schere vorsichtig aufschneiden.

loch trifft. Der Abstand der Annählöcher ist bei den meisten Knöpfen gleich. Damit passt die Einstellung der Nähmaschine in der Regel. Falls Sie doch einen Sonderknopf haben, passen Sie die Stichbreite an. Wenn Sie sich für einen Knopf mit Steg entschieden haben, bleibt Ihnen nichts anderes übrig, als den Knopf mit der Hand anzunähen.

So wird's gemacht: Platzieren Sie den Knopf mit dem Knopfannähfuß an der markierten Stelle und lassen Sie die Maschine den Knopf annähen. Die Anfangs- und Endfäden ca. 10 cm überstehen lassen. Ziehen Sie diese Fäden zwischen Knopf und Bund heraus. Zwei davon im Uhrzeigersinn um den Steg wickeln, zwei davon entgegen dem Uhrzeigersinn. Fäden anknoten und zurückschneiden.

Fertig!

17 | Knöpfe annähen

Die Knöpfe können mit dem Knopfannäh-Programm Ihrer Nähmaschine oder mit dem Zickzack-Stich angenäht werden. Wählen Sie das, was Ihre Maschine hergibt. In der unteren Beschreibung habe ich den Knopf mit dem Knopfannäh-Programm beschrieben. Wenn Sie den Knopf mit dem Zickzack-Stich annähen wollen, schauen Sie im Kapitel „Knöpfe annähen" nach. Dort wird Ihnen gezeigt, wie Schritt für Schritt ein Knopf angenäht werden kann.

Einstellung der Nähmaschine:
Wählen Sie das **Knopfannäh-Programm** an.
Stichlänge: wird automatisch eingestellt
Stichbreite: wird automatisch eingestellt
Nähfuß: Knopfannähfuß
Oberfaden: Baumwollstickgarn
Unterfaden: Allzweckfaden bleibt
Spannung: Stellen Sie die Oberfadenspannung zwischen 2 und 3 ein, bei Nähmaschinen mit CB-Greifer fädeln Sie den Faden durch den Spulenkapselfinger.

Probeknopf annähen: Stellen Sie an dem Knopfannähfuß ein, dass der Knopf mit Steg angenäht wird. Bevor Sie mit dem Nähen starten, drehen Sie vorsichtig am Handrad und überprüfen Sie, ob die Nadel das Annäh-

Fadenspannung, Pflege, Pannenhilfe

Fadenspannung

Die Fadenspannung ist der Mechanismus, der den Anpressdruck des Fadens bei der Stichbildung regelt.

Der Faden, der oben in die Nähmaschine eingefädelt wird, ist der Oberfaden und ist beim Nähen auf der oberen Stoffseite zu sehen. Der Faden, der unten eingefädelt wird, ist der Unterfaden und läuft durch die Unterfadenspannung. Den Unterfaden sehen Sie auf der unteren Seite des Stoffes.

Oberfadenspannung

Der Oberfaden läuft zwischen zwei Scheiben durch den Oberfadenspannungs-Mechanismus. Die zwei Scheiben halten den Faden gespannt und lassen ihn weiter in die nächste Fadenführung und zum Fadengeber durchlaufen.

Manuelle Fadenspannung

Die meisten Nähmaschinen haben eine Oberfadenspannung, die manuell über den Fadenspannungs-Einstellknopf verändert werden kann. Sie finden den Fadenspannungs-Einstellknopf vorne auf der Kopfseite der Nähmaschine. Durch das Drehen des Reglers kann der Zug des Fadens angepasst werden. Auf dem Fadenspannungs-Einstellknopf finden Sie die Zahlen von 0 bis 9. Der optimale Bereich liegt meistens zwischen 3 und 5 und ist deshalb auf dem Spannungsregler deutlicher hervorgehoben. Wenn Sie eine kleinere Zahl als die Grundeinstellung wählen, wird die Fadenspannung lockerer. Für eine festere Fadenspannung stellen Sie den Regler auf eine höhere Zahl ein.

Automatische Fadenspannung

Die ausgeklügelten Nähsysteme stellen die Oberfadenspannung automatisch auf den Allzweckfaden ein. Diese Nähmaschinen sind dadurch sehr bequem zu handhaben. Sie wählen einfach den Stich aus, den Sie nähen möchten und um die Spannung kümmert sich die Nähmaschine für Sie. Sie können also gleich mit dem Nähen loslegen!
Diese Einstellung kann bei Bedarf mit den jeweiligen Tasten noch verändert oder angepasst werden. Mit „+" wird die Fadenspannung fester, mit „-" wird sie lockerer.

Unterfadenspannung

Eine gute Unterfadenspannung bekommen Sie, wenn der Unterfaden auf die Spule gleichmäßig aufgespult ist. Achten Sie beim Spulen darauf, dass der Faden sauber durch die Vorspannung läuft und in alle Führungen eingelegt ist.

Die Unterfadenspannung wird an der Spulenkapsel verändert. Wie das funktioniert, ist von Fabrikat zu Fabrikat aufgrund der verschiedenen Greifer-Systeme unterschiedlich. Schauen Sie in Ihrer Bedienungsanleitung nach, wo genau die Unterfadenspannung verändert wird.
Die Spannung wird an der Einstellschraube der Spannscheibe verändert. Dafür brauchen Sie einen Minischraubendreher. Drehen Sie im Uhrzeigersinn, wird die Spannung fester, entgegen dem Uhrzeigersinn wird sie lockerer.
Die Unterfadenspannung reagiert etwas empfindsamer auf die Veränderung. Daher sollten Sie hier grundsätzlich nur in kleinen Schritten verstellen.

Tipp:
Falls Sie häufiger mit unterschiedlich dicken Fäden nähen, kaufen Sie sich am besten eine zweite Spulenkapsel dazu. Eine davon lassen Sie auf der Grundeinstellung eingestellt, die zweite nehmen Sie für spezielle Fäden und andere Effekte, bei denen Sie andere Einstellungen vornehmen. Viele Hersteller bieten eine Spulenkapsel speziell für dickere Fäden an. Hier ist die Spulenkapsel so konstruiert, dass das Fadenvolumen gleich besser ablaufen kann.

Mein persönlicher Tipp:
Unterfadenspannung verändern: Nehmen Sie die Spulenkapsel in die Hand, sodass Sie auf die Einstellschraube der Spannungsscheibe schauen können. Stellen Sie sich vor, diese Schrau-

be ist eine Uhr. Der Drehschlitz an der Schraube ist in diesem Fall dann der Uhrzeiger. Wie viel „Uhr" es ist, zeigt Ihre „Schraube". Meine zeigt z. B. auf 10 Minuten nach 12 Uhr. Schreiben Sie sich diese Einstellung auf ein Blatt Papier. Mit dem Minischraubendreher drehen Sie „5 Minuten" im Uhrzeigersinn. Sie haben die Unterfadenspannung jetzt fester gedreht. Probieren Sie diese Veränderung zuerst aus, wenn es nicht ausreicht, drehen Sie weitere 5 Minuten. So kommen Sie von „Minute zu Minute", also Schritt für Schritt, zu Ihrer persönlichen Einstellung. Falls Sie die Spannung lockern möchten, drehen Sie entgegen dem Uhrzeigersinn.

Wenn Sie mit der Naht fertig sind und die Spannung wieder auf den Ursprung zurückstellen wollen, schauen Sie auf Ihre Notiz und stellen Sie Ihre „Uhr" zurück.

Die Spule: hohe oder flache Spulen, Metall oder Kunststoff?

Benutzen und kaufen Sie nur die Spulen nach, die von Anfang an bei der Auslieferung der Nähmaschine dabei waren. Kaufen Sie also keine Spulen aus Metall, wenn Ihre Nähmaschine z. B. mit Kunststoffspulen ausgeliefert worden ist. Die Spulen sind von Fabrikat zu Fabrikat unterschiedlich, weil die Hersteller auch unterschiedliche Greifersysteme haben. Die Unterfadenspannung ist auf die Originalspule abgestimmt und getestet. Auch wenn Größe, Abmessungen und Material passen, kaufen Sie sich keine Spulen eines anderen Fabrikates, nur weil die Spulen günstiger sind. Auch diese Spulen haben ein eigenes Gewicht und sind unterschiedlich verarbeitet. Die Spule dreht sich in der Spulenkapsel und Gewicht, Material und Verarbeitung der Spule spielen eine große Rolle bei der Unterfadenspannung. Eine andere Spule kann das Stichbild verändern. Also am besten immer die Originalspule nachkaufen.

Nicht alles auf die Fadenspannung schieben!

Wenn das Stichbild nicht ideal ist, liegt es nicht immer an der Fadenspannung!

Bevor Sie also mit der Veränderung der Fadenspannung beginnen, überprüfen Sie Folgendes:

» Liegt der Faden zwischen den Fadenspannungsscheiben?
» Befinden sich kleine Fadenreste oder Fusseln zwischen den Fadenspannungsscheiben?
» Ist die Nähmaschine richtig eingefädelt?

Schauen Sie nach, ob der Fadenhebel eingefädelt ist und ob alle Fadenführungen berücksichtigt sind.

Prüfen Sie, ob der Faden sauber durch die Spulenkapsel läuft.

Überprüfen Sie den Zustand der Nadel. Falls sie stumpf oder defekt ist, wechseln Sie die Nadel.

Die Nadel muss bis zum Anschlag nach oben eingesetzt werden. Kontrollieren Sie die Einstellung von Stichlänge und Stichbreite.

Reinigen Sie Ihre Maschine, entfernen Sie auch ab und zu die Stichplatte und reinigen Sie auch die Transporteur-Zwischenräume, denn auch hier sammeln sich Fusseln an, die die Stichplatte hochdrücken und die Fadenspannung beeinflussen.

Auf keinen Fall die Maschine aus dem Fenster werfen!

Erst wenn das alles überprüft ist und alles stimmt, verändern Sie die Fadenspannung! Nähen Sie die Probenaht zuerst mit der empfohlenen Grundeinstellung der Fadenspannung. Verändern Sie die Einstellungen immer nur in kleinen Schritten und nähen Sie dann wieder eine Probenaht.

Spielen Sie selber mit der Fadenspannung!

Verändern Sie die Grundeinstellung der Oberfadenspannung und prüfen Sie, was sich verändert hat.

Fädeln Sie in Ihre Nähmaschine zwei verschiedene Farben in derselben Garnqualität und -stärke ein. Ich habe in meiner Nähmaschine oben rot eingefädelt und unten gelb aufgespult.

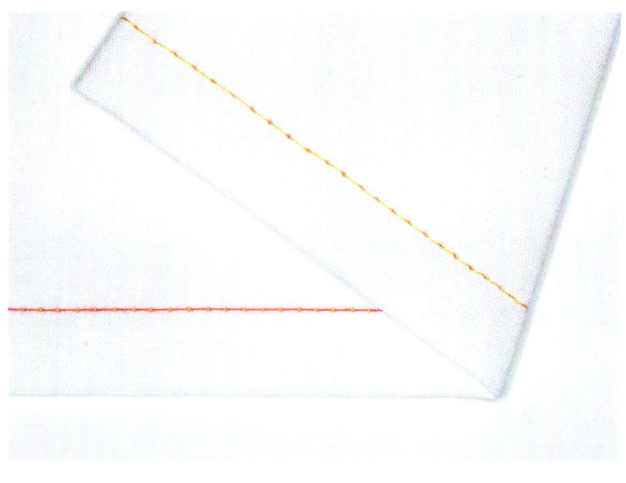

Oberfadenspannung verändern

Stellen Sie den Oberfadenspannungsregler auf einen niedrigeren Wert ein, z. B. von 4 auf 2.

Was passiert? Die Oberfadenspannung wird lockerer, die Verschlingung der Fäden wandert auf die untere Stoffseite, der Unterfaden ist auf der rechten Stoffseite nicht zu sehen.

Die Lage der Verschlingung können Sie also mit der Fadenspannung beeinflussen. Wenn Sie die Spannung wieder erhöhen, wandert die Verschlingung zurück zwischen die Stofflagen.

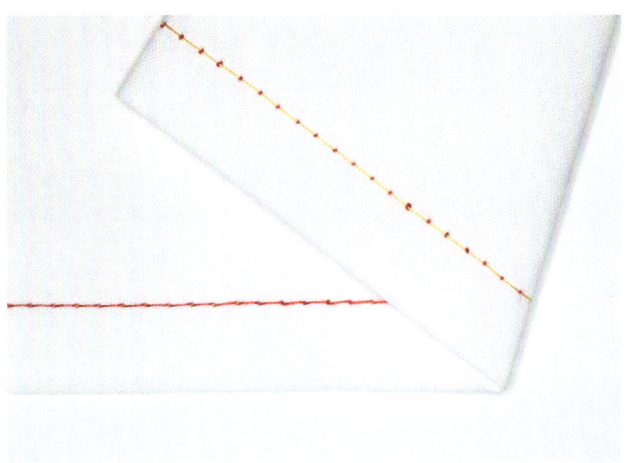

Stellen Sie den Oberfadenspannungsregler auf einen höheren Wert ein, z. B. von 4 auf 6.

Was passiert? Die Oberfadenspannung wird fester. Die Verschlingung der Fäden wandert auf die obere Stoffseite. Der Unterfaden ist auf der rechten Stoffseite deutlich zu sehen.

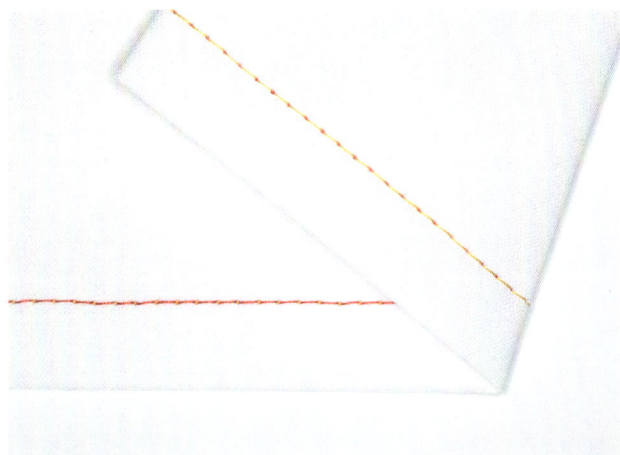

Wenn Sie sich mit den Einstellungen vertraut gemacht und die Änderung verstanden haben, ist die Spannung kein Problem mehr. Viele schöne, dekorative und effektvolle Nähte und Verzierungen erzielen Sie mit dickeren Fäden, mit Stickgarnen, mit Garnen aus Seide und Baumwolle. Dazu müssen Sie die Fadenspannung anpassen. Trauen Sie sich die Veränderung der Fadenspannung zu!

Oberfadenspannung bei dickeren Fäden, extra starkes Garn

Das extra starke Garn fädeln Sie in Ihre Nähmaschine, wenn Sie Steppnähte in dickere Stoffe nähen oder Nähte nähen wollen, die stark beansprucht werden.

Fädeln Sie nur oben in Ihre Nähmaschine den dickeren Faden ein. Unten bleibt der Allzweckfaden eingefädelt. Wichtig ist hier, dass Sie die passende Nadel verwenden, Stärke 100 bis 120. Stellen Sie die Oberfadenspannung auf 6 – 8.

Oberfadenspannung bei dickeren Fäden aus Seide oder Baumwolle

Fäden aus Seide sind etwas weicher als ein extra starker Faden aus Polyester. Daher muss die Spannung nicht ganz so stark verändert werden. Probieren Sie zuerst die Einstellung 5 – 6, falls es nicht ausreicht, die Zahl höher drehen. Die passende Nadelstärke ist hier 90 – 110.

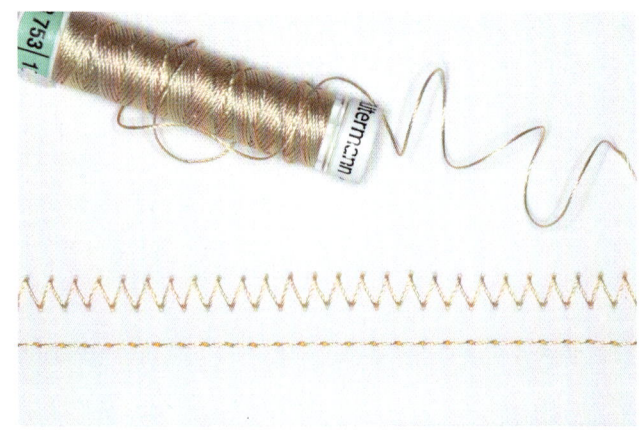

Hinweis: Nähen Sie die Probenaht zuerst mit der empfohlenen Grundeinstellung der Fadenspannung. Verändern Sie die Einstellungen immer nur in kleinen Schritten und nähen Sie dann wieder eine Probenaht. Ich habe bei den Nähbeispielen verschiedenfarbige Fäden eingefädelt, damit für Sie besser zu erkennen ist, welche Fadenspannung gemeint ist.

Fadenspannung ist richtig eingestellt

Wenn die Fadenspannung richtig eingestellt ist, liegt die Verschlingung des Oberfadens mit dem Unterfaden zwischen den Stofflagen. Die Fäden laufen glatt und ohne den Stoff zu ziehen, zu kräuseln oder Schlingen zu bilden.

Über die Fadenspannung können Sie beim Nähen viel, gewollt oder ungewollt, verändern. Deshalb habe ich Ihnen hier eine kleine Zusammenstellung aller Korrekturmöglichkeiten, die Sie über die Fadenspannung haben, beigefügt. Mit der Oberfadenspannung kann fast alles behoben werden, daher zuerst immer die Spannung oben verändern.

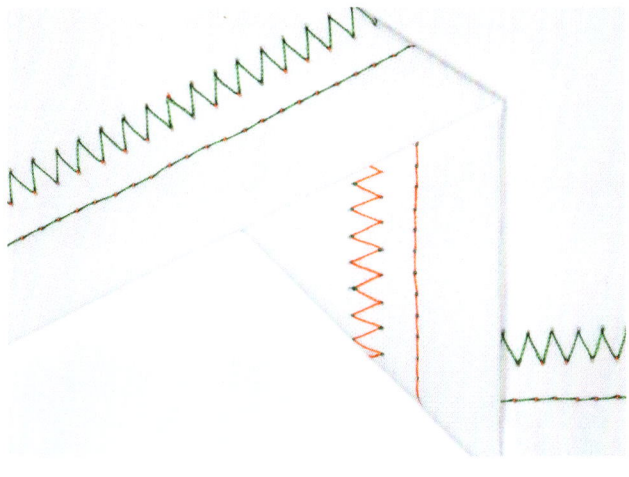

Oberfaden zu fest (grüner Faden)

Wenn der Faden, der durch die Oberfadenspannung läuft, zu stark gespannt ist, sind der Unterfaden und die Verschlingung auf der oberen Seite des Stoffes zu sehen.

Stellen Sie den Spannungsregler für die Oberfadenspannung auf eine kleinere Zahl ein. Damit lockern Sie die Spannung und die Verschlingung wandert nach unten. Im Idealfall liegt die Verschlingung zwischen den Stofflagen.

Kontrollieren Sie auch die Unterfadenspannung. Eventuell muss diese etwas fester eingestellt werden.

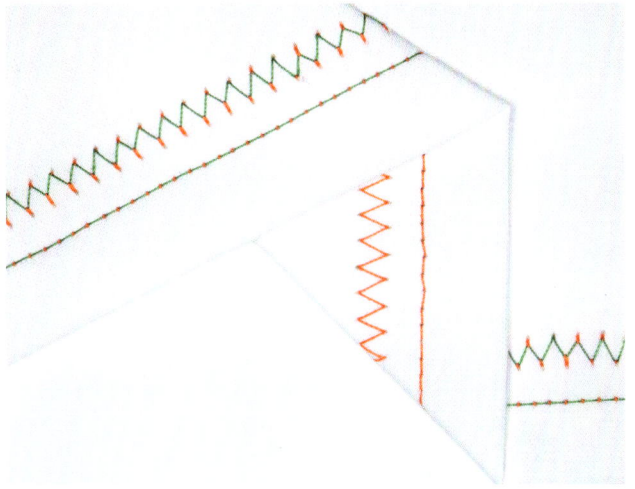

Oberfaden zu locker (grüner Faden)

Wenn der Faden, der durch die Oberfadenspannung läuft, zu locker gespannt ist, sind der Unterfaden und die Verschlingung auf der unteren Seite des Stoffes zu sehen.

Stellen Sie den Spannungsregler für die Oberfadenspannung auf eine höhere Zahl ein. Damit wird die Oberfadenspannung fester und die Verschlingung der Fäden wandert nach oben.

Kontrollieren Sie auch die Unterfadenspannung. Eventuell muss diese etwas lockerer eingestellt werden.

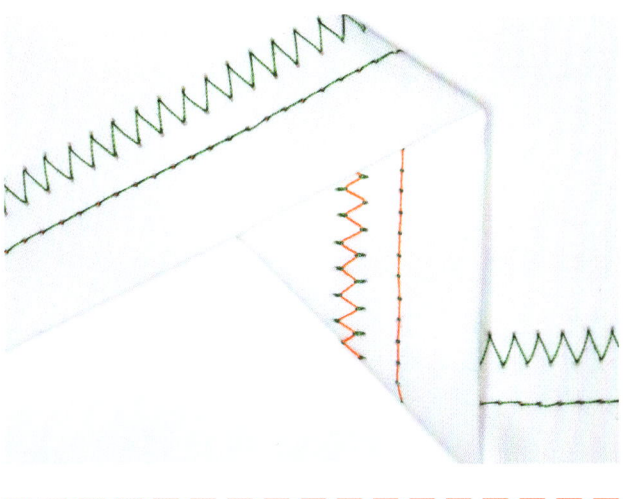

Unterfaden zu fest (orangefarbener Faden)

Wenn der Unterfaden zu fest gespannt ist, liegt die Verschlingung der Fäden auf der unteren Stoffseite. Prüfen Sie zuerst, ob die Stellung des Oberfadenspannungs-Einstellknopfes auf der Grundeinstellung steht. Manchmal reicht auch nur eine kleine Veränderung der Oberfadenspannung aus. Falls nicht, machen Sie eine kleine Drehung an der Einstellschraube der Spannscheibe mit dem Minischraubendreher entgegen dem Uhrzeigersinn. Die Unterfadenspannung wird lockerer und die Verschlingung wandert nach oben, idealerweise zwischen die Stofflagen.

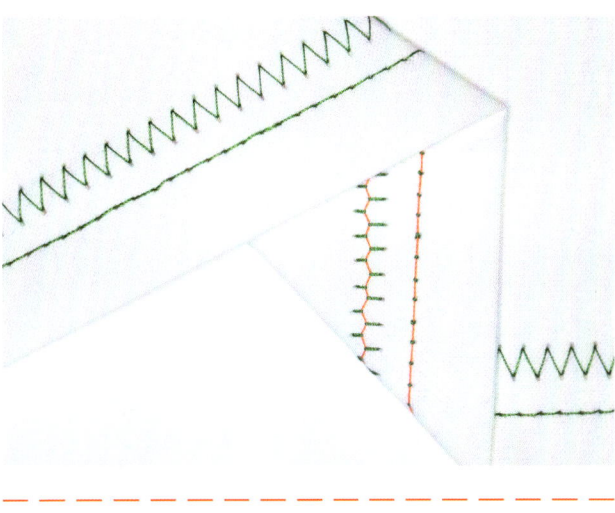

Unterfaden zu locker (orangefarbener Faden)

Wenn der Unterfaden zu locker gespannt ist, liegt die Verschlingung der Fäden auf der oberen Stoffseite. Prüfen Sie zuerst, ob die Stellung des Oberfadenspannung-Einstellknopfes auf Grundeinstellung steht. Manchmal reicht nur eine kleine Veränderung der Oberfadenspannung. Falls nicht, dann machen Sie eine kleine Drehung an der Einstellschraube der Spannungsscheibe mit dem Minischraubendreher im Uhrzeigersinn. Die Unterfadenspannung wird dadurch fester und die Verschlingung wandert nach unten.

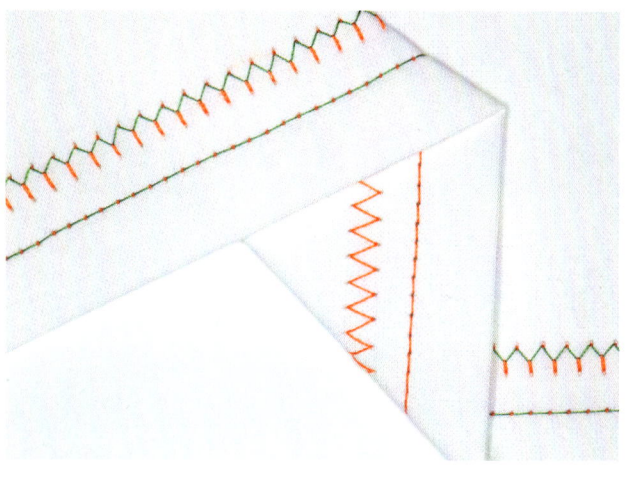

Pflege und Reinigen

Pflegen Sie Ihre Maschine regelmäßig und sorgfältig. Dazu gehören das Reinigen, Auspinseln und wenn nötig, das Ölen. Wechseln Sie die Nadeln regelmäßig aus, befreien Sie die Spannungsscheiben von Fusseln und Fadenresten. Und nicht vergessen: ab und zu die Maschine streicheln!

Reinigen

Ein Pinsel zum Reinigen der Nähmaschine ist im Zubehörpaket dabei. Mit dem Pinsel können Sie die Flusen, Fusseln und Fadenreste aus dem Greiferbereich einfach entfernen.

Wenn ich meinen Arbeitsbereich mit dem Staubsauger reinige, öffne ich auch immer den Greiferdeckel meiner Nähmaschine und meiner Overlock und entferne das Gröbste zuerst mit dem Staubsauger. Die Feinarbeit mache ich danach mit dem Pinsel.

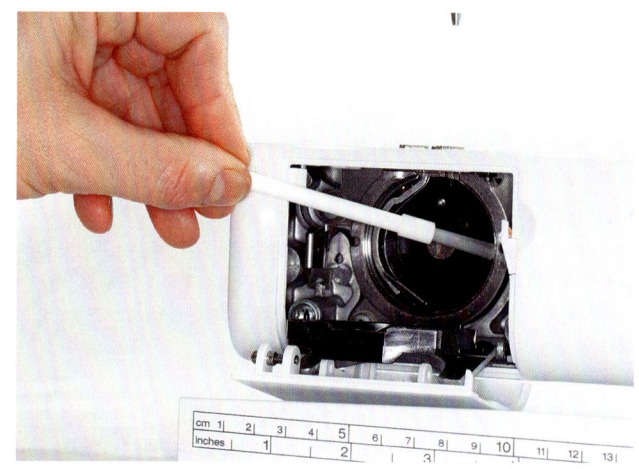

Ölen

Viele Nähmaschinen müssen nicht mehr geölt werden. Schauen Sie in der Bedienungsanleitung Ihrer Nähmaschine nach. Die Nähmaschinen, die einen Metallgreifer haben, müssen auf jeden Fall in regelmäßigen Abständen, nach ca. 15 bis 20 Betriebsstunden, geölt werden. Bei den neueren Maschinen muss nur die Greiferbahn geölt werden. Bei den älteren Nähmaschinen haben Sie Bohrungen im Gehäuse, in die Sie Öl einfüllen müssen. Wo diese Ölpunkte sind, finden Sie in der Bedienungsanleitung Ihrer Nähmaschine.

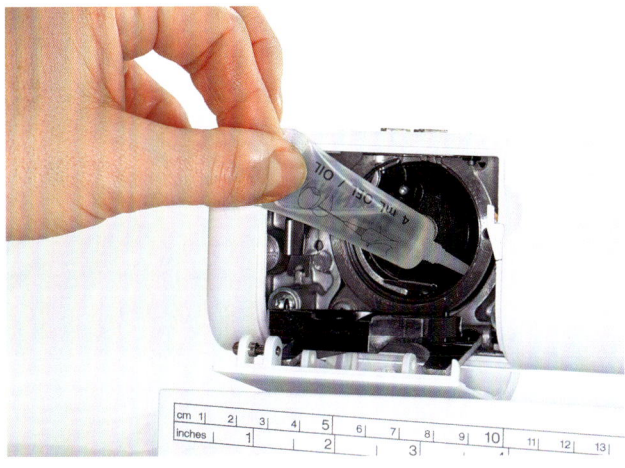

Nadeln wechseln

Bei vielen Fabrikaten ist ein Schraubendreher zum Lösen und Festdrehen der Nadelhalterschraube dabei. Falls Sie solch eine Nähmaschine haben, verwenden Sie diese Werkzeuge. Vor allem benutzen Sie den Schraubendreher, um die Nadel fest einzuspannen. Wenn sich die Nadel während des Nähens löst, kann dies einen Schaden in der Maschine verursachen.

Lösen Sie die Nadelhalterschraube und entfernen Sie die Nadel. Setzen Sie die neue Nadel mit der flachen Seite nach hinten ein. Drehen Sie die Schraube wieder fest.

Die Nadeln sollten häufiger gewechselt werden. Warten Sie nicht, bis sie bricht. Wenn die Nadelspitze stumpf ist, kann es zu Fehlstichen kommen. Überprüfen Sie den Zustand der Nadel am besten vor jedem neuen Nähprojekt. Im Zweifel beginnen Sie jedes Projekt mit neuen Nadeln. Verwenden Sie für den jeweiligen Stoff die passende Nadelstärke und das passende Nadelsystem.

Stichplatte entfernen

Zwischen den Transporteur-Reihen setzen sich gerne Fusseln ab, die nicht gleich zu sehen sind. Sie setzen sich fest und drücken irgendwann die Stichplatte nach oben. Die Maschine kann dann nicht mehr richtig transportieren. Der Transporteur kann effektiver gereinigt werden, wenn die Stichplatte entfernt ist. Nehmen Sie in regelmäßigen Abständen die Stichplatte ab und reinigen Sie den Transporteur und die Zwischenräume. Bei vielen Nähmaschinen brauchen Sie gar kein Werkzeug zum Entfernen, hier lässt sich die Stichplatte ganz leicht anheben.

Bei den meisten Fabrikaten wird ein größerer Schraubendreher mitgeliefert. Sie können damit die Befestigungsschraube der Stichplatte lösen und wieder anbringen. Schauen Sie auch hierzu in der Bedienungsanleitung Ihrer Maschine nach.

Gehäuse

Zum Reinigen des Gehäuses verwenden Sie ein weiches, fusselfreies Tuch.

Stoffstau, Fadenstau

Bevor Sie mit einem Projekt beginnen, überprüfen Sie den Zustand der Nadel und ob die Nadel zur Stoffstärke und Fadendicke passt. Der Oberfaden muss in allen Fadenführungen eingefädelt und die Spule richtig eingelegt sein.

Näht die Nähmaschine auf der Stelle und verursacht einen Fadenstau, gibt es dafür immer mehrere Ursachen.

Häufig ist die Stichlänge zu kurz eingestellt.

Wenn gerade bei dünnen, weichen und rutschigen Stoffen die Maschine schnell gestartet wird, ist das ein Garant für Fadenstau. Das kann genauso schnell am Nahtanfang bei dicken, weichen und voluminösen Stoffen entstehen, wie bei Vlies, Strickstoffen und Stoffen, die eine Flora haben, wie Teddystoffe, Pannesamt oder Nicki.

Ein Stoffstau mit „Fadensalat" auf der Stoffunterseite entsteht am Nahtanfang beim Schnellstart auch dann, wenn die Anfangsfäden nicht sauber nach hinten unter dem Nähfuß liegen oder wenn der Nähfußheber aus Versehen noch nach oben gestellt ist.

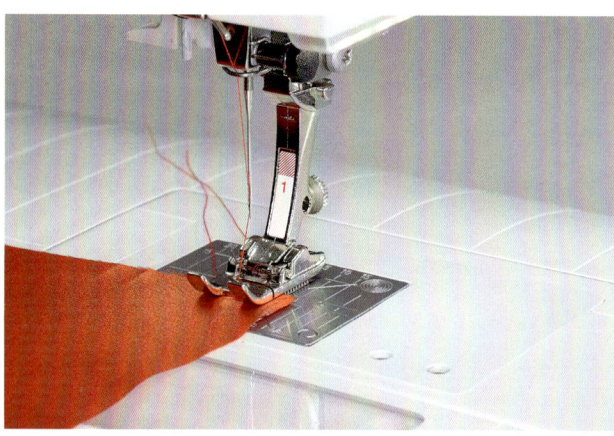

Fadenstau vermeiden

Legen Sie die Fäden sauber nach hinten unter den Nähfuß. Stellen Sie die Stichlänge nicht zu kurz ein. Beginnen Sie langsam mit dem Nähen und halten Sie dabei die Fäden so lange, bis der Stoff sauber unter dem Nähfuß transportiert wird.

Wenn bei Ihrer Nähmaschine der Nähfußdruck verändert werden kann, passen Sie den Druck dem Stoff an. Für dünne Stoffe stellen Sie den Nähfußdruck höher ein, für dickere Stoffe niedriger.

Ein Stoffstau kann auch auftreten, wenn Sie am Anfang der Naht mehrere dicke Stofflagen haben. Der vordere Teil des Nähfußes drückt dann stark nach oben. Damit die Nähmaschi-

ne den Anfang ohne Stoffstau schafft und die Naht, ohne zu stocken, gestartet werden kann, legen Sie ein Stoffreststück unter den Nähfuß, um die Höhe des Fußes mit dem Anfang der Naht auszugleichen.

Schneiden Sie hierzu einen Streifen ca. 10 cm lang und ca. 4 cm breit aus einem Stoffrest, den Sie gerade verarbeiten. Falten Sie den Streifen einmal zur Hälfte und legen Sie ihn mit dem Bruch hinten unter den Nähfuß bis kurz vor die Nadel. Direkt an die Kante des Ausgleichsstoffs legen Sie den Stoff, den Sie verarbeiten wollen, an. Nähen Sie jetzt wie gewohnt Ihre Naht. Am Nahtende nähen Sie wieder über den Ausgleichsstoff. Damit haben Sie den Übergang für die nächste Naht schon vorbereitet.

Bei manchen Nähmaschinen wird im Zubehör eine Ausgleichsplatte mitgeliefert. Im Fachhandel gibt es Ausgleichsplatten auch zu kaufen. Diese Platten sind viel leichter zu handhaben und Sie haben schneller und einfacher Ihre Naht genäht.

Fadenstau beheben

Wenn sich dennoch Fäden in dem Schlitz der Stichplatte verfangen haben, empfehle ich Folgendes:

Versuchen Sie zuerst, das Handrad so zu drehen, dass die Nadel ganz oben ist. Schneiden Sie den Faden vor der Nadel ab. Lösen Sie die Nadelschraube und entfernen Sie die Nadel. Heben

Sie den Nähfuß an und entfernen Sie auch ihn. Öffnen Sie die Greiferklappe und nehmen Sie die Spule heraus. In den meisten Fällen lässt sich der Stoff jetzt entfernen.

Wichtig dabei: nicht zerren, zupfen, ziehen, schreien und schon gar nicht kreischen oder schimpfen!

Schlimmer ist es, wenn sich das Handrad nicht mehr drehen lässt. Der Stoff klemmt fest im Schlitz der Stichplatte fest und die Nadel hat sich im Stoff verhakt. Keine Panik! Lösen Sie die Schraube des Nähfußhalters und entfernen Sie den Nähfußhalter mit dem Nähfuß.

Schneiden Sie den Oberfaden durch, lösen Sie die Nadelschraube und entfernen Sie die Nadel. Greiferklappe öffnen, die Spule und die Spulenkapsel (Spulenkorb) herausnehmen. Danach die Stichplatte vorsichtig abheben.

Der Stoff lässt sich jetzt vorsichtig herausziehen. Falls die Stichplatte am Stoff hängt, nehmen Sie den Trenner oder eine spitze Schere in die Hand und schneiden vorsichtig die Fäden durch. Möglichst, ohne den Stoff zu beschädigen. Das Handrad kann jetzt wieder manuell bewegt werden. Drehen Sie es vorsichtig, bis die Nadelhalterung oben ist. Um sicher zu gehen, dass absolut kein Faden-Hindernis für die nächste Naht mehr da ist, überprüfen Sie den Greifer und den Transporteur. Es kann sein, dass Sie hier noch Fäden oder einen kleinen Stoffrest finden. Entfernen Sie alle Fusseln, Flusen und Fadenreste. Falls Sie eine Nähmaschine haben, die geölt werden soll, dann ölen Sie die Greiferbahn.

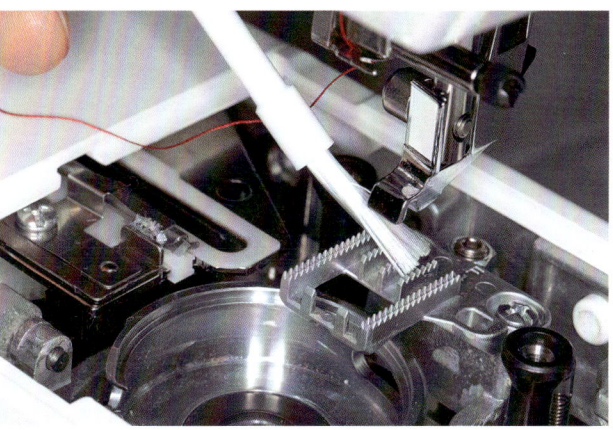

Pannenhilfe

Bevor Sie anfangen, über Ihre Maschine zu schimpfen, überprüfen Sie grundsätzlich, ob alles richtig eingestellt ist: Fadenspannung, Stichlänge, Stichbreite, ob die Nähmaschine richtig eingefädelt ist, keine Fadenführung ausgelassen wurde, die Spule richtig eingelegt ist, die Qualität des Fadens stimmt. Prüfen Sie die Nadelstärke, das Nadelsystem und ob der richtige Nähfuß eingesetzt ist.

Das ist zwar eine ganze Menge, aber es wird zur Routine!

Reinigen Sie zunächst Ihre Nähmaschine. Evtl. müssen Sie einige Bereiche ab und zu ölen. Nehmen Sie die Stichplatte ab und reinigen Sie auch die Zwischenräume des Transporteurs. Hier sammeln sich gerne Fusseln. Diese werden mit der Zeit kompakt und drücken die Stichplatte hoch. Der Transporteur bewegt sich nicht mehr frei und die Maschine näht die Stiche kleiner als eingestellt.

Schauen Sie nach, ob sich irgendwo ein Fadenrest befindet – in der Spannungseinstellung, dem Greifer, den Fadenführungen. Fadenreste können auch Probleme verursachen, wenn sie sich in der Maschine verirrt haben. Legen Sie keine Stecknadeln oben auf der Maschine ab. Durch die Vibration beim Nähen können sie sich verfangen oder in die Maschine hineinfallen.

Stellen Sie die Stichlänge nicht zu kurz ein. Eine zu kurze Stichlänge lässt sich, wenn's dann doch sein muss, nicht so einfach trennen. Eine zu kurze Einstellung kann auch den Stoff perforieren, sodass er schneller an der Naht einreißen kann.

Beim Nähen den Stoff nicht ziehen. Führen ja, aber nicht ziehen! Wie beim Tanzen überlassen Sie den Stofftransport Ihrem Partner, der Nähmaschine. Falls Sie das Gefühl haben, Ihre Maschine transportiert nicht richtig, schauen Sie nach, woran das liegen kann. Vielleicht an der Stichlänge? Braucht der Stoff eine Einlage zum Stabilisieren? Muss die Maschine einfach nur gereinigt werden?

— — — — — — — — — — — — — —

Typische Fehler, die Sie zur Verzweiflung bringen

Maschine näht am Nahtanfang die Stiche klein, sie kann nicht sauber transportieren und starten

Bei dünneren Stoffen

Bei sehr feinen, dünnen und rutschigen Stoffen kann es vorkommen, dass am Anfang der Naht der Stoff nicht richtig transportiert wird. Halten Sie am Nahtanfang die Fäden, bis die Maschine die ersten Stiche gesteppt hat. Wenn Sie mit dem Geradstich steppen, helfen Ihnen der Geradstichfuß und die Geradstichstichplatte, den Stoff besser zu halten und zu transportieren. Falls Sie den Nähfußdruck an Ihrer Nähmaschine verändern können, dann erhöhen Sie ihn.

Bei dickeren Stoffen

Das passiert häufig bei dickeren Stoffen: Der Nähfuß liegt nicht glatt auf dem Stoff, der vordere Teil des Nähfußes zeigt nach oben. So kann die Nähmaschine den Nähvorgang nicht sauber starten. Unterstützen Sie den Nähfuß, indem Sie die Höhe ausgleichen.

Falls Sie den Nähfußdruck an Ihrer Nähmaschine verändern können, reduzieren Sie den Druck.

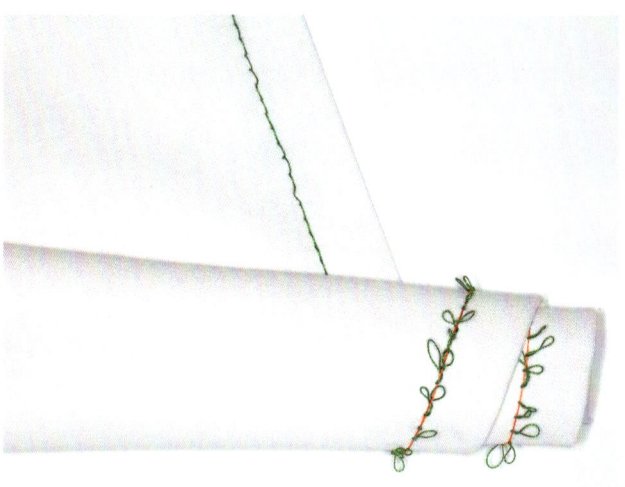

Die Maschine bildet große, gleichmäßige Schlingen auf der Stoffrückseite

Wenn die Maschine große, gleichmäßige Schlingen auf der Stoffrückseite näht, liegt es meistens daran, dass sich in der Oberfadenspannung ein Fadenrest oder Fusseln befinden. Sie drücken die Spannungsscheiben auseinander und der eingefädelte Faden läuft ohne Anpressdruck, ohne Spannung durch. Reinigen Sie die Fadenspannung. Nehmen Sie dazu einen dickeren Faden in die Hände und spannen Sie ihn wie Zahnseide. Führen Sie den Faden zwischen die Spannungsscheiben und bewegen Sie ihn nach oben und unten. Sie können so leicht feststellen, ob sich hier Fadenreste befinden. Wenn ja, dann entfernen Sie den Faden. Auch Staub und Flusen lassen sich so entfernen.

Eine weitere Ursache kann sein, dass der Faden beim Einfädeln aus Versehen nicht zwischen die Spannungsscheiben gelegt worden ist. Der Faden hat keine Spannung, die Maschine näht große Schlingen und in den meisten Fällen reißt der Faden. Fädeln Sie die Nähmaschine erneut ein und legen Sie den Faden durch die Spannung.

Faden reißt nach wenigen Stichen

Wer kennt das nicht? Die Maschine ist frisch eingefädelt und nach ein paar Stichen ist der Faden gerissen. Und dann probiert man noch mal und noch mal und ist verzweifelt!

Das liegt daran, dass der Faden nicht in den Fadengeber eingefädelt wurde. Das passiert meistens dann, wenn Sie den Faden schnell und ohne hinzusehen einfädeln. Also: Beim Einfädeln immer einen Blick auf den Fadengeber werfen. Überprüfen Sie auch hier den Zustand der Nadel. Sie könnte stumpf sein.

Tipp:
Bringen Sie Ihre Nähmaschine ab und zu bei Ihrem Fachhändler zur Inspektion und Wartung vorbei. Der Mechaniker entfernt auch das Gehäuse der Maschine, reinigt und schmiert die Maschine von innen und überall dort, wo Sie selbst keinen Zugang haben. Darüber freut sich Ihre Nähmaschine!

Kleine Probleme leicht beheben

Oberfaden reißt

» Verwenden Sie zum Nähen einen Faden von guter Qualität.
» Faden hat sich evtl. in einer Fadenführung verfangen.
» Faden ist nicht richtig eingefädelt. Schauen Sie nach, ob der Faden in den Fadengeber eingefädelt ist.
» Die Nadel könnte stumpf oder defekt sein. Wechseln Sie die Nadel.
» Nadelstärke passt nicht zum Stoff oder zum Faden. Achten Sie auf das Nadelsystem und setzen Sie die passende Nadelstärke ein.
» Fadenspannung könnte zu fest eingestellt sein. Überprüfen Sie die Einstellungen.
» Stichplatte kann am Schlitz durch die Nadel beschädigt sein.
» Nähmaschine reinigen, evtl. ölen.

Unterfaden reißt

» Verwenden Sie zum Nähen einen Faden von guter Qualität.
» Faden ist nicht richtig eingefädelt.
» Fadenspannung könnte zu fest eingestellt sein. Überprüfen Sie die Einstellungen.
» Spulenkapsel ist zu alt und hält die Spannung nicht mehr. Neue Spulenkapsel einlegen.

» Stichplatte ist beschädigt.
» Nähmaschine reinigen, evtl. ölen.

Stoff kräuselt sich beim Nähen

» Verwenden Sie zum Nähen einen Faden von guter Qualität.
» Faden ist nicht richtig eingefädelt.
» Die Nadel könnte stumpf oder defekt sein, wechseln Sie die Nadel.
» Nadelstärke passt nicht zum Stoff oder zum Stich. Achten Sie auf das Nadelsystem und setzen Sie die passende Nadelstärke ein.
» Die Stichlänge ist für die Anwendung zu groß eingestellt.
» Fadenspannung könnte zu fest eingestellt sein. Überprüfen Sie die Einstellungen.
» Unterlegen oder unterbügeln Sie die Stelle mit eine Einlage zum Wegreißen oder zum Auswaschen.
» Nehmen Sie die Stichplatte ab und reinigen Sie auch die Zwischenräume vom Transporteur.
» Nähfußdruck anpassen.

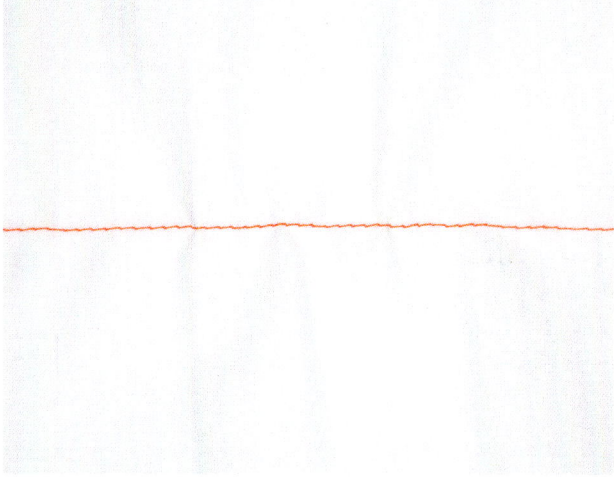

Stoff wellt aus

» Verwenden Sie zum Nähen einen Faden von guter Qualität.
» Überprüfen Sie die Einstellung der Fadenspannung.
» Falls Sie eine Nähmaschine haben, wo der Nähfußdruck verändert werden kann, dann verringern Sie den Nähfußdruck.
» Die Stichlänge ist für die Anwendung zu kurz eingestellt.
» Unterlegen oder unterbügeln Sie die Stelle mit einer Einlage zum Wegreißen oder zum Auswaschen.
» Stoff beim Nähen nicht ziehen, nur führen.

Maschine lässt Stiche aus

» Verwenden Sie zum Nähen einen Faden von guter Qualität.
» Faden ist nicht richtig eingefädelt.
» Die Nadel könnte stumpf oder defekt sein, wechseln Sie die Nadel.
» Nadelstärke passt nicht zum Stoff oder zum Stich. Achten Sie auf das Nadelsystem und setzen Sie die passende Nadelstärke ein.
» Fadenspannung könnte zu fest eingestellt sein. Überprüfen Sie die Einstellungen.
» Nähmaschine reinigen, evtl. ölen. Nehmen Sie die Stichplatte ab und reinigen Sie auch die Zwischenräume vom Transporteur.
» Nähfußdruck auf den Stoff anpassen.

Nadel bricht

» Stoff beim Nähen nicht ziehen, nur führen.
» Faden hat sich evtl. in einer Fadenführung verfangen.
» Die Nadel könnte stumpf oder defekt sein. Wechseln Sie die Nadel.
» Nadelstärke passt nicht zum Stoff oder zum Stich. Achten Sie auf das Nadelsystem und setzen Sie die passende Nadelstärke ein.
» Nadelfeststellschraube hat sich evtl. gelockert.
» Nähmaschine reinigen, evtl. ölen.

Fadenspannung stimmt nicht

» Überprüfen Sie, ob der Faden zwischen den Fadenspannungsscheiben liegt.
» In der Fadenspannung dürfen sich keine Fadenreste oder Fusseln befinden.
» Schauen Sie nach, ob der Faden sauber durch alle Fadenführungen läuft.
» Schauen Sie nach, ob der Unterfaden richtig eingelegt ist.
» Überprüfen Sie den Zustand der Nadel: Falls sie stumpf oder defekt ist, wechseln Sie die Nadel. Die Nadel muss bis zum Anschlag nach oben eingesetzt werden.
» Kontrollieren Sie die Einstellung der Stichlänge und der Stichbreite.

Stoff wird ungleichmäßig transportiert

» Evtl. vergessen, den Nähfußhebel nach unten zu stellen.
» Die Stichlänge ist zu klein eingestellt.
» Nehmen Sie die Stichplatte ab und reinigen Sie auch die Zwischenräume vom Transporteur.
» Verwenden Sie zum Nähen einen Faden von guter Qualität.
» Nähfußdruckeinstellung prüfen.
» Stoff beim Nähen nicht ziehen, nur führen.

Nähmaschine näht auf der Stelle

» Stichlänge ist zu kurz eingestellt.
» Schauen Sie nach, ob der Transporteur aus Versehen ausgeschaltet ist.
» Nehmen Sie die Stichplatte ab und reinigen Sie auch die Zwischenräume des Transporteurs.
» Unterlegen oder unterbügeln Sie die Stelle mit einer Einlage zum Wegreißen oder Auswaschen.

Fachbegriffe rund ums Nähen

Abnäher

Abnäher sind genähte Falten im Stoff. Diese Falten werden genäht, um dem Nähgut eine Form zu geben. Bei Kleidungsstücken werden Abnäher genäht, um das Kleidungsstück dem Körper besser anzupassen.

Absteppen, Steppen

Absteppen oder Steppen bedeutet, dass entlang einer Kante oder Naht in gleichmäßigem Abstand genäht wird. Durch diesen Arbeitsschritt bleibt die Nahtzugabe flach. Außerdem können Sie damit auch die Naht stabilisieren oder eine schöne Optik erzielen. Oft erreichen Sie damit sogar alle drei Ziele gleichzeitig!

Applizieren

Applizieren bedeutet Aufnähen von Formen oder Bildern, die zuvor aus Stoff, Folien, Leder, Planen oder anderen Materialien ausgeschnitten worden sind. Applikationen werden meistens mit einer doppelseitigen Klebeeinlage fixiert und mit dem Zickzack- oder einem anderen Stich auf den Trägerstoff aufgenäht.

Aufbügeln, Kleben

Hilfsmittel wie Applikationen, Bänder und Vliese werden häufig vor dem Nähen aufgebügelt und damit dauerhaft oder kurzzeitig fixiert. Durch die Wärme des Bügeleisens wird der Kleber geschmolzen und kann sich so fest mit dem Stoff verbinden.

Aufnähen

Aufnähen bedeutet das Verbinden kleinerer Schnittteile mit dem Hauptteil., z. B. eine Tasche wird auf die Jacke genäht.

Bruchkante

Wird der Stoff gefaltet, so entsteht eine sogenannte Bruchkante. Dies wird beim Zuschneiden von symmetrischen Schnittteilen wie Rückenteilen oder Kragen gemacht. Oft wird dafür das Schnittmuster auch nur zur Hälfte angezeichnet. Auf dem Schnittmuster finden Sie Hinweise für den Bruch.

Bügeln

Mit Bügeln wird ein Stoff geglättet. Gebügelt wird vor dem Zuschneiden. Nähte und Nahtzugaben sollen vor dem Nähen gebügelt werden, damit es schöner aussieht. Am besten lassen Sie Bügeleisen und -brett immer in der Nähe Ihrer Nähmaschine.

Durchschlagen

Mit der Nadel und doppelt eingefädeltem Faden werden Passzeichen, Nählinien, Abnäher oder Konturen eines Schnittmusters markiert. Ich verwende diese Methode, wenn Markierstifte oder Kreide aufgrund der Stoffeigenschaft nicht zu sehen sind.

Einfassen

Einfassen bedeutet, Stoffkanten mit Schräg- oder Stoffstreifen oder anderen Bändern zu umnähen. Dies wird gemacht, um die Kante vor dem Ausfransen zu schützen und Stoffkanten zu verschönern oder zu stabilisieren.

Einhalten

Einhalten heißt, dass die Überweite eines Stoffteils so verteilt wird, dass keine Falten oder Kräuselungen beim Annähen entstehen.

Einschneiden

Beim Einschneiden werden in die Nahtzugabe mit einer spitzen Schere kleine Einschnitte gemacht. Damit können Sie formgeschnittene Teile viel besser verstürzen und auf Maß bringen.

Flachnähen

Beim Flachnähen wird eine sichtbare Naht in aneinander liegende oder überlappende Stoffkanten genäht. Zum Flachnähen kann ein Nutz- oder Zierstich verwendet werden.

Kräuseln, Raffen

Gekräuselt und gerafft wird mit einem lang gestellten Geradstich, um die Stoffweite zu reduzieren. Steppen Sie eine oder zwei Reihen nebeneinander. Danach ziehen Sie an einem Faden, bis der Stoff die gewünschte Weite erreicht hat.

Maschenware

Bei diesem Stoff bilden mindestens zwei Fäden Schlingen. Die Schlinge wird als Masche bezeichnet. Je nachdem, wie diese Schlingen angeordnet werden, kann der Stoff bei gleichem Faden locker, straff, glatt oder gemustert sein. Beispiele sind Strickstoffe oder Wirkstoffe.

Nähen, Zusammennähen, -fügen

Als nähen oder zusammennähen wird das Verbinden von mindestens zwei Stofflagen bezeichnet. Dazu können unterschiedliche Stiche Ihrer Nähmaschine verwendet werden.

Naht

Eine Naht entsteht, nachdem mindestens zwei Stofflagen mit einem Stich verbunden worden sind.

Nahtschatten

Im Nahtschatten nähen heißt, von der rechten Stoffseite in eine zuvor genähte Naht zu steppen. Dabei werden ein innenliegender Stoff oder eine Kante mitgefasst.

Nahtzugabe

Das ist die Zugabe, die sich neben der Naht befindet. Nach dem Nähen ist diese Zugabe in der Regel auf der linken Seite des Kleidungsstücks zu sehen.

Nutzstiche

Nutzstiche sind Stiche Ihrer Nähmaschine, die man immer gebrauchen kann, z.B., um Stoffkanten zu befestigen, elastische Nähte herzustellen, Knopflöcher zu nähen, verschlissene Stoffe zu stopfen und Nähte oder Risse zu verriegeln. Viele Nutzstiche eignen sich auch sehr schön als Zierelemente.

Oberfaden

Der Oberfaden wird in der Nähmaschine oben durch die Oberfadenspannung, den Fadengeber und die Fadenführungen eingefädelt. Dieser Faden liegt nach dem Nähen auf der Nahtoberseite.

Offenkantig

Offenkantig ist die Verarbeitung, bei der die Stoffkante nach dem Schneiden nicht versäubert wird. Das geht meistens bei Stoffen, die wenig oder gar nicht ausfransen.

Overlockstiche

Overlockstiche sind Überwendlingsstiche zum Versäubern der Stoffkante und für Innennähte. Overlockstiche gehören zur Kategorie der Nutzstiche.

Quilten

Als Quilten wird die Technik bezeichnet, bei der die drei Lagen eines Quilts (Top, Vlies, Rückseite) mit Nähstichen verbunden werden.

Reihen, Heften

Schnittteile provisorisch mit der Maschine oder von Hand zusammennähen.

Saumzugabe

Das ist die Stoffbreite, die für einen Saum beim Zuschneiden zugegeben wird. Diese Zugabe wird auf die linke Seite des Kleidungsstücks geschlagen und befestigt.

Schnittkante

Die Schnittkante ist die Stoffkante, die beim Zuschneiden ausgeschnitten worden ist.

Schnittmuster

Schnittmuster sind Musterschablonen mit einer oder mehreren Formen (Schnitten) zum Herstellen von Dekoren oder Kleidungsstücken. Die Musterschablonen werden auf den Stoff geheftet, mit Zeichenwerkzeugen übertragen und danach aus dem Stoff zur Weiterverarbeitung ausgeschnitten.

Spule

Auf die Spule wird der Faden aufgewickelt und als Unterfaden in die Maschine eingelegt.

Spulenfaden

Als Spulenfaden wird der Faden bezeichnet, der auf der Spule aufgewickelt ist.

Sticken

Sticken ist das Nähen von Mustern, Bildern oder Emblemen zum Verzieren von Flächen auf Taschen, Heimtextilien und Oberbekleidung.

Trennen

Beim Trennen wird eine Naht nach dem Nähen wieder geöffnet.

Unterfaden

Der Unterfaden wird auf die Spule aufgewickelt und in die Spulenkapsel eingefädelt. Dieser Faden ist nach dem Nähen auf der Nahtunterseite zu sehen.

Verriegeln

Nähte werden am Anfang oder Ende verriegelt, damit sie nicht aufgehen. Häufig wird dies „Naht sichern" oder „Vernähen" genannt.

Versäubern

Um Stoffkanten von Textilien oder offene Kanten gegen Ausfransen oder Einreißen zu schützen, werden die Kanten mit einer Naht versäubert. Zum Versäubern gibt es bei den Haushaltsnähmaschinen spezielle Sticharten.
Eine Overlockmaschine versäubert die Schnittkante perfekt.

Verstärken

Ausschnitte, Kragen, Knopflochleisten oder stark beanspruchte Stellen beim Kleidungsstück sollten mit einer Einlage verstärkt werden. Die Einlage wird unterlegt oder unterbügelt.

Verstürzen

Wenn Sie zwei Stofflagen rechts auf rechts zusammennähen und danach den Stoff wenden, spricht man von Verstürzen. Die Naht befindet sich am Schluss innen an der Kante des genähten Teils und ist nicht mehr sichtbar.

Webware, Gewebte Stoffe

Gewebte Stoffe sind Textilien, bei denen sich die Fäden kreuzen. Eine Fadenrichtung läuft längs, die andere quer zur Webkante. Der Längsfaden wird bei der Herstellung als Kettfaden bezeichnet. Quer dazu läuft der Schussfaden.

Fadenlauf

Die Richtung des Kettfadens wird als Fadenlauf bezeichnet. Der Kettfaden läuft in der Webmaschine parallel zur Webkante. Auf Schnittmustern wird er mit einem Strich und Pfeil gekennzeichnet.

Gerader Fadenlauf

Der Gerader Fadenlauf läuft parallel zur Webkante.

Diagonaler Fadenlauf

Der diagonaler oder schräger Fadenlauf läuft im 45-Grad-Winkel zur Webkante.

Zierstiche

Ein Zierstich ist ein Dekorstich. Er wird zum Verschönern von Heimtextilien, Accessoires, Kleidern usw. verwendet. In Kombination mit Bändern, Kordeln, Wolle, Stoffabschnitten, Perlen und Pailletten kann eine Stofffläche völlig neu gestaltet werden. Zum Verarbeiten setzen Sie Spezial-Nähfüße ein. Mit dem Alphabet lassen sich Schriftzüge mit der Nähmaschine auf den Stoff „schreiben".

Zurückschneiden

Beim Zurückschneiden wird die Nahtzugabe etwas verkürzt. An einer Ecke wird z. B. die Nahtzugabe diagonal bis kurz vor der Naht verkürzt. Schnittteile werden somit beim Verstürzen einfacher und besser in Form gebracht.

Register

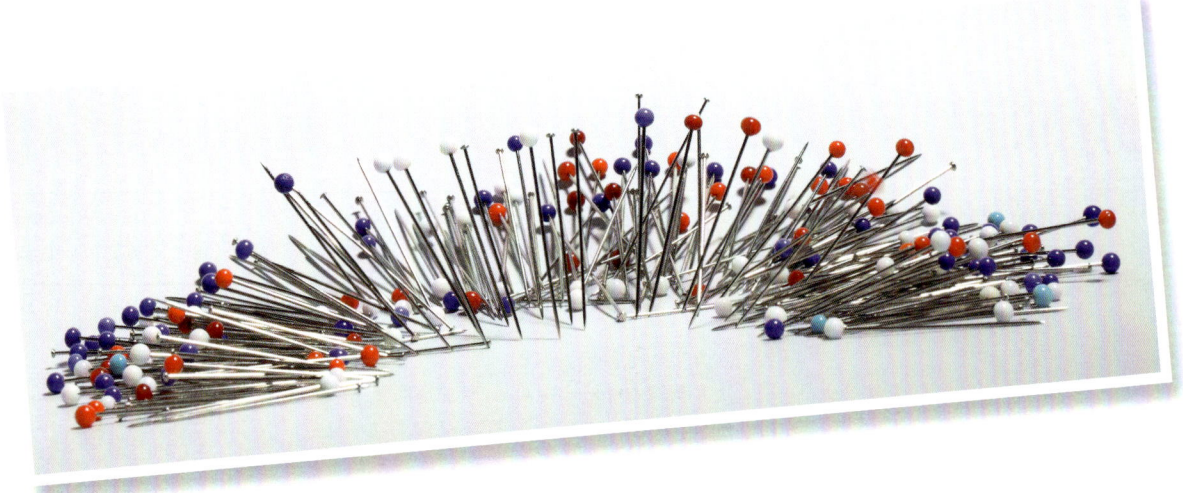

W

Z

IMPRESSUM

Ein Buch wie dieses lässt sich ohne helfende Hände und weitreichende Unterstützung nicht realisieren. Daher möchte ich bei den nachfolgend aufgeführten Personen und Firmen ganz herzlich für Rat und Tat, Ideen, Hinweise und Unterstützung danken:

SENCI - Nähzentrum
in Karlsruhe
www.naehzentrum-senci.de

Bernina
www.bernina.com

Babylock
www.babylock.de

Brother
www.brothersewing.de

Janome
www.janome.de

Juki
www.juki.de

vsw Deutschland
www.vsm-deutschland.de

Pfaff
www.pfaff.com

Gütermann Garne
www.guetermann.com

Madeira Garne
www.garne.madeira.de

Prym
www.prym.com

Schmetz Nadeln
www.schmetz.com

Union Knopf
www.unionknopf.com

Freudenberg
www.freudenberg.de

Esro Jersey
www.esro.de

Josef Albert
Textilagentur Herxheim

Stoff-Dschungel
www.stoff-dschungel.de

Danke an das Hotel „Der Blaue Reiter", Karlsruhe, dessen Lobby wir für die Mode-Aufnahmen nutzen durften.

Hotel »Der blaue Reiter«
Karlsruhe
www.hotelderblauereiter.de

Danke an meine bezaubernden Modelle Sarah, Laura und Linus.

Danke an meine Kursteilnehmerin Beate Burckhart, Frankreich, die das schöne Quilt (Seite 77) für Fotos zur Verfügung stellte.

Schnittmusterdesign	Christine Würtele, Karlsruhe www.schnitt-werk.net

Repro	HWD Vogel, Waldbronn
Texte	Gaby Seeberg-Wilhelm, Karlsruhe Veruschka Rechel, Baden-Baden
Fotos	Michael C. Wilhelm, Karlsruhe Andrea Fabry, Ettlingen
Gestaltung	Dipl.-Des. (FH) Ilona Hirth, Karlsruhe
Druck und Bindung	Firmengruppe APPL, aprinta druck, Wemding
Herausgeber	© 2012 myoverlock Verlag Gaby Seeberg-Wilhelm, Karlsruhe www.myoverlock.de

ISBN 978-3-9814218-1-1
1. Auflage 2012

GABY SEEBERG-WILHELM

Overlock
Die ersten Stiche

MIT SCHNITT MUSTER BOGEN

ALLE BASICS – STICH FÜR STICH ERKLÄRT
MODE UND MEHR – VIELE NÄHBEISPIELE MIT STEPS UND SCHNITTMUSTERN
VON DER VORBEREITUNG BIS ZUR PANNENHILFE

Overlock
Die ersten Stiche

Gaby Seeberg-Wilhelm aus Karlsruhe arbeitet bereits seit mehr als 20 Jahren in der Nähmaschinenbranche.

Durch verschiedene Tätigkeiten im Verkauf von Nähmaschinen, Stoffen und Kurzwaren kennt sie die Anforderungen ihrer Kunden aus der Praxis. Als Leiterin von Produktschulungen, Workshops und Nähkursen verfügt sie über einen immensen Schatz an Erfahrungen, was das Thema Nähen anbelangt.

Da die Autorin auch in ihrer Freizeit viel und gerne näht und einen Großteil ihrer Garderobe selbst kreiert, verstand es sich fast von selbst, mit diesem „Overlock Führerschein" im wahrsten Sinne des Wortes aus dem Nähkästchen zu plaudern und zusätzlich modische Tipps zu geben.

Gaby Seeberg-Wilhelm

Amalienbadstraße 15
76227 Karlsruhe
verlag@myoverlock.de
www.myoverlock.de